Kostenfallen beim Immobilienkauf

1. Auflage, Mai 2012, 8.000 Exemplare

ISBN 978-3-86336-004-7
Printed in Germany

Inhalt

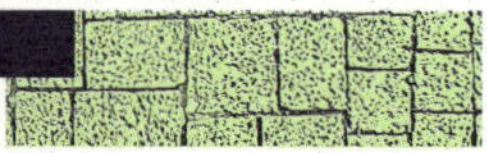

So funktioniert dieses Buch

Sie möchten eine neue oder gebrauchte Immobilie, ein Haus oder eine Wohnung kaufen? Dann ist eine der ersten Fragen: „Was kann ich mir noch leisten – und was kann ich mir nicht mehr leisten?“

Was Sie sich wirklich noch leisten können, ist gar nicht so einfach und klar zu erkennen. Die Beratungspraxis der Verbraucherzentralen zeigt, dass häufig bis zu fünfstellige Summen überhaupt nicht bei den zu veranschlagenden Kosten in der Preisangabe einer Immobilie berücksichtigt werden. Und dabei geht es nicht um die als „Nebenkosten“ zusammengefassten klassischen Beträge wie etwa Maklergebühren, Notarkosten und Grunderwerbsteuer, sondern um weit mehr: Es sind Kosten, die die Immobilienanbieter allzu häufig bewusst oder unbewusst verschweigen. Das ist nicht immer absichtlich, sondern kann auch der Routine der Anbieter geschuldet sein. Zusätzliche Kosten, die für die Anbieter selbstverständlich sind – und die ihnen nicht besonders erwähnenswert scheinen, sind es für Sie noch lange nicht.

Dieses Buch möchte Ihnen helfen, versteckte Kosten aufzuspüren und zu bewerten. Es ist als Arbeitswerkzeug konzipiert und wie folgt aufgebaut:

Das erste Kapitel soll Ihnen einen allgemeinen Überblick über das Problem der Kostenrisiken sowohl bei neuen als auch bei gebrauchten Immobilien (Haus oder Wohnung) verschaffen. Im Abschnitt „Übliche Nebenkosten beim Immobilienkauf“ (→ ab Seite 35) werden die meistens, gemeinhin bekannten Nebenkosten aufgelistet (zum Beispiel Notarkosten, Grunderwerbsteuer), damit Sie diese Beträge ebenfalls nicht aus den Augen verlieren.

Im zweiten und dritten Kapitel geht es dann detailliert um die versteckten Kosten: Ziel ist es, diese konkret im Immobilienangebot aufzuspüren und einzuordnen. Gleich zu Beginn der Kapitel finden Sie hilfreiche Fragebögen für

- **neue Immobilien** (Haus ⇢ Seite 44; Wohnung ⇢ Seite 47).
- **gebrauchte Immobilien** (Haus ⇢ Seite 158; Wohnung ⇢ Seite 159).

Neue Immobilien: Die Fragebögen für neue Immobilien sind so aufgebaut, dass Sie sie Ihrem Immobilienanbieter vorlegen können, und er sie in gut fünf Minuten im Ankreuzverfahren mit „Ja" oder „Nein" beantworten kann. Diese Fragebögen gibt es auch als PDF-Download auf den Internetseiten der Verbraucherzentrale zum Ausdrucken (⇢ Seite 230). Diese Ausdrucke können Sie Ihrem Immobilienanbieter aushändigen.

Hat Ihr Immobilienanbieter im Fragebogen „Nein" – und damit nicht in seinem Leistungsumfang enthalten – angekreuzt, können Sie nun im dazu passenden Checkblatt nachsehen, welche Kosten dieses „Nein" nach sich ziehen kann und welche Alternativen es gibt.

Gebrauchte Immobilien: Auch die Fragebögen für gebrauchte Immobilien finden Sie als Download (⇢ Seite 230). Den Ausdruck sollten Sie zum Besichtigungstermin mitnehmen und ihn währenddessen oder direkt danach zügig ausfüllen.

Mit den von Ihnen selbst ausgefüllten Fragebögen lassen sich auch hier die passenden Checkblätter zu Rate ziehen. So können Sie sich noch vor einer Vertragsunterzeichnung zum Kauf eines Hauses oder einer Wohnung einen Überblick über mögliche Zusatzkosten und Kostenrisiken verschaffen.

Danach haben Sie die Möglichkeit, auf einer deutlich sichereren Basis zu entscheiden, ob die Immobilie – trotz der eventuell zu erwartenden Zusatzkosten und Kostenrisiken – für Sie noch in Frage kommt oder nicht.

Die im Buch genannten Kostenbeispiele sind Erfahrungswerte. Sollten Sie bei Ihrem Immobilienangebot auf ganz andere Kostenforderungen stoßen, sind wir immer daran interessiert auch solche Erfahrungen auszuwerten (Kontakt zur Verbraucherzentrale ···› Seite 239).

Dieses Buch ist ein ergänzender Ratgeber für den Immobilienkauf, der sich auf die typischen Kostenfallen beim Immobilienkauf konzentriert. Die wichtigen Basis-Ratgeber zum Kauf gebrauchter Immobilien und zum Hauskauf vom Bauträger oder Fertighausanbieter finden Sie auf Seite 240. Es empfiehlt sich, diese Ratgeber ebenfalls sorgfältig durchzulesen, bevor Sie sich auf die Suche nach einer passenden Immobilie machen, da neben den typischen Kostenfallen zahlreiche andere Aspekte zu beachten sind.

Kostenrisiken – ein Überblick

Allgemeines zu den Kostenrisiken

Was sind Kostenrisiken und wie entstehen sie?

Kostenrisiken lassen sich in offene und versteckte Risiken unterteilen. Ein offenes Kostenrisiko ist ein für Sie sichtbares Kostenrisiko, dazu zählt beispielsweise ein zu hoher Zinssatz einer angebotenen Baufinanzierung: Sie nehmen den Zinssatz wahr und können ihn mit anderen Angeboten vergleichen. Versteckte Kostenrisiken hingegen können Sie meist weder sehen noch vergleichen.

Versteckte Kostenrisiken unterscheiden sich erheblich voneinander, je nachdem, ob es sich um eine neue oder gebrauchte Immobilie handelt:

- Bei **neuen Immobilien** liegen Kostenrisiken meist in qualitativ schlechten und unvollständigen Bau- und Leistungsbeschreibungen sowie in viel zu ungenauen Zahlungsplänen.
- Bei **gebrauchten Immobilien** stecken die Kostenrisiken häufig in einem hohem Sanierungsbedarf.

Eine typische Aufstellung zu einer klassischen Immobilienfinanzierung beinhaltet meist nur alle Ihnen bekannten, „transparenten“ Kosten: zum Beispiel Notarkosten und Grunderwerbsteuer (··> Seite 35). Ihre Kostenplanung kann ins Wanken geraten, wenn plötzlich zusätzliche Kosten auftauchen, über die Sie im Zuge eines Immobilienkaufs nicht von vornherein transparent informiert wurden. Und genau das ist das Risiko. Wenn Sie das Geld für diese unerwarteten zusätzlichen Kosten nicht mehr aufbringen können, aber den notariellen Kaufvertrag für die Immobilie und den Finanzierungsvertrag für den Kredit bereits unterzeichnet haben, kommen Sie aus dieser Situation nicht mehr so schnell heraus. Sie sitzen in der Kostenfalle. Daher ist neben der genauen Planung der Immobilienfinanzierung auch eine exakte **Kostenanalyse** sehr wichtig. Sie verhindert, dass Sie auf der Basis falscher Annahmen kalkulieren.

Woran kann man Kostenrisiken erkennen?

Oft werden von Verkäuferseite die vollständigen Kosten, die für eine neue oder gebrauchte Immobilie anfallen, nur ungern genannt. Das hält den Kaufpreis niedriger und wirkt verlockend. So ist zum Beispiel bei Neubauten die Erschließung häufig nicht Teil des Angebots, und bei gebrauchten Immobilien sind verpflichtende, energetische Nachrüstungen fast nie im Kaufpreis berücksichtigt.

Kostenrisiken lassen sich nur dann erkennen, wenn man sich in die Materie eingearbeitet hat und gezielt Fragen stellen kann. Bei einer neuen Immobilie heißt dies beispielsweise, dass man die Bau- und Leistungsbeschreibung ganz besonders sorgfältig lesen muss, um zu überprüfen, welche Leistungen im Paket enthalten sind und welche fehlen. Bei einer gebrauchten Immobilie sollte man bei der Besichtigung sehr genau auf den Sanierungs- oder Umbaubedarf achten. Die kostenintensivsten Fakten dazu sind in diesem Ratgeber zusammengestellt (⇢ Seite 154). Zusätzlich können Sie auf den Titel „Kauf eines gebrauchten Hauses: Die Checklisten" der Verbraucherzentralen zurückgreifen (⇢ Seite 240).

Wie kann man Kostenrisiken wirksam entgegentreten?

Der erste Schritt ist, dass Sie die erkannten Risiken auch verstehen. Das können Sie mit Hilfe der Checkblätter in diesem Buch. Sie finden dort auch Erfahrungswerte von Zusatzkosten. Danach lassen Sie die voraussichtlichen Zusatzkosten in die Liste der Finanzierungskosten Ihres Bau- oder Kaufvorhabens einfließen; sie sind damit berücksichtigt. Sind die Kosten unabweislich und führen sie insgesamt zu allzu hohen Finanzierungskosten, kann dies bedeuten, dass Sie Ihr Vorhaben abbrechen müssen. Das ist aber in jedem Fall besser als blind in eine gefährliche Situation zu laufen, die in der Überschuldung enden kann.

Wenn Sie zusätzliche versteckte Kosten frühzeitig erkennen, kann dies aber auch dazu führen, dass Sie Ihr Vorhaben noch einmal neu durchdenken und einige Planungsüberlegungen zu Gunsten anderer aufgeben. Das klappt ganz gut, wenn man Herrin oder Herr des Geschehens ist und zum Beispiel auf dem eigenen Grundstück ein neues Haus bauen möchte – gemeinsam mit dem Architekten, Generalunternehmer oder Fertighausanbieter.

Es klappt mitunter auch, wenn man mit dem Bauträger baut und dort in einem gewissen Umfang Sonderwünsche einbringen kann. Dann können Sie auf andere, unwichtigere Dinge verzichten und so die Kosten drücken.

Bei gebrauchten Immobilien können aufgespürte Kostenrisiken zu einer Verhandlung über den Kaufpreis führen: etwa wenn Sie merken, dass der Keller umfassend saniert werden muss.

Kostenrisiken bei neuen Immobilien

Kostenrisiken bei neuen Immobilien haben sehr unterschiedliche Ursachen. Die häufigsten resultieren aus einer

- ungenauen Planung und
- ungenauen sowie unvollständigen Bau- und Leistungsbeschreibung.

Ein zum Beispiel schlecht geplanter Keller, in Kombination mit einer ungenauen Beschreibung der Ausführung, kann im Bauablauf schnell zu einer Kostenexplosion führen. Denn geschuldet ist Ihnen immer nur das, was vertraglich als Leistung vereinbart wurde. Je nach Formulierung schützen Sie dann Begriffe wie zum Beispiel „schlüsselfertig" oder „Komplettleistung" überhaupt nicht. Geschuldet wird nur die Leistung, die in den Vertragsanlagen, also in der Bau- und Leistungsbeschreibung, beschrieben ist. Die Mehrkosten bleiben an Ihnen hängen, wenn beispielsweise der zugesicherte, gemauerte Keller für den vor Ort angetroffenen, hohen Grundwasserstand nicht geeignet ist (⇢ Seite 73) und Sie Haus und Grundstück nicht gemeinsam gekauft haben. Wenn der Keller gar nicht in der Bau- und Leistungsbeschreibung enthalten ist, Sie aber einen Keller wollen, kämen seine Kosten zusätzlich komplett auf Sie zu.

Fertighaus

Beim Fertighauskauf liegen die größten Kostenrisiken in einer ungenauen Leistungsbeschreibung, die viele Dinge gar nicht enthält und/oder die der Anbieter nicht erledigt, sondern um die Sie selbst kümmern müssen. Das sind insbesondere:

- Zusatzkosten, die erst im Zuge der Hausbemusterung (also der vertraglichen Festlegung der Hausausstattung) auftauchen
- Baugenehmigungskosten
- Erschließungskosten
- Anschlusskosten (Wasser, Strom, Telekommunikation, evtl. Gas oder Fernwärme)
- Kosten eines Bodengutachtens
- Kosten für die Freimachung des Geländes
- Kosten der Baustelleneinrichtung
- Kosten für Baustrom- und Bauwasserverbrauch
- Kosten des Erdaushubs
- Kosten des Abtransportes und der Deponie des Erdmaterials
- Kosten für eine Bodenplatte
- Kosten für einen Keller
- Behördenkosten wie Rohbaueinmessung oder Schornsteinabnahme
- Zusatzkosten für notwendige Umplanungen, die in der Leistungsbeschreibung nicht enthalten sind (etwa andere Kellerausführung, andere Ausbaustufen von Keller oder Dach)
- Kosten für eine Garage
- Kosten für das Anlegen des Gartens
- Kosten von Eingangspodest, Wege, Terrasse, Einzäunung

Einige dieser Kosten lassen sich nicht vermeiden, andere könnten Sie umgehen, mehr dazu später. Das zentrale Problem ist: Die Kaufverträge zum Erwerb eines Fertighauses werden häufig sehr früh geschlossen, wenn weder genaue Angaben zum Grundstück vorliegen noch eine Bemusterung durchgeführt wurde. Das kann den Hauspreis massiv nach oben treiben, denn gekauft wird oft der „Basis-Standard“, und der betrifft nicht nur den Innenausbau, sondern auch die technische Ausführung. Ob Keller, Dach, Heizung, Fenster oder Fassade: Wer mehr will, zahlt mehr.

Problematische Ratenzahlungsvereinbarungen und fehlende Fertigstellungstermine bergen zusätzliche Kostenrisiken (→ Seite 16).

Schlüsselfertig-Massivhaus

Beim Schlüsselfertig-Massivhaus auf eigenem Grundstück sieht die Situation ähnlich aus wie beim Fertighaus. Entscheidend ist auch hier, welche Leistung in der Bau- und Leistungsbeschreibung vereinbart wurde. Alles, was dort nicht festgelegt wurde, führt meist automatisch zu Mehrkosten. Auch der Keller, der früher bei solchen Angeboten vorwiegend dabei war, ist es heute bei Weitem nicht immer.

Die Qualität des Kellers eines schlüsselfertigen Massivhauses ist in keinem Fall automatisch geeignet für den örtlichen Baugrund oder die örtliche Grundwassersituation.

Große Kostenrisiken stecken bei Schlüsselfertig-Massivhausanbietern aber auch in unklaren Regelungen zum Fertigstellungstermin und zu den Ratenzahlungen. Im Gegensatz zu Bauträgern sind Schlüsselfertig-Massivhausanbieter, die ein Haus auf Ihrem Grundstück errichten, keine Bauträger, sondern Generalunternehmer oder Generalübernehmer. Das heißt, diese Anbieter sind damit auch nicht an die Makler- und Bauträgerverordnung (MaBV) gebunden.

Die MaBV ist eine gesetzliche Verordnung, die Bauträger zwingend anwenden müssen. Sie gibt u.a. bestimmte Ratenzahlungsmodelle vor, die die Käufer von Bauträgerimmobilien (Immobilien, bei denen Grundstück und Neubau gemeinsam gekauft werden) schützen soll. Bauen Sie in der rechtlichen Rolle des Bauherrn auf Ihrem eigenen Grundstück, sind Sie kein Käufer, sondern Bauherr oder Bauherrin und für Sie gelten diese MaBV-Regelungen nicht. Sie gelten nur, wenn zu errichtendes Haus und Grundstück gemeinsam als sogenanntes „verbundenes Geschäft" gekauft werden. Wenn der Generalunternehmer Ihnen aber einen entsprechenden Vertrag vorlegt, bei dem er sich an Ratenzahlungsmodellen der MaBV eher frei orientiert, und Sie unterschreiben ihn, kann das dazu führen, dass Sie an den Anbieter hohe Raten zahlen müssen, denen möglicherweise keine ausreichende Bauleistung gegenübersteht: Das ist das Risiko der **Überzahlung**. Gerät der Massivbauanbieter dann in eine wirtschaftliche Schieflage, gar in die Insolvenz, kann das verheerende Folgen für Sie haben, wenn Sie zu hohe finanzielle Vorleistungen erbracht haben, ohne dass im Gegenzug ausreichende Bauleistungen erbracht wurden.

Auch der nicht exakt definierte **Fertigstellungstermin** kann empfindliche Folgen haben. Hatten Sie keinen vereinbart, bleibt damit ungeregelt, bis wann die Leistung erbracht sein soll. Das kann dazu führen, dass sich Ihr Bauvorhaben über einen langen Zeitraum schleppt und Sie irgendwann in die Situation der **finanziellen Doppelbelastung** geraten (parallel Mietzahlung und Baufinanzierung) (→ Seite 22). Dann müssen Sie erheblich nachfinanzieren oder Ihr Bauvorhaben sogar ganz abbrechen.

Bauträgerhaus

Auch beim Kauf eines Hauses vom Bauträger – meist ein Reihenhaus oder eine Doppelhaushälfte – treten häufig Kostenrisiken auf. Hier sind meist mehr Kostenpositionen im Kaufpreis berücksichtigt als beim Kauf eines Fertighauses. Das liegt daran, dass Sie in diesem Fall Grundstück und Haus gemeinsam erwerben. Sie sind dann auch nicht Bauherr, sondern „nur" Immobilienkäufer. Trotzdem ist der Umfang der Leistungen, die Sie für Ihr Geld erhalten, auch beim Kauf vom Bauträger einzig und allein in der **Bau- und Leistungsbeschreibung** festgelegt. Was darin *nicht* steht, ist üblicherweise seitens des Bauträgers auch nicht geschuldet, selbst wenn mit Begrifflichkeiten wie „schlüsselfertig" oder ähnlichem geworben wird. Häufige Kostenrisiken, die beim Kauf vom Bauträger auf Sie zukommen, sind:

- Zusatzkosten, die erst im Zuge der Hausbemusterung auftauchen (betrifft häufig die Heizungsausstattung, die Fensterqualität, Innentüren, Wand- und Bodenbeläge sowie Badausstattungen, Elektroausstattung)
- Erschließungskosten
- Anschlusskosten (Wasser, Strom, Telekommunikation, evtl. Gas oder Fernwärme)
- Kosten eines Bodengutachtens
- Kosten für Baustrom- und Bauwasserverbrauch
- Kosten des Abtransportes und der Deponie des Erdmaterials
- Behördenkosten wie Rohbaueinmessung oder Schornsteinabnahme
- Zusatzkosten für notwendige Umplanungen, die in der Leistungsbeschreibung nicht enthalten sind (zum Beispiel andere Kellerausführung, andere Ausbaustufen des Kellers oder des Daches)
- Kosten für eine Garage
- Kosten für die Anlegung des Gartens
- Kosten von Eingangspodest, Wegen, Terrasse, Einzäunung

Eine ganze Reihe von weiteren Kostenpunkten finden Sie in den Checkblättern (→ Seite 54 ff.).

Die **Zahlungsraten**, die an den Bauträger nach Baufortschritt entrichtet werden müssen, sind zwar in der Makler- und Bauträgerverordnung (MaBV) geregelt, allerdings sind die Regelungen dort so lückenhaft, dass sie nicht vor Überzahlungen schützen. Sie finden in diesem Buch aber Hinweise für sinnvolle Ratenzahlungsvereinbarungen (→ Seite 23).

Äußerst ratsam ist auch hier, ein **Fertigstellungsdatum** zu vereinbaren, sonst droht Ihnen eine **finanzielle Doppel-**

belastung (parallel Mietzahlung und Hausfinanzierung, → Seite 22). Achten Sie beim Bauen mit dem Bauträger auch auf das **Baustartdatum**. Dieses kann beispielsweise davon abhängig gemacht werden, dass eine bestimmte Anzahl von Reihenhäusern einer Reihenhausanlage verkauft sein muss, bevor mit dem Bau begonnen wird. Kaufen Sie zum Beispiel eines der ersten Reihenhäuser einer Anlage, kann bis zum Baustart noch viel Zeit ins Land gehen. Das kann erhebliche Auswirkungen auf Ihre Finanzierung haben, wenn nämlich Zinszahlungen anfallen und auch Bereitstellungszinsen für einen Kredit, den Sie noch gar nicht einsetzen können.

Bei Bauträger-Kaufverträgen taucht immer häufiger auch das Problem auf, dass Bauträger zwar auf den ersten Blick ein Haus mit Grundstück anbieten, Sie aber faktisch in zwei Schritten kaufen sollen: Erst das Grundstück und dann das Haus. Hintergrund ist, dass der Bauträger sich die Risiken der Zwischenfinanzierung für das Grundstück erspart. Das Problem für Sie: Wenn Sie zunächst das Grundstück kaufen und erst in einem zweiten Schritt den Bau eines Hauses vertraglich abschließen, werden Sie vom Immobilienkäufer eines Bauträgerobjektes zum Bauherrn eines schlüsselfertigen Gebäudes. Der Kauf des Grundstücks birgt Kostenrisiken, die an Ihnen hängen bleiben – zum Beispiel ob das geplante Haus darauf überhaupt technisch und rechtlich baubar ist. Der Klassiker ist hier der Keller, der als einfacher, gemauerter Keller in der Bau- und Leistungsbeschreibung enthalten, der aber für das vorhandene Grundstück nicht geeignet ist. Muss dann ein sogenannter WU-Beton-Keller, also ein Keller aus **w**asser**u**ndurchlässigem Beton gebaut werden, möglicherweise sogar unter aufwändiger Wasserhaltung der Baugrube, können die Kosten explodieren: Zusatzkosten im mittleren fünfstelligen Bereich sind hier schnell zusammen. Ab Seite 54 finden Sie in den Checkblättern die typischen Kostenrisiken beim Hauskauf vom Bauträger.

Eigentumswohnung vom Bauträger

Der Kauf einer Eigentumswohnung vom Bauträger birgt ähnliche Kostenrisiken wie der Hauskauf vom Bauträger. Typische Risiken, die nicht in der Baubeschreibung klar geregelt sind, entsprechen denen des Reihenhauskaufs vom Bauträger (⇢ Seite 16). Baubeschreibungen von Eigentumswohnungen sind aber meist komplexer, da hier unterschieden wird zwischen

- den **gemeinschaftlichen Eigentumsbereichen** (etwa Treppenhäuser oder Tiefgaragen)
- und dem **Sondereigentum** (der Innenbereich der Wohnung samt Innenoberflächen wie Bodenbelägen, Tapeten, Innentüren).

Diese Unterscheidung taucht in Baubeschreibungen aber häufig nicht auf: Gemeinschaftliches Eigentum und Sondereigentum an der Wohnung werden fast immer in eine einzige Bau- und Leistungsbeschreibung gepackt. Mehrkostenrisiken stecken dann oft in Zusatzwünschen für das Sondereigentum – etwa in einer anderen Badausstattung. Für die gemeinschaftlichen Bereiche können Sie in der Regel kaum Änderungswünsche äußern, da beispielsweise die Ausstattung des Treppenhauses oder des Kellers nicht wegen eines einzigen Käufers geändert werden.

Auch eine Eigentumswohnung vom Bauträger wird auf Grundlage der MaBV (⇢ Seite 15, 23) erworben – mitsamt den Risiken aus der ungenauen Definition der **Ratenzahlungen** nach MaBV.

Achten Sie auch beim Kauf einer Eigentumswohnung unbedingt auf die Fixierung des Baubeginns sowie des Fertigstellungsdatums. An den Baubeginn dürfen keine Bedingungen geknüpft sein wie etwa, dass mindestens 40 Prozent der Wohnungen verkauft sein müssen, bevor begonnen wird.

Hinzu kommen zusätzliche Regelungen aus dem Wohnungseigentumsgesetz (WEG bzw. WoEigG). Meist wird ein externer Wohnungseigentumsverwalter eingesetzt, der auch finanziert sein will. Ferner muss von allen Wohnungseigentümern eine anteilige Instandhaltungsrücklage (⇢ Seite 32) aufgebaut werden, die ebenfalls Geld kostet. Zudem kann es sein, dass es einen umfangreichen Pflegebedarf für die Wohnanlage gibt (Treppenhausreinigung, Aufzugswartung, Grünanlagenpflege); auch dafür müssen in aller Regel die Gelder zur Verfügung gestellt werden. Der Kauf einer Eigentumswohnung verursacht also von Beginn an zusätzliche monatliche Belastungen – über Ihre reinen Bankverpflichtungen für den Kredit hinaus.

Architektenhaus

Das Architektenhaus ist in Sachen Kostenrisiken eine Besonderheit: Das Problem ist hier weniger die Intransparenz der Kosten (denn die Honorarabrechnung von Architekten erfolgt separat von den Baukostenabrechnungen), sondern der sehr späte Zeitpunkt im Planungsablauf, zu dem exakte Kostenaussagen vorliegen. Der Architekt schätzt zu Beginn der Planung die Kosten nur. Er kann dabei zwar auf Kostendatenbanken der Architektenkammern ebenso zurückgreifen wie auf eigene Erfahrungen. Die wirklich anfallenden Kosten kennt er aber meist erst, wenn die Ausführungsplanung erstellt ist und die Ausschreibungen an die Handwerker ausgesandt sowie von diesen mit Preisen versehen wieder zurückgesandt sind. Zu diesem Zeitpunkt ist es im Planungsablauf natürlich schon sehr spät, um noch einmal fundamental an der Kostenschraube zu drehen. Diese Kostenunsicherheit ist ein Grund, warum sehr viele Bauherren das Bauen mit dem Architekten scheuen. Hinzu kommt die komplizierte und für Verbraucher weitgehend unverständliche **Ho**norarordnung für **A**rchitekten und **I**ngenieure (HOAI). Selbst Fachanwälte für Bau- und Architektenrecht müssen bei Honorarstreitigkeiten zwischen Architekten und Bauherren für jeden einzelnen Fall mit all seinen Details sehr genau hinsehen, um eine Rechtseinschätzung abgeben zu können.

Aber der Architekt kann auch haften, wenn er die vorgegebenen Baukosten nicht einhält, soweit Baukosten überhaupt vorgegeben wurden. Daher ist es überaus wichtig, dass Sie Ihrem Architekten sehr früh mitteilen, welche Baukosten plus Baunebenkosten einschließlich Architektenhonorar maximal anfallen dürfen. Diese Summe (brutto) sollte unbedingt in den Architektenvertrag aufgenommen werden; der Architekt schuldet Ihnen damit die Einhaltung dieser Vorgabe. Sprengt er die Vorgabe, können Sie dagegen vorgehen.

Das Architektenhonorar richtet sich nach dem Gesamtbetrag, den Sie für Ihr Haus entrichten müssen, wird aber von den Baukosten separat und transparent in Rechnung gestellt. Je höher die Baukosten, desto mehr verdient der Architekt zwar, dem können Sie aber durch die vertragliche Begrenzung der Gesamtkosten und der Baukosten einen Riegel vorschieben. Der Architekt kann Sie neutral beraten und wird auch eher zur Qualität eingesetzter Produkte raten. Das Potential der Kostensteuerung ist groß, weil Sie mit Architekten auch individuelle Anpassungen vornehmen können, ohne dass die Bauqualität darunter leiden muss. Ein erfahrener Architekt kann sogar mit einem eher kleinen Budget eine gute Bauqualität erreichen. Voraussetzung ist allerdings immer, dass Sie ein eigenes Grundstück mitbringen.

Im Gegensatz zum Architekten verdienen alle anderen Marktteilnehmer (Fertighausanbieter, Bauträger, Generalunternehmer) ihr Honorar versteckt im Gesamtpreis. Je günstiger diese Anbieter bauen und je teurer sie verkaufen, umso mehr Gewinn bleibt bei ihnen hängen.

Kostenrisiken aus finanzieller Doppelbelastung, nicht exaktem Zahlungsplan, Mängeln und Gewährleistung

Finanzielle Doppelbelastung
Beim Kauf von Neubauten, die erst noch im Entstehen sind, kommt es unweigerlich zu finanziellen Doppelbelastungen. Der Grund dafür ist die Bauzeit, die häufig über ein bis eineinhalb Jahre läuft. Während dieser Zeit zahlen Sie Miete. Gleichzeitig müssen Sie von Ihrer Bank Kapital abrufen, um die Bauraten zu zahlen – und haben so auch Zinsbelastungen.

Vereinfachtes Beispiel: Sie haben ein Reihenhausprojekt zum Preis von 250 000 Euro vom Bauträger erworben. Hinzu kommen 25 000 Euro übliche Nebenkosten. 50 000 Euro bringen Sie als Eigenkapitalanteil mit, von denen nach Abzug der Nebenkosten nur noch 25 000 Euro übrig sind. Der Bauträger will entsprechend der Makler- und Bauträgerverordnung (MaBV) gleich mit der ersten Rate 30 Prozent des Kaufpreises haben. 5 Prozent dürfen Sie aber einbehalten, als Sicherheit bis zur Fertigstellung. Bleiben 25 Prozent. 25 Prozent von 250 000 Euro sind 62 500 Euro. Dafür nehmen Sie Ihre verbliebenen 25 000 Euro Eigenkapital und 37 500 Euro von der Bank. Wenn Sie für die 37 500 Euro 4 Prozent Zinsen zahlen, sind das 1 500 Euro im Jahr. Kurz darauf flattert Ihnen die nächste Rechnung ins Haus: 28 Prozent will der Bauträger jetzt für den erstellten Rohbau haben. Das sind weitere 70 000 Euro. Die brauchen Sie jetzt komplett von Ihrer Bank. Macht bei 4 Prozent Zinsen eine Zinsbelastung von weiteren 2 800 Euro im Jahr. Und damit nicht genug, denn Ihre Bank verlangt sehr wahrscheinlich Bereitstellungszinsen für den noch nicht ausgezahlten Betrag Ihres Kredits. Der Grund: Die Bank kann das Geld zwischenzeitlich nirgendwo anders anlegen, sondern muss es für Sie abrufbereit halten. Das ist für die Bank kein gutes Geschäft. Sie holt sich daher den Zins von Ihnen. Nehmen wir an, die Bank verlangt hierfür 3 Prozent im Jahr, dann ergibt sich folgende Rechnung:

25 000 Euro haben Sie als Eigenkapital in die Kaufnebenkosten gesteckt und diese so vollständig bezahlt. Weitere 25 000 Euro haben Sie in die Kaufsumme von 250 000 Euro gesteckt. 225 000 Euro blieben übrig und müssen über einen Kredit getragen werden. Von diesem haben Sie zwei Raten, 37 500 und 70 000 Euro, bereits abgerufen, also insgesamt 107 500 Euro. Damit verbleiben von den 225 000 Euro Kredit noch 117 500 Euro, die bei der Bank auf Abruf warten. Dafür verlangt die Bank einen Bereitstellungszinssatz von 3 Prozent, was 3 525 Euro im Jahr an zusätzlicher Zinsbelastung sind. Das heißt, zum Zeitpunkt, zu dem gerade erst der Rohbau steht, haben Sie bereits eine jährliche Gesamtzinslast von 7 825 Euro zu tragen. Monatlich sind das satte 652 Euro an Zinsen, die Sie zusätzlich zu Ihrer Miete aufbringen müssen.

An diesem vereinfachten Beispiel können Sie die hohen Risiken einer finanziellen Doppelbelastung erkennen. Es ist daher sehr wichtig, dass Sie erstens diese zusätzlichen Kosten im Blick haben. Zweitens empfiehlt es sich, mit Ihrer Bank zu verhandeln, damit diese über einen möglichst langen Zeitraum keinen Bereitstellungszins verlangt. Drittens ist es wichtig, dass Ihr Bauvorhaben einen vertraglich festgeschriebenen Fertigstellungstermin hat. Ist dies nicht der Fall und das Bauvorhaben zieht sich beispielsweise über zwei Jahre statt über ein Jahr, hat das für Sie erhebliche Mehrkosten aus der länger laufenden finanziellen Doppelbelastung zur Folge. Im obigen, vereinfachten Beispiel macht das fast 10 000 Euro aus.

Zahlungsplan

Neubauten, die Rate für Rate nach Baufortschritt bezahlt werden, bringen auch in diesem Punkt Kostenrisiken mit sich. Zwar gibt es Ratenzahlungsvorgaben aus der Makler- und Bauträgerverordnung (MaBV) – dies aber nur für klassische Bauträgervorhaben. Hinzu kommt, dass selbst diese Ratendefinitionen viel zu ungenau sind. Um sicherzugehen, benötigen Sie einen exakten Ratenzahlungsplan, der alle zu erbringenden Leistungen und wann sie gezahlt werden sollen, möglichst exakt auflistet. Solche Ratenzahlungspläne sehen bei einem Bauträgervorhaben anders aus als beim Bauen mit dem Massivhausanbieter oder Fertighausanbieter.

Bauträger: Hier sind Sie an die Vorgaben der MaBV gebunden. Trotzdem können Sie im Rahmen der sieben dort festgelegten Raten deutlich exaktere Definitionen wählen. Sehr exakte Ratenzahlungsvorschläge dazu finden Sie in dem Ratgeber „Kauf eines Reihen- oder Doppelhauses – schlüsselfertig vom Bauträger“ der Verbraucherzentrale (⇢ Seite 240).

Schlüsselfertiges Massivhaus auf Ihrem Grundstück: Sie können die Raten in Umfang und Anzahl völlig frei gestalten. Grundsätzlich gilt hier: Die Raten müssen sehr exakt definiert werden.

Auch beim Bauen mit dem **Fertighausanbieter** auf Ihrem Grundstück sind Sie bei der Festlegung der Raten völlig frei. Hier gibt es bisweilen Besonderheiten. So wollen manche Fertighausanbieter eine höhere Vorauszahlung für die Holzbestellung. Wenn Sie darauf eingehen, muss dieser Betrag – den Sie dann zahlen, ohne dass Sie bereits eine Gegenleistung in der Hand haben – über eine Bürgschaft abgesichert werden. Diese muss aber insolvenzfest sein und Sie müssen sie auf erstes Anfordern ziehen können, sonst nutzt sie Ihnen wenig. Im Insolvenzfall des Unternehmens kann Ihr Geld sonst weg sein. Wenn möglich, sollte auf Vorauszahlungen auch für das Holz gänzlich verzichtet werden und Sie sollten erst zahlen, wenn das Haus vor Ort auf Ihrem Grundstück aufgestellt ist. Da ein Fertighaus relativ schnell steht, fällt dann häufig auf einen Schlag eine hohe Summe an. Doch Vorsicht: Da die meisten Fertighäuser einen ganz klassischen Innenausbau haben, sollte dieser auch klassisch nach Baufortschritt gezahlt werden. Das heißt, für die Hausaufstellung sollten nach Erbringung der Leistung maximal 60 bis 65 Prozent gezahlt werden und die verbleibenden

40 bis 35 Prozent dann in Raten, Zug um Zug, nach Fortschritt des Innenausbaus.

Eine Möglichkeit exakte Ratenzahlungspläne aufzustellen ist immer, eine exakte Baubeschreibung zu nehmen und die dort verzeichneten Leistungen in Abschnitte zu unterteilen, die erbracht sein müssen, bevor eine Ratenzahlung fällig wird. Dann stimmt der Ratenzahlungsplan inhaltlich exakt mit der Baubeschreibung überein und es ist klar, dass erst nach Erbringung der dort beschriebenen Leistungen die Rate gezahlt wird.

Mängel und Gewährleistung
Auch Mängel und Gewährleistungsfragen bergen erhebliche Kostenrisiken. Hinsichtlich der Mängel, die an Ihrem Bauvorhaben während der Bauzeit anfallen, haben Sie gemäß BGB (§ 641 Absatz 3) das Recht einen Mängeleinbehalt vorzunehmen. Dieser Einbehalt beträgt üblicherweise das Zweifache des zur Beseitigung des Mangels notwendigen Betrags. Das heißt, auch wenn eine Ratenzahlung fällig wird, können Sie diese Rate um den entsprechenden Einbehalt kürzen.

Neben dem Mängeleinbehalt können und sollten Sie sich während der Bauphase auch pauschal für die rechtzeitige und mangelfreie Fertigstellung absichern, indem Sie 5 Prozent des zu zahlenden Gesamtbetrages bis zur Abnahme einbehalten. Dieses Recht gewährt Ihnen das BGB (§ 632a Absatz 3). Solche Aspekte sollten nach Möglichkeit von vornherein im Bauvertrag geregelt werden. Die 5 Prozent werden üblicherweise bereits bei der ersten Rate einbehalten.

Und selbst nach der Abnahme haben Sie die Möglichkeit einen Geldbetrag für die Dauer der Gewährleistung einzubehalten. Dieses ist zwar nicht im BGB geregelt, die Rechtsprechung hat dies aber ausdrücklich festgestellt. Danach können Sie – soweit dies vertraglich vereinbart ist – bis zu 5 Prozent der Bausumme für die gesamte Dauer der Gewährleistung von fünf Jahren einbehalten. Dies für den Fall, dass in diesem Zeitraum Mängel auftauchen, die behoben werden müssen. Man spricht hier vom Gewährleistungseinbehalt. Manche Immobilienanbieter möchten diesen gerne durch eine Bürgschaft ihrer Bank ablösen. Wenn Ihnen das angeboten wird, benötigen Sie eine Bürgschaft die insolvenzfest ist und die durch Sie auf erstes Anfordern gezogen werden kann, sonst nutzt Ihnen das gar nichts und Sie behalten den Geldbetrag besser direkt ein.

Wie hoch sind Neubaukosten?

Wenn Sie Preise für ein Grundstück samt Haus (Bauträger) oder nur für ein Haus (Fertighaus, Massivhaus) vorgelegt bekommen, stellt sich sofort die Frage nach der Angemessenheit des Preises. Diese lässt sich relativ einfach überprüfen. Wenn Sie ein Grundstück mit Haus kaufen möchten, können Sie sich vom sogenannten örtlichen Gutachterausschuss eine Grundstückkostendokumentation besorgen.

Ein Gutachterausschuss ist ein Gremium, in dem unterschiedliche, regional tätige Immobiliensachverständige unter der Federführung der örtlichen Kommune zusammensitzen. Sie erhalten üblicherweise automatisch Kopien aller Grundstücks- und Immobilienkaufverträge in der Region und erstellen dazu meist jährlich eine Dokumentation. So entsteht eine neutrale Kostenübersicht der regionalen Boden- und Immobilienpreise. Diese Dokumentationen kann man meist gegen eine Schutzgebühr bei der Kommune erwerben, manchmal auch einfach auf deren Internetseite herunterladen.

Anhand einer solchen Übersicht können Sie herausfinden, welchen Wert in etwa das Grundstück hat, das Ihnen gemeinsam mit einem Haus verkauft werden soll. Diesen Wert des Grundstücks können Sie dann vom Gesamtkaufpreis abziehen: übrig bleiben die Kosten, die der Bauträger für den Hausbau haben will.

Wenn Sie auf Ihrem eigenen Grundstück ein Fertighaus oder Massivhaus errichten wollen, kennen Sie die angebotenen Baukosten bereits, da Sie Grundstück und Haus getrennt voneinander erworben haben.

Haben Sie Grundstücks- und Gebäudekosten getrennt vor sich liegen, können Sie die Baukosten pro Quadratmeter Wohnfläche ermitteln. Dazu benötigen Sie nur eine exakte Ermittlung der Wohnfläche des angebotenen Gebäudes.

In die Wohnfläche können nur Flächen derjenigen Räume einfließen, die nach Landesbauordnung auch zu Wohnzwecken zugelassen sind. Dazu gehören: Eine ausreichende Raumhöhe (in den meisten Landesbauordnungen mindestens 2,40 Meter, in Berlin sogar 2,50 Meter, in Baden-Württemberg nur 2,30 Meter), natürliche Belichtung und Belüftung (mindestens 10 Prozent der Raumgrundfläche müssen als Fensterfläche vorhanden sein, heißt also: Ein 10 Quadratmeter großer Raum benötigt zumindest 1 Quadratmeter Fensterfläche) und Beheizbarkeit (mindestens auf 20 °C). Kellerräume, vor allem von Bauträgern, erfüllen diese Bedingungen häufig nicht. Sie werden gerne als „Hobbyräume“ betitelt und sind nur selten als Wohnräume nach Landesbauordnung zulässig. Solche Räume dürfen bei der Wohnflächenermittlung nicht berücksichtigt werden. Dasselbe gilt für Dachräume, die nicht die Mindestanforderungen der Landesbauordnung erfüllen (die Geschosshöhe ist hier üblicherweise zumindest über die Hälfte des Dachraums erforderlich; Flächen unterhalb einer Raumhöhe von zwei Meter werden bei der Raumfläche nur zur Hälfte angerechnet, unterhalb von 1,5 Meter gar nicht).

Wenn Sie nun die reine Wohnfläche kennen – am besten verbindlich ermittelt nach der sogenannten Wohnflächenverordnung – dann können Sie den angebotenen Baukostenpreis des Hauses durch die Quadratmeterzahl der reinen Wohnfläche teilen. Die Zahl, die sich ergibt, bezeichnet die Baukosten pro Quadratmeter Wohnfläche. Die Baukosten des Kellers sind darin dann sozusagen inbegriffen, obwohl die Kellerfläche bei der Wohnfläche nicht berücksichtigt wurde.

Beispiel: Ihnen wird ein neues Reihenhaus samt Grundstück für 320 000 Euro angeboten. Sie haben mit Hilfe der Dokumentation des örtlichen Gutachterausschusses ermittelt, dass die Kosten für das Grundstück in etwa 60 000 Euro betragen. Bleiben 260 000 Euro für die Baukosten. Das Ihnen angebotene Haus hat eine reine Wohnfläche von 120 Quadratmetern (je 60 Quadratmeter im Erdgeschoss und im Obergeschoss). Sie teilen 260 000 durch 120 und erhalten Baukosten von 2 166,66 Euro pro Quadratmeter Wohnfläche.

Nun vergleichen Sie:

- Eine **einfache Bauweise** (Standard-Dämmung nach EnEV, Zweifachverglasung, einfache Gasheizung, einfache Bad- und Innenausstattung) kostet etwa zwischen 1 200 und 1 400 Euro.
- Eine **Bauweise mittlerer Qualität** (etwas höherer Dämmstandard, Dreifachverglasung; evtl. Wärmepumpe, gute Bad- und Innenausstattung – u. a. Parkett statt Laminat) kostet etwa 1 500 Euro bis etwa 1 700 Euro.
- Baukosten über 1 800 Euro gehen dann bereits in einen **deutlich höheren Standard** (zum Beispiel Passivhausbauweise, hoch gedämmte Fenster, Lüftungsanlage, sehr gute Innenausstattung).

Wenn das Ihnen angebotene Haus nun Baukosten von über 2 000 Euro pro Quadratmeter aufweist, aber nur über eine sehr einfache Ausstattung verfügt, dann wissen Sie, dass Ihr Bauträger an diesem Haus viel verdienen wird: Die Preisspanne zwischen den realen Baukosten und dem Ihnen angegebenen Kaufpreis ist seine Gewinnspanne. In diesem

Beispiel wäre das Haus eher zu teuer, denn eine eventuell gute Lage bezahlen Sie bereits über den Grundstückspreis ab. Das muss nicht heißen, dass Sie das Haus nicht kaufen sollten. Es bleibt für sie aber ungewiss, ob Sie es für diesen Preis einmal wieder verkaufen können.

Sonderfall Eigentumswohnung: Bei Eigentumswohnungen ist die Betrachtungsweise etwas anders. Hier liegen die am Markt angebotenen Quadratmeterpreise häufig etwas höher als bei Häusern. Auch können Sie hier nicht einfach das Grundstück herausrechnen, da Sie ja nur einen fiktiven Anteil am Grundstück erwerben. Sie können jedoch mehrere ähnliche Objektangebote mit den Dokumentationen des örtlichen Gutachterausschusses gut vergleichen. Wichtig ist nur, dass Sie tatsächlich vergleichbare Objekte heranziehen (also ähnliche Lage, ähnliche Größe etc.). So erkennen Sie, ob der Angebotspreis ein Phantasiepreis ist, den Sie im Falle eines Wiederverkaufs nicht mehr werden erzielen können.

Kostenrisiken bei gebrauchten Immobilien

Auch beim Kauf einer gebrauchten Immobilien (ob Haus oder Wohnung) gibt es Kostenrisiken. Diese Risiken liegen darin, dass gebrauchte Immobilien üblicherweise mit dem Zusatz „wie gesehen“ im notariellen Kaufvertrag verkauft werden. Der Verkäufer lässt vom Notar meist auch einen Haftungsausschluss für Sachmängel in den Kaufvertrag setzen. Das heißt, was die Baubeschreibung bei neuen Immobilienobjekten ist, entspricht der Gebäudebesichtigung bei gebrauchten Objekten. Es ist also wichtig, eine extrem sorgfältige Objektbesich-

tigung durchzuführen, zu der sie auch Fachleute einschalten können. Wie Sie das vertraglich richtig tun, welche Fachleute geeignet sind und wo Sie diese finden, erfahren Sie in dem Ratgeber „Kauf eines gebrauchten Hauses: Die Checklisten" der Verbraucherzentralen (⇢ Seite 240).

Doch selbst wenn eine gebrauchte Immobilie in keinem guten Zustand ist, heißt dies nicht, dass man auf den Kauf besser verzichtet. Berücksichtigen Sie aber von vornherein die Kosten, die nötig sind, um die Immobilie so herzurichten, dass sie für Ihre Bedürfnisse geeignet und bewohnbar ist. Diese Sanierungskosten werden häufig massiv unterschätzt. Die Sanierung eines einzigen Badzimmers kann 20 000 Euro und mehr kosten. Ein Dachgeschossausbau, bei dem zum Beispiel auch eine neue Dämmung angebracht werden muss samt neuer Unterdachverkleidung und neuen Dachfenstern, kann sehr schnell bei 30 000 bis 40 000 Euro liegen. Das Teure daran sind meist weniger die Materialkosten als die Personalkosten. Und häufig muss zuvor ein Rückbau der alten Bausubstanz erfolgen. Alte Fliesen und Sanitärgegenstände, häufig aber auch ganze Rohrstränge, müssen ausgebaut und entsorgt werden. Beim Dach können noch Dachdichtungsmaßnahmen der Ziegeldeckung notwendig sein. Leider erkennt man meist erst während der Sanierungsarbeiten wie hoch – und teuer – der wirkliche Sanierungsbedarf letztlich ist.

Diese potentiellen Mehrkosten können Sie in die Kaufpreisverhandlungen einbringen, um zu einem geringeren Kaufpreis zu gelangen. Nicht immer wird die Verkäuferseite darauf eingehen, denn nach wie vor bestimmt vor allem die Lage ganz wesentlich den Kaufpreis. Wenn die Verkäuferseite nicht auf Ihre Argumente eingeht und ihr Angebot nicht reduziert, sollten Sie über den Kauf noch einmal gründlich nachdenken. Denn es nutzt Ihnen nichts, wenn Sie in einer überalterten Immobilie ohne Wohnkomfort leben, für deren Sanierung Ihnen auf Jahre hinaus das Geld fehlt.

Gebrauchtes Haus

Das gebrauchte Haus ist ganz klar der Klassiker unter den Immobilienlösungen. Es hat unbestreitbare Vorteile. Man muss es nicht erst bauen, sondern es steht bereits – mitunter in interessanter Lage, wo Bauplätze rar geworden sind. Der Nachteil des gebrauchten Hauses ist, dass es meist nicht mehr dem Stand der Technik entspricht.

Bei den Kostenrisiken gebrauchter Häuser kann man unterscheiden zwischen solchen Risiken, die einen Totalausfall des eingesetzten Vermögens bedeuten können und solchen, die erhebliche Sanierungsinvestitionen nach sich ziehen können, aber nicht den Totalausfall bedeuten.

Spezielle, danach geordnete Checklisten zur Überprüfung der Gebäudesubstanz, finden Sie in dem Ratgeber „Kauf eines gebrauchten Hauses – Die Checklisten“ (→ Seite 240). Im vorliegenden Ratgeber geht es nur um die klassischen Kostenfallen, also Kosten, die im Zuge eines Hauskaufs unmittelbar zusätzlich anfallen können, ohne dass Sie darüber informiert sind.

Bei den weitverbreiteten Kostenrisiken handelt es sich üblicherweise um:

- EnEV-Pflicht-Modernisierungen
- Kellersanierung
- Dachsanierung
- Fenstersanierung
- Heizungssanierung
- Elektroerneuerungen
- Badsanierung
- Wasserleitungssanierung
- Küchensanierung
- Terrassen- und Balkonsanierung
- Schadstoffsanierung
- Haustürerneuerung
- Hauseingangserneuerung

- Innentürenerneuerung
- Wandoberflächenerneuerung
- Bodenbelagserneuerung
- Verzögerte Erschließungsgebühren

Diese Punkte müssen Sie gut überprüfen, bevor Sie den notariellen Kaufvertrag für ein gebrauchtes Haus unterzeichnen. Denn für eine eventuell notwendige Nachbesserung, Reparatur oder Sanierung dieser Bauteile und für die Bau- sowie Dienstleistungen fallen häufig höhere, zusätzliche Kosten an.

Gebrauchte Eigentumswohnung

Für gebrauchte Eigentumswohnungen gelten die gleichen Kostenrisiken wie für gebrauchte Häuser: Sämtliche der zuvor genannten Prüfpunkte (→ Seite 31, 32) sind auch für gebrauchte Eigentumswohnungen relevant. Bei gebrauchten Eigentumswohnungen kommt aber ein ganz wesentlicher Aspekt hinzu, der häufig vergessen wird, aber sehr kostenintensiv werden kann: Die sogenannte **Instandhaltungsrücklage**.

Entscheidend für Sie ist, wie hoch diese Rücklage zum Zeitpunkt Ihres Eintritts in die Wohnungseigentümergemeinschaft (WEG) ist. Hohe Kostenrisiken entstehen immer dann, wenn für ein relativ altes Gebäude nur eine geringe Instandhaltungsrücklage zur Verfügung steht.

Beispiel: Ihre Wohnung liegt in einem Gebäude mit 20 Wohnungen. Das Haus ist 30 Jahre alt und verfügt über eine Instandhaltungsrücklage von 40 000 oder 50 000 Euro. Dies ist nicht allzu viel. Hier reicht bereits eine unerwartet große Heizungsreparatur, um große Teile der Rücklage mehr aufzufressen.

Auch die Gebäudegröße spielt eine Rolle: Je größer ein Gebäude ist, desto mehr Eigentümer zahlen in die Instandhaltungsrücklage ein, desto höher sind aber in der Regel auch die Sanierungskosten. So haben größere Gebäude beispielsweise sehr häufig Aufzugsanlagen. Deren Sanierung kann extrem kostenintensiv sein. Da reichen dann auch 50 000 Euro ganz schnell nicht mehr aus. Aber auch die Fassaden- oder Dachflächen sind viel größer als bei kleineren Häusern, und die Kosten bei der Sanierung entsprechend höher. Ein weiterer wichtiger Punkt: Man sollte sich ansehen, welche Sanierungen in naher Zukunft geplant sind und sich darüber informieren, welche Sanierungen bereits erfolgt sind (zum Beispiel neues Dach oder Dachdämmung – und wann das war). Denn ist beispielsweise die Instandhaltungsrücklage gering, aber in naher Zukunft eine größere Sanierungsmaßnahme geplant, müssen auch Sie die Sanierung anteilig mittragen. Das heißt, neben den reinen Kaufkosten Ihrer Wohnung, können sehr zeitnah noch einmal erhebliche Beträge, auch im fünfstelligen Bereich, auf Sie zukommen. Ob solche Beschlüsse vorliegen, können Sie in der Regel der Beschlusssammlung der Wohnungseigentümergemeinschaft entnehmen. Diese muss Ihnen der Verwalter im Zuge eines Kaufs vorlegen. Bei der Instandhaltungsrücklage kommt es also auf die Überprüfung mehrerer Parameter an:

- Wie hoch ist die Rücklage?
- Wie alt ist das Gebäude?
- Wie groß ist das Gebäude/Wie viele Wohneinheiten hat es?
- Welche größeren/kostenintensiveren Sanierungsmaßnahmen sind in naher Zukunft geplant und per Beschluss der Wohnungseigentümerversammlung bereits festgelegt?

Was ist eine Instandhaltungsrücklage?

Eine Eigentumswohnung befindet sich meist in einem Gebäude mit weiteren Eigentumswohnungen. Während sich jeder Eigentümer um seine Wohnung selbst kümmert (zum Beispiel Fliesen austauscht oder Wände neu tapeziert), kümmern sich alle Wohnungseigentümer gemeinsam um das „gemeinschaftliche Eigentum“. Fast immer geschieht dies durch Einsetzung eines „Wohnungseigentumsverwalters“ auch WEG-Verwalter genannt.

Er wird von allen Eigentümern damit beauftragt, die Wohnanlage zu verwalten. Er kümmert sich um die verschiedensten Dinge, von der Nebenkostenabrechnung bis zu Instandhaltung der Immobilie. Für diese Instandhaltung benötigt er Geld. Das Geld geben ihm die Eigentümer und zwar in der Regel über monatliche Einzahlungen, zum Beispiel in eine sogenannte Instandhaltungsrücklage. Je nach Höhe der Einzahlungen ist die Rücklage hoch oder niedrig.

Beschlusssammlung einsehen

Schauen Sie vor dem Kauf einer Eigentumswohnung in die Beschlusssammlung der Wohnungseigentümergemeinschaft und lassen Sie sich die Höhe der aktuellen Instandhaltungsrücklage mitteilen. Blenden Sie die Überprüfung des größten Kostenrisikos nicht aus. Es schützt Sie vor bösen Überraschungen.

Wie hoch sind Kosten gebrauchter Immobilien?

Auch bei einer gebrauchten Immobilie stellt sich die Frage nach der Angemessenheit des Kaufpreises. Anders als beim Neubau kann man dabei nicht einfach nach den Baukosten gehen, auch wenn sie als Vergleichsmaßstab immer interessant sind. Gerade für gebrauchte Immobilien eignen sich die Datensammlungen der Gutachterausschüsse (→ Seite 26) daher sehr gut, um zu vergleichen, ob der verlangte Preis angemessen ist. Das heißt, man sollte zumindest eine solche Dokumentation einsehen.

Man kann auch ein komplettes Gutachten zum Gebäudewert in Auftrag geben (zum Beispiel bei einem Sachverständigen für die Bewertung bebauter und unbebauter Grundstücke). Allerdings sind diese Gutachten zeitaufwändig und nicht ganz preiswert. Ferner kann ein solches Gutachten ebenso zu dem Schluss kommen, dass Sie für das angebotene Gebäude eigentlich sogar mehr zahlen müssten; dann nutzt es Ihnen bei einer Kaufpreisverhandlung wenig. Kaufen Sie ein Haus dann nicht, sitzen Sie auf einem teuren Gutachten, das Sie nicht weitergebracht hat.

Wertgutachten sind eher für die Verkäuferseite interessant, weniger für die Käuferseite. Daher die klare Empfehlung: Nehmen Sie besser Einsicht in die aktuelle Dokumentation des örtlichen Gutachterausschusses bei vergleichbaren Objekten in vergleichbarer Lage. Weicht der Preis des Ihnen angebotenen Objektes nach oben oder nach unten erheblich von den Preisen vergleichbarer Objekte ab, müssen Sie genauer hinsehen.

Übliche Nebenkosten beim Immobilienkauf

Zu den klassischen Nebenkosten beim Immobilienkauf wird – im Gegensatz zu den vielen versteckten Kosten – viel berichtet und geschrieben, obwohl es eigentlich eine überschaubare Liste potentieller Zusatzkosten ist. Hierunter fallen in aller Regel folgende Kosten:

- Grunderwerbsteuer
- Notargebühren für die Beurkundung des Grundstücks- oder Immobilienkaufs
- Gebühren für die Eigentumsumschreibung im Grundbuch
- Gebühren für die Eintragung einer Grundschuld/Hypothek ins Grundbuch
- Maklercourtage (falls ein Makler Grundstück oder Immobilie vermittelt hat)
- Honorarkosten (zum Beispiel für Bausachverständige bei der Besichtigung einer Bestandsimmobilie oder Baufortschrittskontrolle eines Neubaus)
- Honorarkosten für einen Anwalt (etwa zur Vertragsprüfung)
- Mitunter Bearbeitungsgebühren der Bank für den Bankkredit (die Kosten für die Wertschätzung einer Immobilie darf die Bank Ihnen aber nicht in Rechnung stellen)
- Versicherungskosten (grundsätzlich die Risikolebensversicherung und je nach Bedarf noch Berufsunfähigkeitsversicherung, Bauherrenhaftpflichtversicherung, Unfallversicherung, Bauleistungsversicherung, Bauwesenversicherung, Feuerrohbauversicherung sowie anschließend Gebäudeversicherung)

Die **Grunderwerbsteuer** und die Honorarkosten schlagen hierbei in aller Regel am meisten zu Buche. Die Grunderwerbsteuer ist je nach Bundesland unterschiedlich hoch, Sie beträgt in einigen Bundesländern mittlerweile 5 Prozent der

Immobilienkaufsumme. Wird zunächst nur das Grundstück erworben und erst später bebaut, zum Beispiel mit einem Architekten, fällt die Grunderwerbsteuer nur für die Kaufsumme des Grundstücks an.

Große Vorsicht ist geboten, wenn Ihnen ein Bauträger erzählt, er verkaufe Ihnen Grundstück und Haus bewusst in separaten Verträgen, damit Sie die Grunderwerbsteuer für den Hausanteil sparen können. Ob dem so ist oder nicht, entscheidet letztlich das Finanzamt – und zwar ggf. auf Grundlage der geschlossenen Verträge. Denn selbst wenn Haus und Grundstück in separaten Verträgen erworben wurden, kann durchaus ein sogenanntes „verbundenes Geschäft" vorliegen, bei dem Grundstück und Haus zwar in getrennten Verträgen, letztlich aber doch als ein Gesamtvorgang veräußert wurden: zum Beispiel wenn im Kaufvertrag des Grundstücks bereits festgelegt wird, durch wen es bebaut wird, etwa durch denselben Bauträger, der Ihnen auch das Grundstück verkauft oder vermittelt hat. Dann dürften die Finanzbehörden dies als ein verbundenes Geschäft sehen und von Ihnen die Grunderwerbsteuer auf den Gesamtbetrag – also Grundstück und Haus – fordern. Die gravierenden Nachteile, die Ihnen zwei separate Verträge bringen, überwiegen sehr schnell die finanziellen Vorteile, die Sie zu haben glaubten.

Ausführliches zu den vertraglichen Hintergründen und Problemen bietet der Ratgeber „Kauf eines Reihen – oder Doppelhauses – schlüsselfertig vom Bauträger" (→ Seite 240). Dort finden Sie auch ein durchgängig kommentiertes Bauträger-Vertragsbeispiel.

Die **Notargebühren** machen – überschlägig – etwa 0,5 Prozent der Kaufsumme aus für folgende Notarleistungen:

- Einsicht ins Grundbuch,
- Erstellung des Vertragsentwurfs,
- Beurkundung des Vertrages und
- Vollzugsauftrag.

Meist ist auch die **Eintragung einer Grundschuld bzw. Hypothek** ins Grundbuch notwendig. Auch dies kann nur der Notar vornehmen bzw. beantragen. Dieser Eintrag gilt der Absicherung Ihrer Bank für den Ihnen gegebenen Kredit.

Honorarkosten für einen (Bau)**Sachverständigen** sollten Sie nicht unter 100 Euro netto pro Stunde ansetzen. Benötigen Sie ihn 10 Stunden, ergibt das 1 000 Euro netto. Gleiches gilt für eine notwendige Begleitung durch einen Fachanwalt.

Der **Makler** will für seine Vermittlertätigkeit meist fürstlich entlohnt werden, nämlich üblicherweise zwischen 3,57 und 7,14 Prozent des Immobilienpreises. Die Höhe der Courtage ist in Deutschland gesetzlich nicht festgeschrieben, Sie können also versuchen, die Maklergebühr frei zu verhandeln. In einigen Nachbarländern Deutschlands nehmen die Makler beispielsweise nur 1 Prozent. Verhandeln kann sich also lohnen.

Die **Grundbucheintragung** schlägt nach der Kostenordnung mit einem festgelegten Gebührensatz zu Buche: Bei einer Immobilie im Wert von beispielsweise 300 000 Euro sind das ca. 500 Euro.

Bei den **Versicherungen** ist zu unterscheiden zwischen denen, die Sie

- für einen Hausneubau benötigen und solchen,
- die Sie für ein gebrauchtes Haus brauchen.

Bei einem Neubau muss die Bauphase dann abgesichert werden, wenn Sie nicht in der Rolle des Käufers eines fertigen Hauses samt Grundstück sind, sondern erst ein Grundstück erwerben und darauf dann mit einem Bauträger, Generalunternehmer, Fertighausanbieter oder Architekten ein Gebäude errichten möchten. Dann sind Sie Bauherr und es treffen Sie auch alle Lasten und Risiken eines Bauherrn.

Die fünf typischen Versicherungen während der Bauphase sind

- **Bauherrenhaftpflichtversicherung,**
- **Unfallversicherung** für den Fall von Eigenleistungen (für Helfer ist diese verpflichtend bei der Bauberufsgenossenschaft abzuschließen),
- **Feuerrohbauversicherung,**
- **Bauwesenversicherung** (für Schäden an Bauteilen während des Baus),
- **Bauleistungsversicherung**
- und ggf. eine **Fertigstellungsversicherung** (ist in Deutschland noch selten, kann alternativ über eine Fertigstellungbürgschaft des Bauträgers, Generalunternehmers oder Fertighausanbieters gelöst).

Diese Versicherungen sind zeitlich begrenzt und fallen nach der Bauphase weg.

Davon unabhängig sind Versicherungen, die länger laufen und vor allem das **Ausfallrisiko der Finanzierung** absichern. Hier stehen zwei Aspekte im Vordergrund:

- Eine mögliche Berufsunfähigkeit des Hauptverdieners und
- das Lebensrisiko des Hauptverdieners.

Diese Risiken werden abgedeckt durch eine **Berufsunfähigkeitsversicherung** und eine **Risikolebensversicherung**. Risikolebensversicherungen (nicht zu verwechseln mit Lebensversicherungen, in Form einer Ansparversicherung) sind zwar schon relativ günstig zu haben: im dreistelligen Bereich pro Jahr, je nach Alter des Versicherungsnehmers und Höhe der zu versichernden Summe. Dieses Geld muss bei den monatlichen Belastungen einkalkuliert werden. Allerdings kann man die zu versichernde Summe und damit die zu zahlenden Beiträge mit der Zeit nach unten abstaffeln, denn über die Jahre sinken ja auch die Bankverbindlichkeiten und damit das Finanzierungsrisiko. Ob unabhängig vom Finanzierungsrisiko, das so abgesichert wird, noch ein fester, monatlicher

Versorgungssockel für die Hinterbliebenen berücksichtigt werden soll, muss im Einzelfall überlegt werden.

Anfallen werden darüber hinaus in jedem Falle die Kosten für die fortlaufende Gebäudeversicherung.

Diese Nebenkosten sind aber zumindest recht transparent, auch wenn sie in Immobilienanzeigen etc. nie vollständig angegeben werden. Es sind übliche Nebenkosten, die Sie erkennen können; eine gute Bank sollte diese Kosten bei einer sorgfältigen Finanzierungsberatung eigentlich im Auge und Sie darauf hinweisen. Sie sollten sich darauf aber nicht verlassen und immer selbst gegenprüfen.

Beispiel für übliche Nebenkosten beim Immobilienkauf

Angenommen, Sie finden ein Angebot eines Bauträgers für ein Reihenhaus samt Grundstück für 300 000 Euro oder aber ein gebrauchtes Haus zum gleichen Preis, dann kommen dazu – gemäß der obigen Zusammenstellung – folgende Nebenkosten:

Immobilienkosten (davon Kreditsumme 200 000 Euro)	300 000 Euro
+ **Grunderwerbsteuer** (5,0 %)	15 000 Euro
+ **Notargebühren** (0,5 %)	1 500 Euro
+ **Eigentumsumschreibung im Grundbuch**	ca. 500 Euro
+ **Eintragung Grundschuld/Hypothek ins Grundbuch** (ca. 0,5 % der Kreditsumme)	1 000 Euro
+ **Bereitstellungszins** (monatlich ca. 0,25 % der Kreditsumme, bei drei Monaten)	1 500 Euro
+ **Maklercourtage** (3,57 %):	10 710 Euro
+ **Beratung (Bau)Sachverständige** (2 x 500 Euro):	1 000 Euro
gesamt:	**ca. 331 210 Euro**

+ **Versicherungskosten** (unterschiedlich, je nachdem, ob Sie rechtlich Käufer sind oder Bauherr, zumindest aber Berufsunfähigkeits-, Risikolebens- und Gebäudeversicherung)

Wenn Sie diese Nebenkosten zusammenrechnen, kommen Sie auf ca. 10 Prozent der Immobilienkosten: Bei einem Immobilienpreis von 300 000 Euro benötigen Sie also satte 30 000 Euro zusätzliches Geld nur zur Begleichung der üblichen Nebenkosten. Wenn hier allerdings nur alleine der Makler statt 3,57 Prozent 7,14 Prozent haben will, wird die 10 Prozent-Marke bereits gerissen und die Kosten schießen noch weiter in die Höhe.

100 EURO

Fragebögen und Checkblätter: Neubau

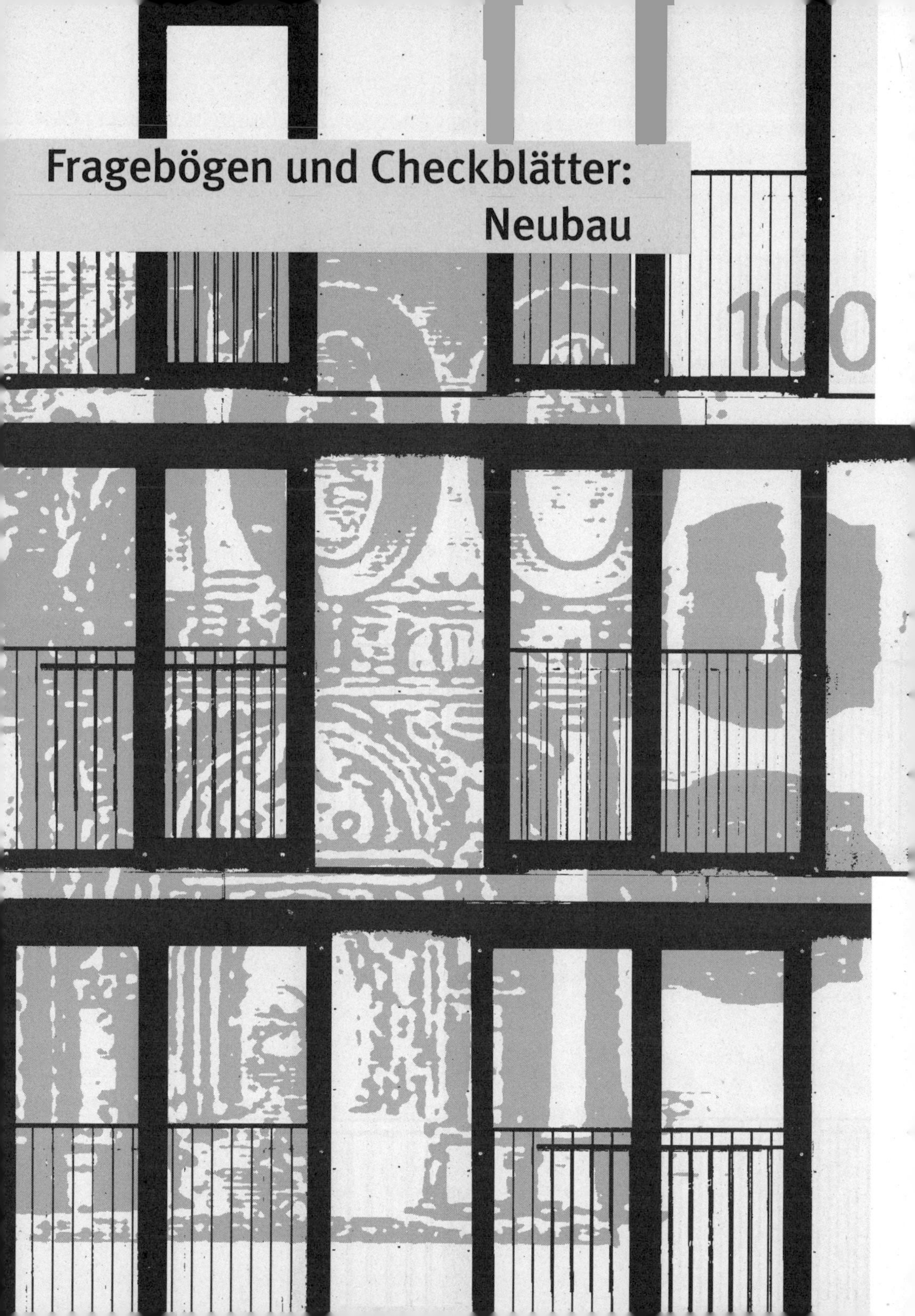

Neubau – Haus oder Wohnung

Damit Sie versteckte Kosten bei dem Ihnen angebotenen Neubau-Haus oder der angebotenen Neubau-Wohnung besser erkennen können, finden Sie nachfolgend einen Fragebogen für Ihren Bauträger, Generalunternehmer oder Fertighausanbieter:

- Fragebogen: Leistungsumfang des von Ihnen angebotenen Neubau-Hauses (→ Seite 44)
- Fragebogen: Leistungsumfang der von Ihnen angebotenen Neubau-Eigentumswohnung (→ Seite 47)

Entsprechende Fragebögen für den Kauf einer gebrauchten Immobilie (Haus und Eigentumswohnung) vom Bauträger finden Sie ab Seite 158.

Sämtliche Fragebögen gibt es auch als **Download** (→ Seite 230). Sie können diese Bögen einfach ausdrucken und dem Immobilienanbieter aushändigen, mit der Bitte, den jeweiligen Bogen kurz auszufüllen.

Auf keinen Fall sollten Sie diese Fragebögen einfach als Anhang per E-Mail an den Immobilienanbieter weitersenden. Das mag vielleicht bequemer sein, aber dann erkennt der Anbieter sofort, dass die Bögen von der Verbraucherzentrale stammen. Das ruft bei vielen Anbietern Unmut hervor, manche reagieren sogar gereizt. Daher besser ausdrucken und per Post versenden.

Nach Rücklauf dieser Fragebögen können Sie dann auf einen Blick rasch erkennen, welche Kostenpunkte das Ihnen vorgelegte Immobilienangebot enthält – und welche fehlen. Die Fragebögen können Sie dann – mittels eines **Wegweisers** (⇢ Seite 50) – mit den zugeordneten Checkblättern zu den einzelnen Knotenpunkten abgleichen (⇢ ab Seite 54).

Durch die Addition aller Kosten der nicht im Leistungsumfang enthaltenen Punkte erhalten Sie einen konkreten Überblick über die Kostenrisiken Ihres Immobilienkaufvorhabens.

Fragebogen

Leistungsumfang des von Ihnen angebotenen Neubau-Hauses

Welche Leistungen sind in Ihrem Immobilienangebot enthalten und welche nicht? Bitte einfach „Ja“ (= enthalten) oder „Nein“ (= nicht enthalten) ankreuzen.

		Ja	Nein
1	Genehmigungsgebühren (Baugenehmigung und evtl. notwendige Sondergenehmigungen)	☐	☐
2	Statik	☐	☐
3	Falls erforderlich: Prüfstatik	☐	☐
4	Erschließungsbeiträge (alle Ersterschließungsbeiträge nach dem Baugesetzbuch)	☐	☐
5	Vermessungs- und Katastergebühren (Grundstückseinmessung, Gebäudeeinmessung, Gebäudeabsteckung)	☐	☐
6	Bodengutachten (auf Bodenklasse, Bodentragfähigkeit und Grundwasser)	☐	☐
7	Freiräumung Grundstück	☐	☐
8	Baustelleneinrichtung (soweit erforderlich inklusive Baustraßen, Materiallagerplatz und Kranstandplatz)	☐	☐
9	Baustrom-/Bauwasseranschluss und spätere Demontage (inklusive Genehmigung und Genehmigungsgebühr)	☐	☐
10	Baustrom-/Bauwasserverbrauch	☐	☐
11	Grundwasserhaltung in der Baugrube (falls notwendig bei hohem Grundwasserstand)	☐	☐
12	Abfahrt und Deponiegebühr des Erdaushubs	☐	☐
13	Wasser- und Abwasseranschlüsse inklusive Kontrollschacht (lückenlos, vom öffentlichen Netz bis ins Haus bzw. umgekehrt, betriebsfertig) sowie Regenwasser-Entwässerungskanal	☐	☐
14	**Hebeanlage**		
	Abwasserhebeanlage	☐	☐
	Kondensatwasserhebeanlage (Heizung)	☐	☐
	Fäkalabwasserhebeanlage	☐	☐
15	Gasanschluss (lückenlos vom öffentlichen Netz bis ins Haus, betriebsfertig)	☐	☐
16	Stromanschluss (lückenlos vom öffentlichen Netz bis ins Haus, betriebsfertig)	☐	☐
17	Elektroausstattung ausreichend (Umfang mindestens 50 Steckdosen, 30 Schalter, 20 Deckenauslässe, 20 Wandauslässe im gesamten Haus inklusive Keller- und Dachräume sowie 2 Außensteckdosen und 2 Außenbeleuchtungen bei Terrasse und Balkon)	☐	☐

Fragebogen

Leistungsumfang des von Ihnen angebotenen Neubau-Hauses

Welche Leistungen sind in Ihrem Immobilienangebot enthalten und welche nicht?
Bitte einfach „Ja" (= enthalten) oder „Nein" (= nicht enthalten) ankreuzen.

		Ja	Nein
18	Gegensprechanlage mit Annahmestationen auf allen Geschossen	☐	☐
19	Heizungs-/Wärmepumpenergänzung durch Solarkollektoren für die Warmwasserbereitung	☐	☐
	Warmwasserzirkulationsleitung	☐	☐
20	Bei Installation einer Solarkollektoranlage auch 300-Liter-Warmwasserspeicher enthalten	☐	☐
21	TV-, IT, und Telefonanschluss-Ausstattung (lückenlos vom öffentlichen Netz bis ins Haus, betriebsfertig)	☐	☐
22	Keller	☐	☐
23	Keller als WU-Keller in Stahlbeton	☐	☐
24	Dämmung unterhalb der Kellerbodenplatte	☐	☐
25	Dämmung der Kelleraußenwände	☐	☐
26	**Kellerestrich (alle Räume)**		
	Verbundestrich	☐	☐
	Estrich auf Trennlage	☐	☐
	Schwimmender Estrich inklusive Wärmedämmung	☐	☐
27	Bodenbelag im gesamten Keller (z. B. Fliesen)	☐	☐
28	Isolierte Kellerfenster (Doppelverglasung) mit Kellerlichtschächten	☐	☐
29	Falls kein Keller: Dämmung unterhalb der Bodenplatte	☐	☐
30	Rollläden an Kellerfenstern	☐	☐
31	Rollläden in allen Geschossen außer Keller (falls an einzelnen Fenstern nicht, bitte diese nennen)	☐	☐
32	Dreischeiben-Wärmeschutzverglasung aller Wohnraumfenster	☐	☐
33	**Gäste-WC und Bäder**		
	Spiegel	☐	☐
	Spiegelbeleuchtung	☐	☐
	Handtuchhalter	☐	☐
	WC-Papierhalter	☐	☐

Fragebogen

Leistungsumfang des von Ihnen angebotenen Neubau-Hauses

Welche Leistungen sind in Ihrem Immobilienangebot enthalten und welche nicht?
Bitte einfach „Ja" (= enthalten) oder „Nein" (= nicht enthalten) ankreuzen.

		Ja	Nein
34	Gedämmte Dachbodeneinschubtreppe (falls Zwischendecke oberstes Geschoss zu Dachboden gedämmt ist)	☐	☐
35	Dachbodenbeplankung (Dachboden begehbar und nutzbar als Abstellraum)	☐	☐
36	Dachdämmung	☐	☐
37	Dachbodenwandbekleidung	☐	☐
38	Erhöhter Schallschutz (z. B. gemäß DIN 4109 Beiblatt 2)	☐	☐
39	**Hauszugang**		
	Eingangspodest	☐	☐
	Vordach	☐	☐
	Außenwandlampe	☐	☐
	Briefkasten	☐	☐
	Hausnummer	☐	☐
40	Terrasse	☐	☐
41	Balkon	☐	☐
42	Garage		
43	Carport	☐	☐
44	Gartenanlage		
45	Zaun	☐	☐
46	Haustürschlüssel mit Schließanlage	☐	☐
47	Außensteckdosen und Außenbeleuchtung Terrasse und Balkon	☐	☐
48	Außenwasserhahn (frostfrei)	☐	☐
49	Regenwasserzisterne	☐	☐
50	Eigenleistungen möglich (wenn ja, welche?)	☐	☐

Fragebogen

Leistungsumfang der von Ihnen angebotenen Neubau-Eigentumswohnung

Welche Leistungen sind in Ihrem Immobilienangebot enthalten und welche nicht? Bitte einfach „Ja“ (= enthalten) oder „Nein“ (= nicht enthalten) ankreuzen.

		Ja	Nein
1	Genehmigungsgebühren (Baugenehmigung und evtl. notwendige Sondergenehmigungen)	☐	☐
2	Statik	☐	☐
3	Falls erforderlich: Prüfstatik	☐	☐
4	Erschließungsbeiträge (alle Ersterschließungsbeiträge nach dem Baugesetzbuch)	☐	☐
5	Vermessungs- und Katastergebühren (Grundstückseinmessung, Gebäudeeinmessung, Gebäudeabsteckung)	☐	☐
6	Bodengutachten (auf Bodenklasse, Bodentragfähigkeit und Grundwasser)	☐	☐
7	Freiräumung Grundstück	☐	☐
8	Baustelleneinrichtung (soweit erforderlich inklusive Baustraßen, Materiallagerplatz und Kranstandplatz)	☐	☐
9	Baustrom- /Bauwasseranschluss und spätere Demontage (inklusive Genehmigung und Genehmigungsgebühr)	☐	☐
10	Baustrom-/Bauwasserverbrauch	☐	☐
11	Grundwasserhaltung in der Baugrube (falls notwendig bei hohem Grundwasserstand)	☐	☐
12	Abfahrt und Deponiegebühr des Erdaushubs	☐	☐
13	Wasser- und Abwasseranschlüsse inklusive Kontrollschacht (lückenlos, vom öffentlichen Netz bis ins Haus bzw. umgekehrt, betriebsfertig) sowie Regenwasser-Entwässerungskanal	☐	☐
14	**Hebeanlage**		
	Abwasserhebeanlage	☐	☐
	Kondensatwasserhebeanlage (Heizung)	☐	☐
	Fäkalabwasserhebeanlage	☐	☐
15	Gasanschluss (lückenlos vom öffentlichen Netz bis ins Haus, betriebsfertig)	☐	☐
16	Stromanschluss (lückenlos vom öffentlichen Netz bis ins Haus, betriebsfertig)	☐	☐
17	Elektroausstattung ausreichend (Umfang mindestens 40 Steckdosen, 20 Schalter, 10 Deckenauslässe, 10 Wandauslässe in der gesamten Wohnung sowie 2 Außensteckdosen und 2 Außenbeleuchtungen bei Terrasse und Balkon)	☐	☐

Fragebogen

Leistungsumfang der von Ihnen angebotenen Neubau-Eigentumswohnung

Welche Leistungen sind in Ihrem Immobilienangebot enthalten und welche nicht? Bitte einfach „Ja" (= enthalten) oder „Nein" (= nicht enthalten) ankreuzen.

		Ja	Nein
18	Gegensprechanlage mit Annahmestationen auf allen Geschossen	☐	☐
19	Heizungs-/Wärmepumpenergänzung durch Solarkollektoren für die Warmwasserbereitung	☐	☐
	Warmwasserzirkulationsleitung	☐	☐
20	Bei Installation einer Solarkollektoranlage, auch 300-Liter-Warmwasserspeicher enthalten	☐	☐
21	TV-, IT, und Telefonanschluss-Ausstattung (lückenlos vom öffentlichen Netz bis ins Haus, betriebsfertig)	☐	☐
22	Keller	☐	☐
23	Keller als WU-Keller in Stahlbeton	☐	☐
24	Dämmung unterhalb der Kellerbodenplatte	☐	☐
25	Dämmung der Kelleraußenwände	☐	☐
26	**Kellerestrich (alle Räume)**		
	Verbundestrich	☐	☐
	Estrich auf Trennlage	☐	☐
	Schwimmender Estrich inklusive Wärmedämmung	☐	☐
27	Bodenbelag im gesamten Keller (z. B. Fliesen)	☐	☐
28	Isolierte Kellerfenster (Doppelverglasung) mit Kellerlichtschächten	☐	☐
29	Falls kein Keller: Dämmung unterhalb der Bodenplatte	☐	☐
30	Rollläden an Kellerfenstern		
31	Rollläden (falls an einzelnen Fenstern nicht, bitte benennen an welchen nicht)	☐	☐
32	Dreischeiben-Wärmeschutzverglasung aller Wohnraumfenstern	☐	☐
33	**Gäste-WC und Bäder**		
	Spiegel	☐	☐
	Spiegelbeleuchtung	☐	☐
	Handtuchhalter	☐	☐
	WC-Papierhalter	☐	☐

Fragebogen

Leistungsumfang der von Ihnen angebotenen Neubau-Eigentumswohnung

Welche Leistungen sind in Ihrem Immobilienangebot enthalten und welche nicht?
Bitte einfach „Ja“ (= enthalten) oder „Nein“ (= nicht enthalten) ankreuzen.

Nr.	Leistung	Ja	Nein
34	Gedämmte Dachbodeneinschubtreppe, falls Zwischendecke oberstes Geschoss zu Dachboden gedämmt	☐	☐
35	Dachbodenbeplankung (Dachboden begehbar und nutzbar als Abstellraum)	☐	☐
36	Dachdämmung	☐	☐
37	Dachbodenwandbekleidung	☐	☐
38	Erhöhter Schallschutz (z. B. gemäß DIN 4109 Beiblatt 2)	☐	☐
39	**Hauszugang**		
	Eingangspodest	☐	☐
	Vordach	☐	☐
	Außenwandlampe	☐	☐
	Briefkasten	☐	☐
	Hausnummer	☐	☐
40	Terrassenbelag	☐	☐
41	Balkonbelag	☐	☐
42	Garage		
43	Carport	☐	☐
44	Gartenanlage		
45	Zaun	☐	☐
46	Hauszuwege		
47	Kfz-Stellplatz		
48	Haustürschlüssel mit Schließanlage	☐	☐
49	Außensteckdosen und Außenbeleuchtung Terrasse und Balkon	☐	☐
50	Außenwasserhahn (frostfrei)	☐	☐
51	Regenwasserzisterne	☐	☐
52	Eigenleistungen möglich (wenn ja, welche?)	☐	☐
53	Kellerabteil	☐	☐
54	Aufzug	☐	☐
55	Tiefgarage	☐	☐
56	Außenanlagen	☐	☐

So finden Sie zu jeder Frage das passende Checkblatt

1 Genehmigungsgebühren (Baugenehmigung und evtl. notwendige Sondergenehmigungen)
→ **Checkblatt Baugenehmigungsgebühren** Seite 54

2 Statik
→ **Checkblatt Statik und Prüfstatik** Seite 56

3 Falls erforderlich: Prüfstatik
→ **Checkblatt Statik und Prüfstatik** Seite 56

4 Erschließungsbeiträge
→ **Checkblatt Erschließungsbeiträge** Seite 58

5 Vermessungs- und Katastergebühren
→ **Checkblatt Vermessungs- und Katastergebühren** Seite 61

6 Bodengutachten
→ **Checkblatt Bodengutachten** Seite 63

7 Freiräumung Grundstück
→ **Checkblatt Freiräumung Grundstück** Seite 65

8 Baustelleneinrichtung
→ **Checkblatt Baustelleneinrichtung** Seite 68

9 Baustrom-/Bauwasseranschluss und späterer Demontage
→ **Checkblatt Baustrom/Bauwasser** Seite 71

10 Baustrom-/Bauwasserverbrauch
→ **Checkblatt Baustrom/Bauwasser** Seite 71

11 Grundwasserhaltung in der Baugrube
→ **Checkblatt Grundwasserhaltung** Seite 73

12 Abfahrt und Deponiegebühr des Erdaushubs
→ **Checkblatt Abtransport- und Deponiekosten** Seite 75

13 Wasser- und Abwasseranschlüsse inklusive Kontrollschacht
→ **Checkblatt Hausanschlüsse und Entwässerungskanalarbeiten** Seite 77

14 Hebeanlage
→ **Checkblatt Hebeanlage** Seite 86

15 Gasanschluss
→ **Checkblatt Hausanschlüsse und Entwässerungskanalarbeiten** Seite 77

16 Stromanschluss
→ **Checkblatt Hausanschlüsse und Entwässerungskanalarbeiten** Seite 77

17 Elektroausstattung ausreichend
→ **Checkblatt Elektroausstattung** Seite 88

So finden Sie zu jeder Frage das passende Checkblatt

18 Gegensprechanlage mit Annahmestationen auf allen Geschossen
→ **Checkblatt Elektroausstattung** Seite 88

19 Heizungs- oder Wärmepumpenergänzung durch Solarkollektoren für die Warmwasserbereitung
→ **Checkblatt Heizungsausstattung und Warmwasserbereitung** Seite 97

20 Bei Installation einer Solarkollektoranlage auch 300-Liter-Warmwasserspeicher enthalten
→ **Checkblatt Heizungsausstattung** Seite 97

21 TV-, IT-, und Telefon-Ausstattung
→ **Checkblatt TV-, IT- und Telefon-Ausstattung** Seite 94

22 Keller
→ **Checkblatt Kellerkonstruktion** Seite 80
→ **Checkblatt Kellerabteil** Seite 141

23 Keller als WU-Keller in Stahlbeton
→ **Checkblatt Kellerkonstruktion** Seite 80

24 Dämmung unterhalb der Kellerbodenplatte
→ **Checkblatt Kellerausstattung** Seite 82
→ **Checkblatt Kellerabteil** Seite 141

25 Dämmung der Kelleraußenwände
→ **Checkblatt Kellerausstattung** Seite 82
→ **Checkblatt Kellerabteil** Seite 141

26 Kellerestrich
→ **Checkblatt Kellerausstattung** Seite 82
→ **Checkblatt Kellerabteil** Seite 141

27 Bodenbelag im gesamte Keller
→ **Checkblatt Kellerausstattung** Seite 82

28 Isolierte Kellerfenster mit Kellerlichtschächten
→ **Checkblatt Fenster** Seite 104

29 Falls kein Keller: Dämmung unterhalb der Bodenplatte
→ **Checkblatt Kellerkonstruktion** Seite 80

30 Rollläden an Kellerfenstern
→ **Checkblatt Rollläden** Seite 107

31 Rollläden in allen Geschossen außer Keller
→ **Checkblatt Rollläden** Seite 107

32 Dreischeiben-Wärmeschutzverglasung aller Wohnraumfenster
→ **Checkblatt Fenster** Seite 104

So finden Sie zu jeder Frage das passende Checkblatt

33 Gäste-WC und Bäder
→ **Checkblatt Badausstattung** Seite 109

34 Gedämmte Dachbodeneinschubtreppe (falls Zwischendecke oberstes Geschoss zu Dachboden gedämmt ist)
→ **Checkblatt Dachbodenausstattung** Seite 116

35 Dachbodenbeplankung
→ **Checkblatt Dachbodenausstattung** Seite 116

36 Dachdämmung
→ **Checkblatt Dachbodenausstattung** Seite 116

37 Dachbodenwandbekleidung
→ **Checkblatt Dachbodenausstattung** Seite 116

38 Erhöhter Schallschutz
→ **Checkblatt Schallschutz** Seite 120

39 Hauszugang
→ **Checkblatt Hauseingang** Seite 129

40 Terrasse
→ **Checkblatt Terrassen und Balkone** Seite 131

41 Balkon
→ **Checkblatt Terrassen und Balkone** Seite 131

42 Garage
→ **Checkblatt Garage** Seite 136
→ **Checkblatt Tiefgaragenstellplatz** Seite 144

43 Carport
→ **Checkblatt Garage** Seite 136
→ **Checkblatt Tiefgaragenstellplatz** Seite 144

44 Gartenanlage
→ **Checkblatt Außenanlagen** Seite 135
→ **Checkblatt Außenanlagen Eigentumswohnung** Seite 147

45 Zaun
→ **Checkblatt Außenanlagen** Seite 135

46 Hauszuwege
→ **Checkblatt Außenanlagen** Seite 135
→ **Checkblatt Außenanlagen Eigentumswohnung** Seite 147

47 Kfz-Stellplatz
→ **Checkblatt Außenanlagen** Seite 135
→ **Checkblatt Außenanlagen Eigentumswohnung** Seite 147

So finden Sie zu jeder Frage das passende Checkblatt

48 Haustürschlüssel mit Schließanlage
→ **Checkblatt Hauseingang** Seite 129

49 Außensteckdosen und Außenbeleuchtung Terrasse und Balkon
→ **Checkblatt Elektroausstattung** Seite 88

50 Außenwasserhahn (frostfrei)
→ **Checkblatt Sonderwünsche** Seite 139

51 Regenwasserzisterne
→ **Checkblatt Sonderwünsche** Seite 139

52 Eigenleistungen möglich? Wenn ja, welche?
→ **Checkblatt Sonderwünsche** Seite 139

Zusätzlich Neubau-Eigentumswohnung

53 Kellerabteil
→ **Checkblatt Kellerabteil** Seite 141

54 Aufzug
→ **Checkblatt Aufzug** Seite 143

55 Tiefgarage
→ **Checkblatt Tiefgaragenstellplatz** Seite 144

56 Außenanlagen
→ **Checkblatt Außenanlagen Eigentumswohnung** Seite 147

Checkblatt

Baugenehmigungsgebühren

Was sind Baugenehmigungsgebühren?

Wer ein Gebäude bauen will, muss diesen Bau beantragen und genehmigen lassen. Dafür fällt eine Gebühr an. Auch vereinfachte Verfahren, wie das „Kenntnisgabeverfahren", ziehen eine Gebühr nach sich. Die Gebühr für den Bauantrag ist aber nicht die einzige Gebühr, die im Zuge eines Hausbaus anfällt. Auch

- Erschließungsbeiträge (→ **Checkblatt Erschließungsbeiträge** Seite 58),
- Vermessung des Grundstücks und des Gebäudes plus Eintragung in den amtlichen Lageplan (→ **Checkblatt Vermessungsgebühren** Seite 61) oder
- behördliche Abnahmegebühren (zum Beispiel Rohbauabnahme) sind solche Gebühren.

Während Gebühren immer nur eine begleitende behördliche Leistung honorieren, werden mit Erschließungsbeiträgen tatsächlich anfallende Kosten, die die Gemeinde zum Beispiel durch den Bau einer Straße, eines Gehwegs, einer Straßenbeleuchtung oder einer Kanalisation hat, anteilig den Anliegern in Rechnung gestellt.

Bei klassischen Bauträgerverträgen ist die Genehmigungsgebühr in der Regel im Kaufpreis enthalten. Trotzdem sollten Sie an Hand des Fragebogens (→ Seite 44), den Sie Ihrem Bauträger gegeben haben, überprüfen, ob er dies auch mit „Ja" beantwortet hat und ob sie in der Bau- und Leistungsbeschreibung auch explizit benannt wird. Bei Generalunternehmern und Fertighausanbietern ist die Genehmigungsgebühr fast nie im Kaufpreis enthalten. Sie kommt für Sie also obendrauf. Und auch bei Verträgen mit Bauträgern, bei denen Grundstück und Haus getrennt voneinander erworben werden, ist sie sehr häufig nicht Teil des Angebots.

Checkblatt
Baugenehmigungsgebühren

Wann benötigt man eine Baugenehmigung?

Eine Baugenehmigung oder das vereinfachte Genehmigungsverfahren ist die gesetzliche Voraussetzung, damit man überhaupt bauen darf, sonst könnte es jeder wahllos tun. Eine Baugenehmigung erfolgt auf der Grundlage der Landesbauordnung (LBO) des jeweiligen Bundeslandes in dem Sie bauen wollen, ferner auf der Grundlage des Baugesetzbuches (BauGB) und des örtlichen Bebauungsplans. Dieser legt fest, in welcher Art und Weise das Grundstück bebaut werden darf. Existiert ein solcher nicht, entscheidet die Kommune üblicherweise nach § 34 Absatz 1 des BauGB, der besagt: „Innerhalb der im Zusammenhang bebauten Ortsteile ist ein Vorhaben zulässig, wenn es sich nach Art und Maß der baulichen Nutzung, der Bauweise und der Grundstücksfläche, die überbaut werden soll, in die Eigenart der näheren Umgebung einfügt und die Erschließung gesichert ist."

Wie hoch sind Baugenehmigungsgebühren?

Die Höhe der Genehmigungsgebühren wird auf Länderebene geregelt, beträgt aber etwa 0,1 bis 0,5 Prozent der Bausumme, je nach Art und Umfang des Bauvorhabens. Bei Baukosten von 250 000 Euro macht das etwa zwischen 250 Euro bis 1 250 Euro. Rechnen Sie mit ca. 500 bis 800 Euro.

Welche Alternativen gibt es?

Die behördlichen Baugenehmigungsgebühren müssen gezahlt werden. Dazu gibt es keine Alternative. Daher ist es wichtig, dass auch alle anfallenden Genehmigungsgebühren bei der Kostenaufstellung berücksichtigt werden.

Checkblatt

Statik und Prüfstatik

Was sind eine Statik und eine Prüfstatik?

Eine Statik ist eine Berechnung, mit der man die notwendigen Dimensionierungen von Fundamenten, Bodenplatten, Wänden, Decken und Dächern errechnet, damit sie statisch tragfähig sind.

Eine Prüfstatik ist eine unabhängige Gegenprüfung der statischen Berechnungen des Statikers durch einen Prüfstatiker. Man will damit sozusagen ein „Vier-Augen-Prinzip" erreichen, da Fehler bei der Statik dramatische Konsequenzen haben können. Je nach Bundesland und Gebäudetyp kann sie Pflicht sein. Das regeln die Landesbauordnungen und deren Verfahrensverordnungen. Am einfachsten ist es, beim örtlich zuständigen Baurechtsamt nachzufragen, ob eine Prüfstatik für das geplante Gebäude erforderlich ist – oder nicht. Kaufen Sie vom Bauträger, kann er Ihnen die Auskunft geben (möglichst schriftlich!).

Wann benötigt man eine Statik und eine Prüfstatik?

Eine Statik benötigt man grundsätzlich dann, wenn man nachweisen will oder muss, dass das Haus, so wie es geplant ist, tatsächlich statisch belastbar ist und steht. Eine Statik muss daher jedem Baugesuch beigefügt werden. Der Statiker muss in der Regel ein „nachweisberechtigter Tragwerksplaner" sein.

Darüberhinaus ist manchmal eine Prüfstatik notwendig. Mit ihr wird die Statik nochmals gegengeprüft, um sicherzugehen, dass wirklich nichts übersehen wurde. Eine Prüfstatik darf nur von zugelassenen Prüfstatikern vorgenommen werden.

Was kosten eine Statik und eine Prüfstatik?

Die Kosten einer Tragwerksplanung (das heißt die Kosten der Statik, nicht der Prüfstatik) richten sich nach der Honorarordnung für Architekten und Ingenieure (HOAI). Sie gelten als besondere Leistungen und sind seit einer Novellierung der HOAI frei verhandelbar.

Checkblatt
Statik und Prüfstatik

Bei einem Gebäude mit Baukosten von 250 000 Euro und Rohbaukosten von 150 000 Euro können Sie mit mehreren tausend Euro rechnen. Wenn alles erbracht werden soll, also nicht nur der Standsicherheitsnachweis, sondern auch die Bewehrungsplanung und eine Abnahme auf der Baustelle erfolgen soll, bewegt sich das zwischen 3 und 4 Prozent der Rohbausumme, also ca. zwischen 4 500 und 6 000 Euro.

Prüfingenieure werden nach Kostenordnungen für Prüfingenieure bezahlt. Rechnen Sie mit zusätzlichen ca. 1 Prozent der Rohbausumme. Im obigen Beispiel also etwa mit 1 500 Euro. Der Betrag an sich ist nicht allzu hoch (vor allem, wenn man die hohe Sicherheitsleistung bedenkt, die man dafür erhält), aber zusammen mit dem Geld für den Tragwerksplaner sind es doch wieder mehrere Tausend Euro.

Zumindest die Kosten für die Statik und Prüfstatik, soweit erforderlich, sollten daher von vornherein in jedem Hausangebot mit enthalten sein, denn Sie gehen ja selbstverständlich davon aus, dass das Haus, das Sie erwerben wollen, auch über eine geprüfte Statik verfügt. Selbst wenn Sie davon ausgehen, dass die Statik im Preis enthalten ist, sollten Sie trotzdem anhand der Bau- und Leistungsbeschreibung überprüfen, ob neben der Tragewerksplanung auch die Prüfstatik Teil der Leistung ist, vor allem bei Fertighaus- und Generalunternehmer-Angeboten. Ist die Prüfstatik nicht enthalten, fragen Sie nach den voraussichtlichen Kosten. Denn gerade die Prüfstatik ist oft nicht Bestandteil des Leistungsangebotes und könnte Ihnen dann extra in Rechnung gestellt werden.

Welche Alternativen gibt es?

Zur Anfertigung einer Statik gibt es keine Alternative. Bei der Prüfstatik kann es Unterschiede geben, ob sie gefordert wird oder nicht. Sinnvoll ist hier ein frühzeitiges Gespräch beim örtlich zuständigen Baurechtsamt, wenn Sie auf eigenem Grund ein Fertighaus oder ein schlüsselfertiges Massivhaus selbst bauen wollen.

Checkblatt

Statik und Prüfstatik

Kaufen Sie ein Haus vom Bauträger (Grundstücks- und Hauskauf in einem Vertrag als ein Geschäft), muss er sich um die Erfüllung dieser Anforderungen kümmern. Sie sollten ihn aber fragen, ob eine Prüfstatik erforderlich ist und ob deren Preis im Hauspreis enthalten ist (schriftlich in der Baubeschreibung fixieren).

Checkblatt

Erschließungsbeiträge

Was sind Erschließungsbeiträge?

Wenn Kommunen Bauland ausweisen, heißt dies, dass früher oder später u. a. auch Straßen, Gehwege, Wasserleitungen und Abwasserleitungen gebaut werden müssen. Hierfür fallen hohe Kosten an. Von den Maßnahmen profitieren im Wesentlichen die Anlieger dieser neuen Straßen. Daher müssen sie auch anteilig die Kosten tragen. Rechtsgrundlage hierfür sind das Baugesetzbuch und kommunale Satzungen. Die Kommunen greifen bei der Finanzierung der Infrastruktur von Neubaugebieten demgemäß direkt auf die Grundstücksanlieger zurück.

Nicht nur beim Bau einer neuen, auch beim Kauf einer gebrauchten Immobilie können Sie Erschließungsbeiträge treffen. Entweder dann, wenn die Ersterschließung eines Grundstücks selbst nach Jahren von der zuständigen Kommune noch nicht abgerechnet worden ist und Ihnen plötzlich eine solche Rechnung ins Haus flattert oder wenn eine Straße nach vielen Jahren zum Beispiel komplett erneuert werden muss oder zusätzlich einen Gehweg oder eine Straßenbeleuchtung erhalten soll.

Wann zahlt man Erschließungsbeiträge?

Bei klassischen Bauträgerverträgen ist die Ersterschließung üblicherweise im Leistungsumfang enthalten. Die Frage ist dann aber auch immer, was ist mit „Ersterschließung“ gemeint? Am sinnvollsten ist es, wenn der Bauträger den Umfang dessen, was an

Checkblatt
Erschließungsbeiträge

Ersterschließungsmaßnahmen enthalten ist, auch vollständig für Sie auflistet, damit Sie im Zweifelsfall bei der Kommune abfragen können, ob damit auch wirklich alle Kosten abgedeckt sind, die die Kommune umlegen kann.

Bei Fertighausanbietern und Generalunternehmern ist der Erschließungsbeitrag im Angebot so gut wie nie enthalten.

Wenn Sie Grundstück und Haus getrennt vom Bauträger erwerben, sind auch in diesem Falle die Erschließungsbeiträge häufig nicht Bestandteil des Angebots. Hier hilft Ihnen der Fragebogen (⇢ Seite 48) zur Überprüfung der Vollständigkeit des Ihnen vorgelegten Angebots. Außerdem sollten Sie sehr genau in der Bau- und Leistungsbeschreibung nachsehen, ob dort die vollständige Ersterschließung inklusive deren Kosten als Leistung im Angebot enthalten ist.

Manchmal lesen Sie in Bau- und Leistungsbeschreibungen auch „Ersterschließung nach BauGB" oder ähnliches. Damit wird dann der Umfang der Ersterschließung nach dem Baugesetzbuch definiert. Das umfasst im Wesentlichen Straßen, Gehwege, Entwässerung und Beleuchtung. Was ist aber, wenn die Kommune zusätzliche Erschließungen plant und das auf die Anlieger umlegen will? Das wäre dann vertraglich nicht gefasst. Daher: Klare Abfrage bei der zuständigen Kommune, welche Erschließungsmaßnahmen geplant sind und schriftliche Bestätigung vom Bauträger einholen, dass diese alle in der Bau- und Leistungsbeschreibung enthalten sind.

Wie hoch sind Erschließungsbeiträge?

Erschließungsbeiträge sind – anders als Bearbeitungsgebühren beispielsweise für einen Bauantrag – tatsächlich anfallende Kosten für die Infrastruktur, die auf die Anlieger umgelegt werden. Der zu tragende Anteil richtet sich nach einem sogenannten Verteilungsmaßstab, eine Art Verteilungsschlüssel, den die Kommunen

Checkblatt
Erschließungsbeiträge

in Satzungen festlegen müssen. Dieser Verteilungsmaßstab kann sich richten

- entweder nach Art und Maß, der baulichen Nutzung
- oder nach der Grundstücksfläche
- oder aber nach der Grundstücksbreite an der Erschließungsanlage.

Außerdem sind Kombinationen der drei Verteilungsmaßstäbe zulässig. Richtet sich der Verteilungsmaßstab nach der Grundstücksbreite an der Erschließungsanlage, ist das letztlich das Längenmaß, das das Anliegergrundstück beispielsweise zur Erschließungsstraße hat. Das heißt, ein Eckgrundstück kann hier erheblich benachteiligt sein, weil es ein langes Anliegermaß des Grundstücks an den öffentlichen Straßenraum gibt.

Erschließungsgebühren gehören zu den höchsten Zusatzkosten beim Bau einer Immobilie. Sie müssen hier auf alle Fälle mit höheren vierstelligen, auch fünfstelligen Summen rechnen. Daher muss diese Kostenfrage von Beginn an bei der zuständigen Kommune gestellt werden und von Anfang an in den Finanzierungsüberlegungen Berücksichtigung finden.

Welche Alternativen gibt es?

Alternativen zur Zahlung von Erschließungsbeiträgen gibt es kaum. Es kann vorkommen, dass mehrere Bauherren die Erschließung in Eigenregie vornehmen, wenn beispielsweise eine Baugruppe oder mehrere Bauherren dies einer Kommune anbieten. Für die Kommune kann das dann interessant sein, wenn sie dadurch personell entlastet ist oder auch dauerhaft entlastet bleibt, zum Beispiel mit Folgekosten, wenn die privat organisierte Erschließung auch den dauerhaften Unterhalt mit übernimmt (zum Beispiel Schneeräumung, Kanalsanierung). Für eine Baugruppe wiederum können Kostenvorteile bei Erstellung und Betrieb erwachsen. Diese Fälle sind aber sehr selten.

Checkblatt

Vermessungs- und Katastergebühren

Was sind Vermessungs- und Katastergebühren?

Vermessungsgebühren entstehen, wenn die Einmessung des Grundstücks, der Gebäude-Ecken und des Gebäudes erfolgen. Auch die Erstellung eines amtlichen Lageplans, der dem Baugesuch beigelegt werden muss, gehört dazu. Amtliche Vermessungen können nur öffentlich bestellte Vermessungsingenieure durchführen. Die Ergebnisse der Vermessung müssen dann in ein Liegenschaftskataster eingetragen werden. Ein wesentlicher Bestandteil dieses Katasters ist eine Flurkarte, in die alle Liegenschaften eingezeichnet sind. Auch für die Eintragung in dieses Liegenschaftskataster sind Gebühren zu entrichten.

Wann benötigt man eine Vermessungs- und Katastereintragung?

Eine Vermessung benötigt man gesetzlich zwingend dann, wenn ein Grundstück erschlossen wird und bebaut werden soll. Dann müssen zum Beispiel Grenzmarkierungen festgelegt werden, es muss ein amtlicher Lageplan erstellt werden und Grundstück und Gebäude müssen ins Liegenschaftskataster aufgenommen werden. Ferner müssen die Gebäude-Ecken auf dem Grundstück abgesteckt werden, damit die Aushub- und Bauarbeiten orientiert daran erfolgen können. Manchmal geschieht dies zweimal: als Grobabsteckung vor Aushub der Baugrube und als Feinabsteckung nach dem Aushub. Es steht also viel Vermessungsarbeit im Zuge eines Bauvorhabens an.

Wie hoch sind Vermessungs- und Katastergebühren?

Vermessungsgebühren richten sich üblicherweise nach den Gebühren- und Kostenverordnungen auf Landesebene.

Wenn Sie von einem Grundstück mit ca. 400 Quadratmetern Fläche und Baukosten von ca. 250 000 Euro ausgehen, können Sie in etwa mit folgenden Kosten rechnen, wobei die Gebühren für die Eintragung in das Liegenschaftskataster jeweils um die 100 Euro ausmachen:

Checkblatt

Vermessungs- und Katastergebühren

- Grenzerstellung und Übernahme in das Liegenschaftskataster ca. 1000 Euro
- Erstellung amtlicher Lageplan und Übernahme in das Liegenschaftskataster ca. 1200 Euro
- Abstecken Gebäude-Ecken ca. 500 bis 600 Euro (falls getrennt wird nach Grobabsteckung vor Aushub der Baugrube und Feinabsteckung nach Aushub der Baugrube auch 800 bis 1200 Euro)
- Gebäude-Einmessung und Übernahme in das Liegenschaftskataster ca. 900 Euro

Welche Alternativen gibt es?

Zu den notwendigen Vermessungen gibt es normalerweise keine Alternativen. Sie sind sinnvoll und in Ihrem Interesse. Die zentrale Frage ist nur: Sind diese Kosten in dem Ihnen vorliegenden Angebot enthalten – oder nicht? Falls nicht, können Sie direkt 3000 bis 3500 weitere Euro für diese versteckten Kosten zurücklegen.

Checkblatt

Bodengutachten

Was ist ein Bodengutachten?

Ein Bodengutachten ist eine Dokumentation, die aufgrund einer Bodenuntersuchung des jeweiligen Grundstücks erstellt wird. Der Umfang eines Bodengutachtens hängt davon ab, was alles untersucht wird. Mit einem Bodengutachten wird üblicherweise zumindest untersucht,

- um welche Bodenklasse es sich handelt,
- welche Bodenpressung vorliegt und
- auf welcher Höhe sich der Grundwasserspiegel befindet.

Vor allem diese drei Punkte haben erhebliche Auswirkungen darauf, welches Haus und welcher Keller auf dem Grundstück errichtet werden kann.

Wann benötigt man ein Bodengutachten?

Ein Bodengutachten benötigt man, bevor man mit dem Bauen beginnt und auch bevor man Baukosten einholt. Denn mit einem Bodengutachten wird geklärt, welche Bebauungsvoraussetzungen des zu bebauenden Bodens gegeben sind. Das betrifft vor allem

- die Konsistenz des Bodens (Bodenklasse),
- die Tragfähigkeit des Bodens (Bodenpressung)
- und den Stand des Grundwassers (Grundwasserspiegel).

Ein zu schweres Haus auf zu weichem Grund etwa würde einsinken. Und ein zu leichtes Haus könnte bei hochstehendem Grundwasser „aufschwimmen". Hochstehendes Grundwasser kann darüber hinaus schwere Kellerschäden verursachen. Steht das Grundwasser so hoch, dass es selbst in der Baugrube stehen würde, muss es sogar während der Bauphase fortlaufend hinausgepumpt werden (⇢ Grundwasserhaltung, Seite 73). In der Folge könnte auch der Keller permanent im Grundwasser stehen, dann müssten hier besondere Abdichtungsmaßnahmen vorgenommen werden. Dies wäre in erster Linie die „weiße Wanne". Das ist ein Keller aus

Checkblatt
Bodengutachten

speziellem, wasserundurchlässigem Beton, man spricht dabei von WU-Beton (⇢ Seite 80). Dieser verhindert den Wassereintritt.

Fertigt man vor dem Hausbau kein Bodengutachten an und weiß man dann nicht, auf welchen Grund und Boden man stößt, so kann es dazu kommen, dass Sie schlimmstenfalls während des Bauablaufs sofort und unter Druck nach Lösungen suchen müssen. Das ist riskant, weil das sehr teuer werden kann.

Wie hoch sind die Kosten eines Bodengutachtens?

Ein Bodengutachten kostet zwischen ca. 800 und 2 000 Euro, je nach Aufwand und Umfang. Besteht beispielsweise Verdacht auf bestimmte Umweltbelastungen und müssen auch verschiedene Schadstoffe analysiert werden (mittels Laborproben), steigt der Preis. Die Beprobung der üblichen Parameter ist aber in der Regel schon um die 800 Euro zu haben. Lassen Sie sich auch hierzu ggf. Angebote mehrerer Ingenieurbüros für Geologie geben. Sie finden Büros in Ihrer Nähe in den „Gelben Seiten" unter den Suchbegriffen „Geologen", „Geologiebüros", „Ingenieurbüros für Geologie" oder unter „Hydrogeologen".

Welche Alternativen gibt es?

Fast nie sind Bodengutachten im Leistungsumfang von Bauträgerangeboten enthalten. Allerdings muss ein Bauträger, der Haus und Grundstück gemeinsam veräußert, dafür sorgen, dass auch der Schnittpunkt Boden-Haus mangelfrei erstellt wird. Da ist manches natürlich schöne Theorie. Denn was nutzt Ihnen ein Rechtsanspruch, wenn dieser später nur noch schwer oder gar nicht mehr durchsetzbar ist, zum Beispiel weil der Bauträger schon längst insolvent ist, wenn bei Ihnen das Wasser durch den Keller kommt. Bei Fertighausanbietern oder Generalunternehmern werden die Bodenverhältnisse, die dem Hausangebot zugrunde liegen, meist als Vorbehalt in den Kaufvertrag aufgenommen. Stößt man dann nicht auf die vertraglich festgelegten Bodenverhältnisse, sind Mehrkosten vorprogrammiert. Diese können sehr schnell

Checkblatt
Bodengutachten

sehr hoch sein (⇢ **Checkblatt Grundwasserhaltung** Seite 73 und **Checkblatt Kellerkonstruktion** Seite 80).

Trotzdem sind Bodengutachten nach wie vor selten. Manchmal wird es auch so gehandhabt, dass ein Blick in die Baugruben von Nachbarbebauungen helfen muss oder man einen Baggerschurf in den Boden macht und versucht einen Eindruck zu gewinnen. Es ist allerdings die Frage, ob das sinnvolle Alternativen sind oder ob es nicht viel sinnvoller ist, ein Bodengutachten zur Überprüfung der wichtigsten Parameter (Bodenklasse, Druckfestigkeit, Grundwasserstand) anfertigen zu lassen und dies auch als Vertragsbestandteil mit einzubringen, damit der Hausanbieter später nicht behaupten kann, er habe von den angetroffenen Bodenverhältnissen nichts gewusst.

Sie können auch den Bauträger sowie den Fertig- oder Massivhausanbieter bitten, Ihnen ein Angebot für ein Bodengutachten vorzulegen. Die Kosten lassen sich dann mit einem von Ihnen selbst eingeholten Angebot vergleichen.

Checkblatt

Freiräumung Grundstück

Was ist eine Freiräumung?

Unter Freiräumung versteht man die Räumung eines Grundstücks von allen Dingen, die dem Bauvorhaben im Wege sind. Darunter fällt beispielsweise die Räumung von Müll genauso wie die Räumung von Strauchwerk oder Bäumen. Auch alte Zäune und Gesteinsbrocken zählen dazu.

Das Fällen von Bäumen steht allerdings unter einem besonderen Schutz, u. a. der jeweiligen Baumschutzsatzung. Diese legt genau fest, welche Bäume gefällt werden dürfen und welche nicht. Das hat üblicherweise zum einen mit dem Stammdurchmesser und

Checkblatt
Freiräumung Grundstück

zum andern mit der Baumart zu tun. Dieser Vorgang ist genehmigungspflichtig und Fällungen dürfen in der Regel nur außerhalb der Hauptvegetationszeit von Oktober bis März vorgenommen werden.

Wann benötigt man eine Freiräumung?

Spätestens zum Baubeginn muss das Grundstück freigeräumt sein. Die meisten Hausanbieter kalkulieren bei ihren Festpreisen damit, dass sie ein komplett geräumtes Grundstück vorfinden. Dadurch, dass Hausanbieter sich die Freiräumung im Vertrag vorbehalten, bleiben diese Kosten nicht am Hausanbieter hängen, sondern am Bauherrn – und der sind Sie. Sie benötigen natürlich die Räumung, weil sonst mit dem Bauen gar nicht begonnen werden kann. Und der Hausanbieter möchte üblicherweise ein planebenes, freies Grundstück vorfinden, auf dem er mit dem Bau oder Aushub unmittelbar beginnen kann. Um eine Grundstücksräumung und deren Kosten kommen Sie also üblicherweise gar nicht herum, es sei denn Ihr Grundstück ist eine topfebene, gemähte, grüne Wiese oder ein ebenes Stück Land, wo man sofort beginnen kann zu bauen.

Eine Freiräumung benötigen Sie nicht, wenn Sie Haus und Grundstück in einem einzigen Vertrag gemeinsam kaufen, also mittels des klassischen Bauträgervertrags, weil sich dann der Bauträger um die Freiräumung kümmern muss. Sie sind dann nicht Bauherr eines zu bauenden Hauses, sondern Käufer eines Hauses samt Grundstück.

Wie hoch sind die Kosten einer Freiräumung?

Die Kosten einer Freiräumung hängen ganz erheblich von der Größe des Grundstücks ab bzw. der Größe des freizuräumenden Teils des Grundstücks und was darauf zu räumen ist. Das kann von einigen Hundert bis hin zu vielen Tausend Euro gehen, vor allem dann, wenn zum Beispiel aufwändige Baumfällungen durchgeführt werden müssen (inklusive Genehmigungsverfahren). Üblicherweise grenzt man das Kostenrisiko dadurch ein, dass man hierzu den Kostenvoranschlag eines Grünbaubetriebes einholt und parallel

Checkblatt
Freiräumung Grundstück

den Hausanbieter fragt, zu welchem Preis er dies erledigen kann. So hat man einen Vergleich.

Rechnen Sie selbst bei einfachen, ebenen Grundstücken, bei denen nur Strauchwerk, wie Brombeerhecken entfernt werden muss, mindestens mit ein bis zwei Arbeitstagen und zwei Mann. Bei zwei Arbeitstagen und zwei Arbeitskräften ergäbe sich nachfolgende Rechnung: 2 × 2 × 8 (2 Tage × 2 Männer × 8 Stunden) × 60 (Euro brutto Stundensatz) = 1920 Euro. Bei einem Arbeitstag entsprechend die Hälfte.

Dazu können auch noch Abfahrt- und Deponiegebühren kommen, wenn das Grünzeug nicht in beliebiger Menge beispielsweise auf einem örtlichen Grünhof abgegeben werden kann. Außerdem folgen oft noch Zusatzkosten, vor allem für die Bereitstellung von Fahrzeugen und Maschinen. Zieht sich eine Freiräumung über drei Tage können Kosten von 3000 bis 5000 Euro zusammenkommen.

Welche Alternativen gibt es?

Soweit Sie das Grundstück noch nicht erworben haben, können Sie die Freiräumung zum Vertragsbestandteil mit dem Vorbesitzer machen. Bei klassischen Bauträgerkaufverträgen ist dies ohnehin der Fall. Hier erwirbt man sozusagen „ein Stück fertiges Haus“ und die Freiräumung ist Leistung des Bauträgers, der Grundstück und Haus gemeinsam verkauft. Trotzdem sollte man darauf achten, dass dieser Punkt dann auch in der Bau- und Leistungsbeschreibung explizit benannt ist.

Gehört einem das Grundstück selbst und schließt der Hausanbieter diese Leistung nicht ein, kann man als Alternative zum Einkauf dieser Leistung nur überlegen, die Grundstücksräumung in Eigenleistung vorzunehmen. Man sollte das aber nicht unterschätzen. Und ohne vernünftiges Arbeitsgerät (u. a. Motorsäge, Autoanhänger für den Abtransport) ist es oft gar nicht möglich.

Checkblatt

Baustelleneinrichtung

Was ist eine Baustelleneinrichtung?

Bei einer Baustelleneinrichtung handelt es sich um Baustraßen, einen Kranstandplatz, Lagerplatz für Material, einen Bauzaun, ein Chemie-WC und auch den Anschluss von Baustrom und Bauwasser (⇢ **Checkblatt Baustrom/Bauwasser** Seite 71). Hinzu können notwenige Straßenabsperrungen samt Beleuchtung kommen.

Wann benötigt man eine Baustelleneinrichtung?

Eine Baustelleneinrichtung ist die Voraussetzung dafür, dass gebaut werden kann. Ist die Baustellenabsicherung fehlerhaft, kann das auch zum Verlust von Versicherungsschutz führen. Viele Fertighausanbieter und Generalunternehmer nehmen in ihre Verträge auch die Regelung auf, dass die Baustelle mit schweren Fahrzeugen problemlos zu erreichen sein muss. Zwei Beispiele sollen das Problem der Baustelleneinrichtung verdeutlichen.

Fertighausanbieter geben für Lkws, die die Baustelle anfahren müssen, häufig genaue Tonnage-Lasten vor. Ist dies dann später nicht der Fall und der Fertighausanbieter kann mit seiner Logistik die Baustelle nicht vernünftig erreichen oder bricht ein schwerer Lkw auf der Baustelle ein, liegen die Mehrkosten daraus üblicherweise bei Ihnen. Und diese Mehrkosten können sehr hoch sein. Denn zum einen kann es sein, dass ein schweres Kranfahrzeug herbeigeschafft werden muss, um die Gebäudeteile über eine Zwischenstrecke zu heben oder aber um den Lkw aus seiner misslichen Lage zu befreien. Kommt es bei solchen Zwischenfällen zum anderen auch noch zu Beschädigungen von Lkw oder Hausfertigteilen, kann es richtig teuer werden. Diese Zwischenfälle ziehen fast immer einen empfindlichen Zeitverzug nach sich. Selbst ein Tag Verzug beim Aufbau eines Fertighauses, dessen Rohbau üblicherweise binnen einem, maximal zwei Tagen steht, kann gravierende Folgen haben. Kann der Bautrupp das Vorhaben zum Beispiel an einem Freitagabend nicht fertigstellen und muss den halbfertigen Bau übers Wochenende stehen lassen und kommt es

Checkblatt
Baustelleneinrichtung

dann auch noch ganz überraschend zu einem Wetterumschwung, kann das sogar die Durchfeuchtung des ganzen Hauses nach sich ziehen. Außerdem kann es sein, dass der Fertighausanbieter den zusätzlichen Tag, den er unverschuldet benötigt, Ihnen in Rechnung stellt. Ein Bautrupp mit acht Mann und zwei Lkw kann Sie ganz schnell einen höheren vierstelligen Betrag kosten. Auch für diesen wird der Fertighausanbieter oder Generalunternehmer ungern einstehen wollen, wenn der Grund dieser Entwicklung bei Ihnen und einer unzureichenden Baustelleneinrichtung liegt.

Gleiches gilt für das Thema Versicherung. Kommen zum Beispiel spielende Kinder auf der ungesicherten Baustelle zu Schaden, haften zunächst einmal Sie dafür, denn Sie sind Bauherr. Das gilt auch für Bauträgerimmobilien, bei denen Grundstück und Haus getrennt gekauft werden, denn auch in diesem Fall sind Sie rechtlich ja nicht mehr einfach Hauskäufer, sondern Bauherr.

Wie viel kostet eine Baustelleneinrichtung?

Die Kosten einer Baustellenerschließung hängen ganz stark vom Umfang der notwendigen Einrichtungs- und Erschließungsmaßnahmen ab. Wenn die Baustelle zum Beispiel auch mit schweren Lkws gut anfahrbar ist, vielleicht sogar eine öffentliche Straße – zumindest provisorisch – bis an die Baustelle führt, ist das ein großer Vorteil. Ist dies nicht der Fall und muss etwa eine „Baustraße“ angelegt werden (das ist eine provisorische Schotterstraße meist auf wasserdurchlässiger Trennlage) ist schnell mit höheren vierstelligen Summen zu rechnen. Kommen auch noch Kranaufstellungskosten hinzu, ggf. auch Mietkosten, die nicht in der Bau- und Leistungsbeschreibung enthalten sind, ist die Vierstelligkeit sehr schnell in Richtung Fünfstelligkeit der Rechnung durchbrochen. Sind dann auch noch aufwändige Absicherungsmaßnahmen zu öffentlichem Straßenraum zu tätigen, können rasch 15 000 bis 20 000 Euro zusammenkommen – Kosten, an die man überhaupt nicht gedacht hatte.

Checkblatt Baustelleneinrichtung

Wird nur ein einfacher üblicher Bauzaun fällig, ein Chemie-WC und ein Bauwagen, kommt man über eine Bauzeit von einigen Monaten mit 800 bis 2 000 Euro aus. Diese Kosten sollten aber auf alle Fälle im Hausangebot enthalten sein.

Welche Alternativen gibt es?

Ein wirkliches Problem bei der Baustelleneinrichtung ist, dass sie immer eine Schnittstelle darstellt zwischen den von Ihnen zu erbringenden Leistungen und den Leistungen des Fertighausanbieters oder Generalunternehmers. Deswegen ist eine Möglichkeit, dass man den Hausanbieter bittet, eine komplette Baustelleneinrichtung in gesonderter Position mit anzubieten, damit man sich einmal ansehen kann, welche Kosten er dafür ansetzt und was Sie zahlen müssten. Wenn der Hausanbieter diese Leistung selbst erbringt, hat das den großen Vorteil, dass er sich um alles kümmern muss und nicht Sie Dinge erbringen müssen, die Sie vielleicht noch nie vorher getan haben und auch nie mehr tun werden. Sind die Kosten zu hoch, kann man überlegen Teilleistungen selbst zu übernehmen. Ungünstig ist, wenn Ihnen der Hausanbieter eine Baustelleneinrichtung anbietet, ohne dass er zuvor das Grundstück gesehen hat. Denn evtl. benötigen Sie bestimmte Leistungen gar nicht, andere aber wieder unbedingt. Daher ist es sehr wichtig, dass Sie mit dem Anbieter auf alle Fälle eine Vorbesichtigung der Baustelle vornehmen. Das heißt, er sollte sich ein Bild von der konkreten Situation vor Ort machen und dann auch schriftlich eine Aussage treffen, ob die Anfahr-, Ablade- und Lagersituation für ihn funktioniert. Dann sollten auch die Vorbehalte bezüglich der Baustellenvoraussetzungen unbedingt aus dem Vertrag genommen werden und dort erklärt werden, dass die Baustelle besichtigt wurde und sie für den Bauablauf und das Bauvorhaben geeignet ist. Das mindert die Kostenrisiken stark. Viele Anbieter wehren sich dagegen und sagen, das sei alles viel zu viel Aufwand. Sie dürfen dann allerdings schon die Frage stellen, ob Sie dies bei einer Investition im sechsstelligen Bereich nicht erwarten können, zumal das ja im beiderseitigen Interesse liegt.

Checkblatt

Baustrom/Bauwasser

Was sind Baustrom und Bauwasser?

Die Installation von Baustrom und Bauwasser gehören eigentlich zur „Baustelleneinrichtung". Sie werden hier aber noch einmal gesondert behandelt, da man bei einer Baustelleneinrichtung um alles Mögliche herumkommen mag, aber nicht um Baustrom und Bauwasser. Denn wenn man zu bauen beginnt, hat das Grundstück meist noch keinen Strom- und Wasserzugang. Die Strom- und Wasseranschlüsse werden daher als Provisorium auf der Baustelle eingerichtet. Den besonderen Baustrom benötigt man für viele Baumaschinen, die nicht über üblichen Wechselstrom, sondern den sogenannten Drehstrom arbeiten.

Auch Baustrom und Bauwasser werden in Vertragsunterlagen von Fertighausherstellern oder Generalunternehmern häufig explizit benannt, meist als vom Bauherrn zu erbringende Leistung. Solche Leistungen verbergen sich in Vertragsunterlagen gerne hinter dem sehr irreführenden Begriff „bauseits": Eine „bauseits" zu erbringende Leistung ist eine vom Bauherrn zu erbringende Leistung. Richtigerweise müsste man von „bauherrenseitig" zu erbringenden Leistungen sprechen.

Wann benötigt man Baustrom und Bauwasser?

Baustrom und Bauwasser sind für die Stromversorgung der Baugeräte und die Wassernutzung während des Baus notwendig. Es gibt Fertighausanbieter, die heutzutage beides nicht mehr benötigen und vollständig ausgerüstet zum Bauplatz kommen. Aber das sollten Sie vorab gut mit dem Anbieter klären: Sind Baustrom- und Bauwasseranschluss nämlich in den Vertragsbedingungen vorbehalten und findet das Unternehmen sie dann nicht vor und kann nicht weiterbauen, ist es möglich, dass Ihnen das Unternehmen eine sogenannte „Behinderungsanzeige" stellt. Eine Behinderungsanzeige ist eine Mitteilung an Sie, in der das Unternehmen festhält, dass es in seinen Arbeiten behindert wird – und zwar durch Sie – und dass Sie aufgefordert werden die Behinderung zu

Checkblatt
Baustrom/Bauwasser

beseitigen. Reagieren Sie dann nicht sehr schnell und angemessen und beseitigen die Behinderung, bleiben die Zusatzkosten, die die Behinderung verursacht hat, sehr schnell an Ihnen hängen. Wenn ein Acht-Mann-Team auch nur einen einzigen halben Tag tatenlos herumsitzt, kann das teuer werden: 8 × 4 (8 Mann × 4 Stunden) × 80 Euro Stundensatz (brutto) = 2 560 Euro!

Wie viel kosten Baustrom und Bauwasser?

Bei Baustrom und Bauwasser gibt es üblicherweise fünf Kostenpunkte:

- die behördliche Genehmigungsgebühr
- die Miete der Strom- und Wasserzähler
- die Installation vor Ort
- der Strom- und Wasserverbrauch
- die Deinstallation vor Ort

Sie können dabei insgesamt mit etwa 500 bis 1 000 Euro an Kosten rechnen (auch abhängig vom Verbrauch).

Welche Alternativen gibt es?

Auch bei Baustrom und Bauwasser gibt es die Möglichkeit, sich Genehmigung, Installation und Deinstallation vom Hausanbieter mit offerieren zu lassen. Ferner kann man die Abrechnung des Verbrauchs über ihn laufen lassen. Meist geht der Hausanbieter dann sparsamer mit Wasser und Strom um. Andererseits ist der Verbrauch aber über die Verbrauchsuhren transparent abrechenbar. Eine andere Variante ist, sich beim Baunachbarn, soweit es solche gibt, „dranzuhängen“. Hier ist aber eine vorherige gute Abstimmung mit dem Nachbarn wichtig, damit auch die Abrechnung vernünftig klappt. Am einfachsten ist es, wenn der Nachbar mit seinem Bau deutlich weiter ist und Baustrom und Bauwasser fast schon wieder demontiert werden könnten. Dann ließe sich gegen Gebühr an den Nachbarn die Installation übernehmen. Über die Dokumentation des Verbrauchszwischenstands wäre auch der Verbrauch nachher gut abrechenbar. Das sind aber eher

Checkblatt
Baustrom/Bauwasser

seltene Zufälle. Häufiger kommt das bei zwei Doppelhaushälften vor, wenn von vornherein gemeinsame Sache gemacht wird und am Ende die Installations- und Verbrauchskosten einfach pauschal geteilt werden.

Beim Kauf von Grundstück und Haus in einem Vertrag als verbundenes Geschäft müssen Sie sich um Bauwasser und Baustrom eher wenig Gedanken machen. Denn diese muss der Bauträger organisieren, wenn er Ihnen die zugesicherte Bauleistung erbringen will.

Checkblatt

Grundwasserhaltung

Was ist Grundwasserhaltung?

Unter Grundwasserhaltung versteht man einen künstlichen Eingriff in den natürlichen Grundwasserspiegel. Unter anderem lässt sich so der Grundwasserstand auf einem bestimmten Niveau halten, absenken oder das Grundwasser von bestimmten Bereichen, etwa einer Baugrube, fernhalten. Grundwasserhaltung kann dauerhaft notwendig oder auch nur temporär erforderlich sein.

Wann benötigt man Grundwasserhaltung?

Bei hochstehendem Grundwasser kann man nicht ohne weiteres einfach eine Baugrube ausheben, da sonst Grundwasser in die Baugrube nachfließen würde. Das Bauen wäre damit nicht mehr möglich. Daher muss im Falle eines hohen Grundwasserstands bei gleichzeitig notwendigem Kelleraushub eine temporäre Grundwasserhaltung erfolgen, mindestens so lange, bis der Keller fertig erstellt ist. Dazu wird üblicherweise das Wasser um die Baugrube herum fortlaufend abgepumpt und an anderer Stelle wieder einem natürlichen Oberflächengewässer, wie zum Beispiel einem Bachlauf, zugeführt. Grundwasserhaltungen und Grundwassereinleitungen in andere Gewässer sind genehmigungspflichtig.

Checkblatt Grundwasserhaltung

Wie viel kostet Grundwasserhaltung?

Bei der Grundwasserhaltung stehen zunächst einmal Genehmigungsgebühren an. Diese bewegen sich im Rahmen weniger hundert Euro. Dann muss die Grundwasserhaltung selbst installiert werden. Hier gibt es unterschiedliche Verfahren, die auch unterschiedlich hohe Kosten nach sich ziehen. Die Kosten für eine Grundwasserhaltung sind aber generell vierstellig. Je nach Aufwand können sie auch fünfstellig werden. Sie liegen – je nach gewähltem Verfahren und abhängig von Lage und Größe der Baugrube sowie den Mengen des abzupumpenden Wasservolumens – zwischen 5 000 und 10 000 Euro. Wenn es komplizierter wird (schwierige Baugrube, aufwändiges Abpumpen), auch deutlich höher. Aufgrund der hohen Kosten ist es also wichtig, dass man vor Baubeginn die Höhe des Grundwasserspiegels kennt, um die Wahrscheinlichkeit dieser Kostenposition frühzeitig erkennen zu können. Denn sie muss dann unbedingt frühzeitig mit in die Baukosten aufgenommen werden. Hinzu kommt, dass nach Beendigung der Grundwasserhaltung und bei dann wieder steigendem Grundwasserspiegel, der Keller dauerhaft im Grundwasser stehen kann. Das heißt, auch für die Kellerkonstruktion muss dann eine wasserdichte Variante gewählt werden, eine sogenannte weiße Wanne, die ebenfalls erhebliche Mehrkosten verursacht (⇢ **Checkblatt Kellerkonstruktion** Seite 80).

Welche Alternativen gibt es?

Wenn man weiß, dass das Grundstück in einem Gebiet mit hohem Grundwasserspiegel steht, können Sie natürlich von Vornherein überlegen, ob Sie in dieses Grundwasser tatsächlich einen Keller setzen. Der Verzicht auf den Keller erspart Ihnen hohe Kosten. Sie können in einem solchen Fall auch über die Schaffung eines ebenerdigen Kellerersatzraumes nachdenken. Allerdings ist ein Keller auch ein Hausbereich, auf den viele ungern verzichten, und er trägt zu einem höheren Wiederverkaufswert des Hauses bei. Wollen Sie auf alle Fälle einen Keller bauen, dann führt bei einem hohen Grundwasserstand kein Weg an einer geordneten Grund-

Checkblatt
Grundwasserhaltung

wasserhaltung während der Kellerbauphase und einem wasserdichten Keller vorbei.

Checkblatt

Abtransport- und Deponiekosten

Was sind Abtransport- und Deponiekosten?

Abtransport- und Deponiekosten sind Kosten, die für alles anfallen, was im Zuge einer Baumaßnahme von der Baustelle abtransportiert und speziell deponiert werden muss, vor allem Erdmaterial. Das kann aber auch Abbruchmaterial eines alten Gebäudes oder von alten Nebengebäuden und Zäunen sein sowie Einfriedungen oder zu entsorgende Schadstoffe.

Für üblichen Baustellenabfall, vor allem solchen, den die Unternehmen während der Bauphase selbst produzieren (etwa leere Verpackungen, Packmaterial, Farbeimer oder Putzreste), werden üblicherweise keine Abtransport- oder Deponiekosten in Rechnung gestellt.

Wann benötigt man Abtransport und Deponie?

Der häufigste Grund für die Leistungen Abtransport und die Deponie ist das anfallende Erdreich, das im Zuge des Aushubs der Baugrube vom Grundstück entfernt werden muss, weil es auf diesem – meist aus Platzgründen – nicht dauerhaft gelagert werden kann.

Die Freiräumung des Grundstücks von beispielsweise hinderlichem Strauchwerk oder Bäumen, samt Abtransport ist zu diesem Zeitpunkt bereits erfolgt (→ **Checkblatt Freiräumung Grundstück** Seite 65). Ein Abtransport und die Deponie von Stoffen kann aber auch Abbruchmaterial und sogar hochsensibles Material betreffen, selbst Blindgänger aus dem Zweiten Weltkrieg. Das ist allerdings selten. Häufiger geht es um den Abtransport von belastetem Boden. Ein solcher Abtransport kann zum Beispiel dann notwen-

Checkblatt
Abtransport- und Deponiekosten

dig sein, wenn das Grundstück zuvor gewerblich genutzt wurde (etwa Tankstelle, Werkstatt). Auch intensiv betriebene Landwirtschaft kann zu erheblichen Bodenbelastungen führen und einen Bodenabtrag nötig machen.

Wie viel kosten Abtransport und Deponie?

Abtransport- und Deponiekosten von üblichem Erdmaterial sind in der Regel vierstellig, etwa zwischen 2 000 und 4 000 Euro. Wie hoch im Einzelfall, kommt auf das Volumen des abzutransportierenden Materials, auf die Art des Materials und auf die Deponiekosten an. Die Erfahrung der Verbraucherzentralen zeigt, dass Abtransport- und Deponiekosten auch bei Immobilienkaufverträgen, bei denen man Grundstück und Haus zusammen in einem Vertrag vom Bauträger kauft, fast nie im Leistungsumfang explizit benannt werden. Eine ganze Reihe von Bauträgern lässt das Aushubmaterial später einfach auf dem Grundstück liegen, auch wenn dies dafür zu klein ist. Der Abtransport und die Deponiekosten sind dann gesondert zu vergüten. Dem sollten Sie vorbeugen, indem Sie im Fragebogen, den Sie dem Bauträger zum Ausfüllen gegeben haben (→ Seite 44, Frage 12), nachsehen, ob auch Abtransport und Deponie des Erdaushubs im Leistungsumfang und damit im Preis enthalten sind.

Handelt es sich bei dem abzutransportierenden Material nicht nur um übliches Erdmaterial, sondern auch um Bauschutt, dann fällt dafür ebenfalls noch einmal ein Betrag in etwa gleicher Höhe an.

Explodieren können die Abtransport- und Deponiekosten, wenn es sich nicht um übliches Erdmaterial, sondern um belastetes handelt, zum Beispiel mit Altölen durchsetztes oder ähnliches. Denn dann ist der Aushub dieses Materials teurer, auch wegen zusätzlicher Schutzvorkehrungen für das Personal. Und der Transport wird rasch teurer, je nachdem, ob das Material offen transportiert werden kann oder geschlossen transportiert werden muss und wie weit die nächste geeignete Deponie entfernt liegt. Schließlich sind

Checkblatt

Abtransport- und Deponiekosten

auch die Deponiekosten selbst deutlich teurer als üblich, denn nicht jede Deponie kann einfach jedes Material aufnehmen. Spezialdeponien sind folglich in Errichtung und Unterhalt teurer als einfache Erddeponien.

Welche Alternativen gibt es?

Um Abtransport- und Deponiekosten zu vermeiden gibt es verschiedene Möglichkeiten: Sie können ganz auf einen Keller samt Aushub verzichten. Dies aber nur wegen der Aushub- und Deponiekosten zu tun, wäre Unsinn.

Eine andere Alternative ist die Geländemodellierung: Ausgehobenes Erdmaterial wird an anderer Stelle auf dem Grundstück aufgeschüttet und so das Gelände modelliert. Gerne wird dies an Hanggrundstücken gemacht.

Ist auch dies nicht möglich, können Sie sich überlegen, es mit einem Inserat zu versuchen und den Boden kostenfrei an Selbstabholer abzugeben. Das gelingt aber eher selten, denn: Übliches Erdreich ist nicht zu verwechseln mit gutem, oberflächennahen Mutterboden.

Checkblatt

Hausanschlüsse und Entwässerungskanalarbeiten

Was sind Hausanschlüsse und Entwässerungskanalarbeiten?

Hausanschlüsse sind sämtliche Versorgungsanschlüsse des Hauses an die öffentliche Infrastruktur, sei es von Wasser, Abwasser, Elektrizität, Telekommunikation oder auch Gas und Fernwärme.

Ein Hausanschluss ist der private Teil der Infrastruktur. Dieser private Anschluss läuft von der Grundstücksgrenze bis zum Haus und vom Haus bis zur Grundstücksgrenze. Das ist der Teil, den die

Checkblatt
Hausanschlüsse und Entwässerungskanalarbeiten

öffentlichen Infrastrukturanbieter nicht bauen, sondern den Sie selbst bauen und finanzieren müssen. Das heißt, Sie müssen dazu Kabel-, Rohrleitungs- und Kanalgräben ausheben lassen und ggf. einen sogenannten Kontrollschacht (eine Art privater Kanalzugang auf Ihrem Grundstück) errichten lassen. Bei Angeboten von Fertighausanbietern oder Generalunternehmern sind diese Leistungen fast nie Vertragsbestandteil. Auch bei Bauträgern nicht, wenn Grundstück und Haus separat gekauft werden. Selbst beim schlüsselfertigen Kauf samt Grundstück ist diese Leistung häufig nicht im Leistungsumfang enthalten. Ein angeblich schlüsselfertiges Haus ist absurderweise häufig noch nicht einmal ein betriebsfertiges Haus. Sehr häufig steht beispielsweise in Bau- und Leistungsbeschreibungen beim Punkt „Regenrinnen": „Fallrohre bis 1 Meter oberhalb Gelände". Das heißt, das Fallrohr der Regenwasserleitung hört einfach 1 Meter oberhalb des Geländes auf. Die Regenwasser-Entwässerungskanalleitung, die am Fußpunkt des Kellers im Gefälle ums Haus gezogen wird, fehlt dann. Ebenso die Standrohre am Fußpunkt der Fallrohre der Regenleitung, die das Regenwasser von der Fallleitung durchs Erdreich nach unten abführen in die Entwässerungskanalleitung.

Wann benötigt man Hausanschlüsse und Entwässerungskanalarbeiten?

Sie benötigen die Anschlüsse spätestens zum Zeitpunkt der Keller- oder Bodenplattenerrichtung. Durch die Hausanschlüsse wird das Haus an alle öffentlichen Versorgungen angebunden. Sie erhalten dadurch u. a. fließendes Wasser, Gas oder Strom. Manche Anschlüsse kann man frei wählen, zum Beispiel ob man einen Gasanschluss haben will oder nicht (aber auch nur, wenn eine Gasleitung in der Straße vor Ihrem Grundstück liegt oder geplant ist). Andere hingegen muss man zwingend umsetzen – wie etwa die Anbindung eines Gebäudes an die Wasser- und Abwasserversorgung. Die Entwässerungskanalarbeiten für das Regenwasser müssen erfolgen, wenn das Wasser nicht anders abgeführt werden soll (zum Beispiel in eine Zisterne) oder darf (etwa bei kommunalen Vorgaben).

Checkblatt
Hausanschlüsse und Entwässerungskanalarbeiten

Wie viel kosten Hausanschlüsse und Entwässerungskanalarbeiten?

Die Kosten für Hausanschlüsse setzen sich üblicherweise zusammen aus Erdarbeiten und den jeweiligen Kabel-, Rohr- oder Kanalverlegungsarbeiten samt Materialkosten.

Hausanschlusskosten – also die Kosten der Rohr- und Leitungsverlegung (Strom, Telefon, Wasser, Abwasser, evtl. Gas oder Fernwärme) von der Grundstücksgrenze bis zum Haus – sind fast immer im vierstelligen Bereich. Sie sollten dafür mit ca. 2 500 bis 4 000 Euro veranschlagen. Hinzu kommen die Entwässerungskanalarbeiten mit zusätzlich ca. 600 bis 700 Euro, bei großen Häusern auch mehr. Da dieser Kostenpunkt relativ hoch ist, sollte er von vornherein mit dem Hausanbieter besprochen werden. Entweder nimmt er ihn in seinen Leistungskatalog auf und erledigt ihn mit oder Sie müssen sich ein Unternehmen suchen, das diese Anschlüsse vornimmt. Das Problem sind dann allerdings wieder die Schnittpunkte, die in Ihrer Verantwortung liegen. Die verlegten Kabel, Rohre und Kanäle müssen am Haus exakt dort rauskommen, wo sie benötigt werden. Wenn gerade erst neu errichtete und ggf. aufwändig abgedichtete Kelleraußenwände dafür durchbohrt werden müssen, sollte die Bohrung sehr sorgfältig und umsichtig erfolgen. Wird hier nicht sorgsam gearbeitet und auf Erhaltung der Abdichtungskosten geachtet, kann das weitere Folgekosten nach sich ziehen. Egal wer die Anschlüsse letztlich legt, die Hauswanddurchbrüche für die Anschlüsse sollte nach Möglichkeit der Hausanbieter durchführen.

Welche Alternativen gibt es?

Wirkliche Alternativen zu Hausanschlüssen gibt es nicht, es sei denn, Sie wären wirklich energieautark und hätten Ihre eigene Klärungsanlage für Abwässer inklusive behördlicher Genehmigung.

Es gibt nur bei wenigen Hausanschlüssen Wahlfreiheit. So kann man beispielsweise beim Gasanschluss des Grundstücks mitunter

Checkblatt

Hausanschlüsse und Entwässerungskanalarbeiten

wählen, ob man diesen haben will oder nicht. Beim Wasser funktioniert das nicht ohne weiteres.

Bezüglich der Regenwasserableitung kann man im Zuge des Baugesuchs beantragen, Regenwasser für den eigenen Gebrauch im Garten zu nutzen und Regenwassertonnen oder -zisternen aufstellen zu dürfen. In immer mehr Kommunen wird man in Neubaugebieten sogar dazu verpflichtet.

Checkblatt

Kellerkonstruktion

Was ist eine angemessene Kellerkonstruktion?

Eine angemessene Kellerkonstruktion ist das Ergebnis der Anforderungen an den Keller. Da ist zunächst die Frage auf welchen Bodenverhältnissen steht der Keller? Dann kommen Fragen nach den Grundwasserverhältnissen, nach dem Auftriebsrisiko von unten und der Gebäudelast von oben. Erst danach folgen Fragen zur Nutzungsart des Kellers: als Wohnkeller oder Lagerraum?

Häufig wird bei Kellerkonstruktionen ganz grundsätzlich unterschieden zwischen sogenannten „schwarzen Wannen“ und „weißen Wannen“. Mit Wanne ist der Keller selbst gemeint, der wie eine Wanne ins Erdreich gesetzt wird. Unter „schwarzen Wannen“ versteht man Kellerausführungen, die mit wasserdurchlässigen Steinen oder auch Beton ausgeführt sind und die zum Schutz außen einen schwarzen Anstrich erhalten (daher der Name). Meist ist das eine Bitumendickbeschichtung. Sie soll verhindern, dass Feuchte ins Mauerwerk oder den Beton dringt.

Unter einer „weißen Wanne“ versteht man eine Kellerausführung in wasserundurchlässigem Beton, sogenannter WU-Beton. Dieser kann zwar – wird aber meist nicht mehr – zusätzlich mit Bitumen-

Checkblatt
Kellerkonstruktion

dickbeschichtungen oder ähnlichem behandelt werden. Er bleibt grau bzw. weiß-grau, daher der Name „weiße Wanne“.

Wann benötigt man eine angemessene Kellerkonstruktion?

Die richtige Kellerkonstruktion muss sehr früh in der Planungsphase berücksichtigt werden, denn eine angemessene Kellerkonstruktion ist notwendig, damit ein Keller die ihm zugeordneten Aufgaben auch erfüllen kann. Er muss – falls erforderlich – dicht sein gegen stehendes Grundwasser. Er muss eventuellen Auftriebskräften (Keller können in Grundwasser „aufschwimmen“) ausreichend entgegenwirken können. Seine Statik muss so ausgelegt sein, dass er das Gebäude tragen kann, das auf ihm errichtet wird. Und er muss – wenn er als Wohnkeller genutzt wird – auch über die notwendigen Wärmedämmungen und Lichteinlässe verfügen, um überhaupt bewohnbar zu sein. Außerdem benötigt er dann auch Mindestraumhöhen (⇢ **Checkblatt Kellerausstattung** Seite 82).

Wie viel kostet eine angemessene Kellerkonstruktion?

Die Kosten eines Kellers sind sehr unterschiedlich und hängen vor allem von der angemessenen Ausführung der Kellerkonstruktion ab. Ist diese aufwändig, können Kosten förmlich explodieren. Daher sind auch Baugrunduntersuchungen so wichtig, damit solche Kostenrisiken rechtzeitig erkannt werden. Wenn ein Keller als schwarze Wanne geplant ist und sich plötzlich herausstellt, dass eine weiße Wanne benötigt wird, können das schnell hohe vier- bis fünfstellige Mehrkosten sein, also zwischen 8 000 und 15 000 Euro und mehr, je nach Größe und Ausführung des Kellers. Das ist ein Betrag, der eine Finanzierung definitiv gefährden kann, deswegen ist die Prüfung, ob der Keller eine angemessene Konstruktionsweise hat, sehr wichtig. Wenn kein Bodengutachten des Grundstücks vorliegt, zumindest mit Daten zu Bodenklasse, Bodendruckverhältnissen und Grundwasserstand und parallel ein Keller in einfacher Ausführung, als gemauerter Keller mit Bitumendickbeschichtung angeboten wird, bestehen klar Risiken. Denn wenn Bodenverhältnisse angetroffen werden, die plötzlich eine

Checkblatt
Kellerkonstruktion

ganz andere Kellerausführung notwendig machen, müssen Sie meist schnell kostenintensive Entscheidungen treffen.

Welche Alternativen gibt es?
Wenn Sie auf eigenem Grundstück ein Haus mit einem Fertighausanbieter oder Generalunternehmer bauen, ist eine Möglichkeit immer, dass Sie auf den Keller ganz oder teilweise verzichten. Der komplette Kellerverzicht führt dazu, dass nur noch eine Bodenplatte auf der Erdoberfläche gegossen wird, um das Haus dann darauf zu errichten. Bei einer Teilunterkellerung wird nur ein Teil des Hauses unterkellert. Eine zum Beispiel nur halbe Unterkellerung führt in der Regel aber nicht zur Halbierung der Kellerbaukosten. Es können letztlich dann doch bis zu drei Viertel der Kosten einer Vollunterkellerung anfallen. Das liegt u.a. daran, dass Teilunterkellerungen einen gewissen statischen Aufwand erfordern, denn ein Teil des Hauses ohne Keller muss dann anders gegründet werden als der andere Teil mit Keller. Damit es dabei nicht zu Setzungsproblemen des Hauses kommt, muss das Ganze gut geplant werden, mit entsprechendem Aufwand, zum Beispiel einer tieferen Gründung des nicht unterkellerten Bereichs. In einem solchen Fall könnten Sie erwägen, ganz auf den Keller zu verzichten und einen ebenerdigen Kellerersatzraum zum Beispiel neben der Garage zu bauen.

Checkblatt
Kellerausstattung

Was ist eine angemessene Kellerausstattung?
Neben der Kellerkonstruktion ist auch die Kellerausstattung ein unbedingt zu überprüfender Kostenpunkt. Die Kellerausstattung bei Bauträger-, Fertighaus- oder Generalunternehmerangeboten hat üblicherweise einen sehr niedrigen Standard. Das heißt, sie sind häufig ungedämmt, haben Einfachverglasung, keinen Estrich und keinen Bodenbelag oder Wandputz (in der Regel bloß gestri-

Checkblatt
Kellerausstattung

chenen Beton), nur eine minimale Elektroausstattung und mitunter keinen Wasser- und Abwasseranschluss. Die Angemessenheit einer Kellerausstattung hängt davon ab, wie der Keller genutzt werden soll. Wenn der Keller zu Wohnzwecken genutzt werden soll, aber auch wenn der Bauträger Begriffe wie „Hobbyraum“ in den Keller schreibt, dann haben diese Räume zunächst einmal Vorgaben der jeweiligen Landesbauordnungen an Wohnräume einzuhalten. Das beginnt bei der Raumhöhe (in alle Bundesländern 2,40 Meter, außer in Baden-Württemberg, dort 2,30 Meter und in Berlin, dort 2,50 Meter) und geht weiter über die Fenstergrößen (mindestens 10 Prozent der Raumgrundfläche muss Fensterfläche sein; ein 10 Quadratmeter großer Raum = 1 Quadratmeter Fensterfläche) und führt schließlich zu Beheizbarkeit auf Raumtemperatur (nach DIN zumindest 20 °C). Was mit diesen Anforderungen von einem Hobbyraum in einem üblicherweise angebotenen Keller noch übrig bleibt, können Sie selbst überprüfen. Wollen Sie nur Äpfel, Kartoffeln und Wein im Keller lagern und ihn nicht zu Wohnzwecken nutzen, benötigen Sie weder bestimmte Raumhöhen, bestimmte Fenstergrößen, noch Beheizbarkeit; also auch keine Dämmung und keinen Estrich. Sie können ihn allerdings später auch nicht ohne weiteres „umnutzen“.

Wann benötigt man eine angemessene Kellerausstattung?

Die Angemessenheit der Ausstattung eines Kellers hängt vor allem davon ab, wie man den Keller nutzen will. Wenn einem durch den Bauträger, Fertighausanbieter oder Generalunternehmer Nutzungsmöglichkeiten versprochen werden, dann sollten diese auch eingehalten werden. Das heißt, die baulichen Voraussetzungen müssen geschaffen werden. Ist also ein Hobbyraum versprochen, dann muss dieser zum Beispiel auch gedämmte Außenwände, eine Dämmung unterhalb des Estrichs sowie einen Estrich selbst haben. Er muss drei Dinge in jedem Fall aufweisen: richtige Raumhöhe, Belichtung und Beheizungsmöglichkeiten.

Checkblatt Kellerausstattung

Nicht selten ist es so, dass gerade Bauträger solche Kellerflächen noch in die Wohnfläche einrechnen und es dadurch zu einer ungerechtfertigten Größe der Gesamtwohnfläche des Hauses kommt. Wollen Sie das Haus dann einmal vermieten oder verkaufen, können Sie diese Flächen aber nicht einfach als Wohnflächen angeben. Sie kaufen also angebliche Wohnfläche, die es gar nicht gibt. Daher ist eine angemessene Kellerausstattung zumindest immer dann angezeigt, wenn sie seitens des Immobilienanbieters als Wohnraum oder Wohnfläche ausgegeben wird.

Wenn der Keller nur Lagerzwecken dienen soll, reicht auch eine relativ einfache Ausstattung. So kann es sogar besser sein, gar keinen Estrich im Keller zu haben als den falschen. Ein sinnvoller Estrich ist ein schwimmender (man könnte auch sagen frei schwingender) Estrich auf Dämmlage. Ein Verbundestrich hingegen (direkt auf die Bodenplatte gegossener Estrich) ist weniger sinnvoll, da ohne Wärmedämmwirkung. Auch ein Estrich auf Trennlage (Folienlage zwischen Bodenplatte und Estrich) hilft da nicht wirklich weiter. Dann bringen Sie lieber später einmal, wenn Sie wieder Geld haben, einen Estrich auf Dämmlage ein.

Ein weiterer kritischer Punkt beim Kellerausbau ist häufig die Schnittstelle Treppenhaus/Kellerbereich: Viele Kellerabgänge sind heute offen gestaltet. Die warme Wohnraumluft gelangt so bis in den Kellervorflur. Dieser Vorflur hat häufig einen Estrich mit einer Dämmlage darunter. Aber die Kellerinnenwände vom Vorflur zu den angrenzenden Räumen und die Türen vom Vorflur in diese angrenzenden Räume sind meist nicht wärmegedämmt. So stoßen Kalt- und Warmbereiche des Hauses ungedämmt aufeinander. Wenn Sie auf dem eigenen Grundstück mit dem Fertighausanbieter oder Generalunternehmer bauen und einen Keller haben wollen, ist eine sinnvolle Überlegung immer, den gesamten Keller von außen zu dämmen, also sowohl die Kelleraußenwände als auch die Kellerbodenplatte. Denn das ist eine Maßnahme, die Sie später nur unter hohem Aufwand (Kelleraußenwanddämmung) oder

Checkblatt
Kellerausstattung

gar nicht mehr (Bodenplattenunterdämmung) umsetzen können, während Sie zum Beispiel einen Bodenbelag später auch austauschen können. Eine Komplettdämmung des Kellers von außen ist sinnvoll. Soweit Sie wissen, dass Sie im Keller eine Waschmaschine und ggf. einen Trockner anschließen wollen, müssen diese Anschlüsse (also Wasser, Abwasser und Strom) natürlich schon dorthin gelegt werden, wo die Maschinen später stehen sollen.

Wie viel kostet eine angemessene Kellerausstattung?

Vergleicht man einen nicht ausgebauten mit einem ausgebauten Keller, ist die Betragsdifferenz sehr hoch. Der Ausbau eines kleineren Hauskellers in einfachem Standard (Elektroversorgung, Wasserversorgung, Heizung, größere Fenster, Dämmung, Estrich, Bodenbeläge, Wandputz, Deckenputz, Wohntüren) kann zwischen 10 000 und 15 000 Euro kosten. Mit Schwankungen nach oben und nach unten. Benötigt man den Keller nicht als Wohnraum, liegt hier ein erhebliches Einsparpotential. Allerdings sieht die ganz überwiegende Anzahl von Hausangeboten ohnehin einen Kellerausbau gar nicht vor. Daher ist ein Ausbau im Basispreis auch nicht enthalten. Bei vielen Fertighausanbietern heißt es sogar „ab Oberkante Bodenplatte“. Dann ist weder ein Keller noch eine Bodenplatte im Preis enthalten. Um beides müssen Sie sich dann selbst kümmern.

Welche Alternativen gibt es?

Bei den Überlegungen zu einer angemessenen Kellerausstattung sollte es immer um eine für Sie angemessene Kellerausstattung gehen. Wenn Sie einen Keller wollen, ist es zunächst sinnvoll, den Keller auch von außen zu dämmen. Wenn Sie ganz sicher wissen, dass Sie den Keller nie zu Wohn-, Arbeits- oder Hobbyzwecken nutzen werden, können Sie ihn auch ungedämmt lassen, sollten ihn dann aber vom übrigen Haus gut isolieren (etwa die Kellerdecke und den Treppenhausvorflur).

Checkblatt

Kellerausstattung

Sinnvoll kann es auch sein, den Keller für einen späteren Ausbau nur vorzubereiten. Dabei sollten Sie bereits in die Außendämmung und in ausreichend große Fenster investieren. Heizung, Strom und Wasser müssen nur bis zu einem Verteiler in den Keller gelegt werden. Estrich braucht noch nicht gelegt zu werden (nur die ausreichende Raumhöhe muss beachtet werden, sodass Estrich auch später noch problemlos unter Beachtung der Wohnraumhöhe eingebracht werden kann– Estrich plus Dämmung benötigen je ca. 6 Zentimeter, also insgesamt 12 Zentimeter). Auch Türrahmen und Türblätter können ggf. noch ganz entfallen, selbst Trennwände, soweit sie nicht tragend sind, müssten noch nicht eingebaut werden. All das hilft, an einer sinnvollen Stelle Geld zu sparen.

Sie haben dann einen sehr einfachen, aber gut vorbereiteten Rohkeller. Das kann viel sinnvoller sein, als ein angeblich ausgebauter Keller, der aber nicht einmal über eine ausreichende Dämmung der Außenwände und unterhalb der Bodenplatte verfügt.

Checkblatt

Hebeanlage

Was ist eine Hebeanlage?

Eine Hebanlage dient dazu, (Ab-)Wasser von einem niedrigen Niveau auf ein höheres Niveau zu „heben“. Man unterscheidet zwischen Hebeanlagen für Fäkalien, Abwasser und auch Heizungskondensat. Es gibt Hebeanlagen in und außerhalb von Häusern. Es gibt auch Hebeanlagen an die mehrere Häuser angeschlossen sind. Meist handelt es sich aber um individuelle Hebeanlagen im Haus.

Wann benötigt man eine Hebeanlage?

Eine Hebeanlage ist dann notwendig, wenn der tiefste Punkt der Abwasserausleitung aus dem Haus nur sehr knapp oberhalb oder sogar unterhalb des Straßenkanalniveaus liegt, sodass eine Ausleitung des Abwassers aus dem Haus im natürlichen Gefälle

Checkblatt
Hebeanlage

bis zum Kanal nicht möglich ist. Das kann zum Beispiel dann der Fall sein, wenn das Abwasser des Hauses unterhalb der Kellerbodenplatte gesammelt wird und von diesem Tiefpunkt in den Straßenkanal geführt werden soll. Wenn dies über natürliches Gefälle nicht möglich ist, muss das Abwasser zunächst auf ein höheres Niveau gehoben werden, um von dort aus im natürlichen Gefälle den Straßenkanal zu erreichen.

Wie viel kostet eine Hebeanlage?

Eine Hebeanlage kostet zwischen ca. 1500 und 3500 Euro, je nachdem welches Modell gewählt wird und ob auch die Montagekosten dabei sind. Hinzuzurechnen sind langfristige Wartungskosten und natürlich Reparaturkosten. Ist die Hebeanlage bei einem neuen Gebäude vom Bauträger oder Fertighausanbieter in der Leistungsbeschreibung nicht explizit benannt, gehört sie auch nicht zur vertraglich vereinbarten Leistung. Hier sind also ggf. Kosten in Höhe von 1500 bis 3500 Euro zusätzlich zu veranschlagen. Bei einem gebrauchten Haus sollte man vor allem bei Bädern im Keller nachfragen, ob diese ggf. über Hebeanlagen an den Straßenkanal angebunden werden müssen.

Welche Alternativen gibt es?

Sie benötigen keine Hebeanlage, wenn Sie zum Beispiel auf Wasser- und Abwasseranschlüsse im Keller verzichten. Man kann in diesem Fall dann das Abwasser bereits unterhalb der Decke zwischen Erdgeschoss und Keller sammeln und im Gefälle zum Kanal führen. Das funktioniert fast immer. Das heißt aber auch, dass man zum Beispiel die Waschmaschine nicht mehr ohne weiteres in den Keller stellen kann. Waschmaschinen haben allerdings eigene Pumpen und manchmal genügt ein höherer Sockel, auf dem die Waschmaschine im Keller steht, damit sie ihr Abwasser noch in eine solche Abwasserleitung unterhalb der Kellerdecke pumpen kann. Toiletten und Duschen im Keller sind hingegen ohne Hebeanlage dann in der Regel nicht möglich. Dafür spart man aber einen vierstelligen Betrag und hat auch keine Wartungs- und Reparaturkosten.

Checkblatt
Hebeanlage

Will man ungeachtet dessen aber doch WC und Dusche im Keller haben und wird eine Hebeanlage notwendig, sollte diese von vornherein mit in die Baubeschreibung des Fertighausanbieters, Generalunternehmers oder Bauträgers aufgenommen und kalkuliert werden. Dann haben Sie zumindest die Möglichkeit zu reagieren und dafür ggf. an einer anderen Stelle auf etwas zu verzichten, um die Gesamtbaukosten nicht zu erhöhen.

Checkblatt

Elektroausstattung

Was ist eine angemessene Elektroausstattung?

Die Elektroausstattung umfasst die Installation des Hausanschlusses sowie sämtlicher Steckdosen, Schalter, Deckenauslässe und Wandauslässe (an die später die Lampen angeschlossen werden können) samt aller Verkabelungen – innerhalb des Hauses und außerhalb des Hauses. Es muss also auch der Anschluss für eine Hauseingangs-, Terrassen- und Balkonbeleuchtung enthalten sein; ferner Steckdosenanschlüsse für Terrasse und Balkon. Soweit eine Garage Vertragsbestandteil ist, benötigt auch diese mindestens eine Steckdose und einen Beleuchtungsanschluss.

Der Umfang der Elektroausstattung im Haus ist bei fast allen Hausanbietern eher mager. Fast nie ist das, was im Angebot enthalten ist, wirklich ausreichend. Hier empfiehlt sich in der Regel, mit Hilfe der Grundrisspläne Raum für Raum fiktiv durch das Haus zu gehen und mit drei verschiedenen Farbstiften zu markieren, wo und wie viele Steckdosen, Schalter sowie Deckenauslässe oder Wandauslässe benötigt werden.

Ein einfaches Beispiel: Bei der Beschreibung des Umfangs einer Elektroausstattung in einer üblichen Bau- und Leistungsbeschreibung tauchen die ersten Probleme manchmal schon bei der Raumdefinition auf. In der Baubeschreibung heißt es dann etwa

Checkblatt

Elektroausstattung

„1 Steckdose im Flur", im Plan gibt es aber nur einen „Windfang" und eine „Diele" und man rätselt dann, in welchem Raum diese Steckdose denn nun sitzt. Und wo im Raum sie sitzt, ist ohnehin fast nie angegeben, wenn man nicht einen detaillierten Elektroplan erhält.

Wichtig ist auch, dass die Anzahl der Stromkreise angegeben ist und welche Räume sie jeweils umschließen. Je kleiner die Stromkreise – je größer also ihre Anzahl ist – desto höher ist die Betriebssicherheit, desto einfacher ist auch die Abschaltung eines begrenzten Bereiches, etwa um eine Glühbirne zu wechseln oder eine Installation vorzunehmen.

Es gibt für die Elektroausstattung unterschiedliche Definitionen, auf die Sie in Bau- und Leistungsbeschreibungen stoßen können. So zum Beispiel „Elektroinstallation nach DIN" oder „Elektroausstattung nach HEA". HEA ist ein Verein (Fachgemeinschaft für effiziente Energieanwendung e.V.). Dieser hat in Anlehnung an die DIN 18015-2 eine Mindestausstattung für die Elektroinstallation vorgelegt. Das ist für Sie im konkreten Fall Ihres Hausbaus aber wenig hilfreich und Sie kennen auch den Ausstattungsumfang nach DIN nicht, ferner definiert sie nur absolute Mindeststandards. Sie benötigen daher von Ihrem Hausanbieter eine komplette, ausgeschriebene Übersicht sämtlicher Elektroanschlüsse in Ihrem Haus: alle Steckdosen, alle Schalter, alle Deckenauslässe, alle Wandauslässe, alle Außenstecker sowie Außenschalter und Außenauslässe.

Bei den Elektrokabeln unterscheidet man zwischen Stegleitungen und Mantelleitungen. Ein dritte Variante sind Kabel in Leerrohren. Die Wahl der Ausführung hängt auch davon ab, welchen Komfort man bei der Elektroausstattung sucht oder welchen Nachrüstungsbedarf man zukünftig hat. Ist dieser eher hoch, kann es sinnvoll sein, alle Leitungen in Leerrohren verlegen zu lassen, in die man später weitere Kabel legen oder bestehende einfach austauschen kann, ohne eine Wand oder Decke öffnen zu müssen.

Checkblatt Elektroausstattung

Wann benötigt man eine angemessene Elektroausstattung?

Eine einmal installierte Elektroausstattung ist nicht ohne weiteres einfach nachrüstbar. Das geht nur, wenn man von vornherein bestimmte Vorkehrungen trifft. Wenn man aber ein neues Haus kauft oder baut, will man nicht nach kurzer Zeit schon wieder nachrüsten, sondern einen Standard schaffen, mit dem man dann auch einige Jahre auskommt. So können Sie beispielsweise grundsätzlich einen einfachen Standard mit NYM-Leitungen oder einen etwas gehobenen mit Mantelleitungen oder gar Leerrohren wählen. Sie könnten sogar ein BUS-System wählen: Bei diesem lassen sich dauerhaft zum Beispiel bestimmte Schalter bestimmten Lampen immer wieder neu beliebig zuordnen und sogar Funktionen per Mobilfunk steuern. Die meisten Menschen benötigen das jedoch nicht.

Viele verzichten auch auf elektrische Rollladenantriebe. Etwas anders sieht es schon bei Jalousien aus. Bei großen Südfenstern mit großflächigen Jalousien kann vereinzelt durchaus ein Elektromotoreinbau sinnvoll sein. Die Wünsche und Bedürfnisse der Menschen sind hier unterschiedlich.

Was sich aber festhalten lässt ist, dass Sie nur in den wenigsten Fällen mit dem Ihnen angebotenen Umfang an Elektroausstattung auskommen werden. „1 Steckdose im Flur“ heißt nämlich, dass diese Steckdose evtl. bereits durch den Stecker des Akku-Festnetz-Telefongerätes dauerhaft belegt ist. Für das Aufladen des Mobilfunkgeräts oder für den Staubsaugerbetrieb im Flur ist dann kein Platz mehr. Das einfachste ist, dass Sie sich Ihren gegenwärtigen Bedarf an Steckdosen pro Zimmer anschauen und sich auch fragen was darüberhinaus wünschenswert wäre. Das können Sie dann mit dem vergleichen, was Ihnen der Hausanbieter offeriert. Vergessen Sie nicht die Nebenbereiche, wie Keller oder Dachboden. Auch Räume, die nur als Waschküche geplant sind, kommen mit einer einzelnen Steckdose selten aus. Waschmaschine, Trockner oder Bügeleisen benötigen eigene Steckdosen. Ferner ist in

Checkblatt
Elektroausstattung

der Waschküche die Lage der Steckdosen sehr wichtig, weil man gerade dort ungern Steckerleisten auf den Boden legt, in die auch Wasser laufen kann.

Fehlerinduktionsschalter, sogenannte FI-Schalter (u.a. zur Kindersicherheit), sind heute ohnehin Standard und müssen eingebaut werden. Ihr Einbau ist zumindest für Kinderzimmer, Küche und Bäder sinnvoll.

Stromkreise sollten, wie erwähnt, nicht zu groß sein. Wenn zum Beispiel Wohnzimmer und Küche an einem Stromkreis hängen und Sie die Sicherung zwecks Glühbirnenwechsels in der Küche herausnehmen wollen, können sämtliche Einstellungen Ihres Fernsehers oder DVD-Spielers verlorengehen.

Das heißt, eine angemessene Elektroausstattung ist eine solche, die zunächst vom Umfang her Ihren Bedürfnissen entspricht (ausreichende Anzahl an Steckdosen, Schaltern, Decken- und Wandauslässen im Haus inklusive Keller und Dachboden, sowie außen am Haus und in einer eventuelle Garage). Die nächste Überlegung ist dann, ob die Steckdosen, Schalter, Decken- und Wandauslässe mit Stegleitungen, Mantelleitungen oder mit Leitungen in Leerrohren angefahren (also angeschlossen) werden sollen. Die weitere Überlegung ist schließlich, welchen Standard der Anlage man wünscht. Ob man sich den Luxus eines BUS-Systems leisten will, sollte man ernsthaft hinterfragen. Auch hinsichtlich zusätzlicher Ausstattung, wie zum Beispiel elektrischer Rollläden, kann man unterschiedlicher Meinung sein. Will man solche Dinge allerdings haben, gehören Sie von Anfang an auf die Ausstattungsliste, also in die vertraglich zu vereinbarende Bau- und Leistungsbeschreibung, um ihre Kosten im Auge zu behalten und nicht von erheblichen Mehrkosten überrascht zu werden.

Checkblatt Elektroausstattung

Wie viel kostet eine angemessene Elektroausstattung?

Zwar ist eine Elektrogrundausstattung in den meisten Hausangeboten enthalten, meist aber deutlich unterdimensioniert. Das heißt beim Kostenrisiko stellt sich weniger die Frage nach den Kosten der Basisinstallation als nach dem Kostenrisiko für Zusatzwünsche und wie man das eingrenzt. Ein einfaches Beispiel aus der Beratungspraxis der Verbraucherzentralen mag das Kostenrisiko verdeutlichen: Ein Ratsuchender ließ die Baubeschreibung eines Hausanbieters prüfen. Dieser offerierte eine schmale Grundausstattung mit Elektrik. Für weitere Installationen setzte er pro Element (Schalter, Steckdose) eine Pauschale von 90 Euro an. Der Kunde wollte im gesamten Haus nur vier weitere Steckdosen haben, dazu eine für die Terrasse und eine für den Balkon sowie vier zusätzliche Schalter, was zusammen Kosten von sage und schreibe 900 Euro ausgelöst hätte. Sie sehen, dass Zusatzkosten für die Elektroausstattung explodieren können, wenn sie diese nicht von vornherein festlegen. Überlegen Sie einmal, wenn Sie pro Etage nur sechs zusätzliche Steckdosen und vier zusätzliche Schalter haben wollten, dann würden Sie bei den genannten Vertragsbedingungen und bei drei Etagen (Keller, Erdgeschoss, Dachgeschoss) bei folgender Rechnung landen: 30 Installationen zusätzlich × 90 Euro = 2700 Euro Zusatzkosten. Sehr viele Hausanbieter wollen für jede weitere Installation einer Steckdose, eines Schalters, eines Decken- oder Wandauslasses 50 Euro oder mehr, häufig auch noch ohne Angabe ob brutto oder netto. Denn bei einem Nettopreis beträgt der Bruttopreis, den Sie zahlen, dann bereits fast 60 oder mehr Euro. Angemessen sind maximal 25 bis 35 Euro brutto. Vor allem dann, wenn das Haus an sich schon nicht gerade günstig ist.

Welche Alternativen gibt es?

Die wirksamste Alternative, sich vor überraschenden Mehrkosten bei der Elektroausstattung zu schützen, liegt darin, von vornherein über dieses Thema mit dem Hausanbieter klar zu sprechen. Ihre stärkste Verhandlungsposition haben Sie dann, wenn Sie auf eige-

Checkblatt

Elektroausstattung

nem Grundstück bauen und den Hauskaufvertrag des Fertighausanbieters oder Generalunternehmers noch nicht unterzeichnet haben. Anders sieht es aus, wenn Sie ein Grundstück erwerben und sich bereits im Grundstückskaufvertrag verpflichten, mit einem bestimmten Bauträger zu bauen. Wenige Verhandlungsmöglichkeiten gibt es, wenn Sie Grundstück und Haus gemeinsam von einem Bauträger kaufen. Allerdings kommt es auch hier darauf an, in welcher Region Deutschlands Sie kaufen möchten. In sehr begehrter Lage wie Hamburg oder München werden die Verhandlungen schwieriger sein als in Gera oder Duisburg.

Wenn Sie frühzeitig erkennen, dass die Elektroausstattung, so wie sie Ihnen angeboten wird, nicht ausreicht und der Hausanbieter zur Erweiterung nur bei Zahlung von Mehrkosten bereit ist, sollten Sie zumindest diese mit ihm festlegen. Hierfür gibt es unterschiedliche Vorgehensweisen. Entweder legen Sie im Detail die von Ihnen gewünschte Elektroausstattung fest und verhandeln dafür einen Gesamtpreis. Oder Sie legen fest, was eine Steckdose, ein Schalter, ein Deckenauslass und ein Wandauslass pro Stück zusätzlich kosten. Wie erwähnt sollten diese Preise aber nicht über 25 bis maximal 35 Euro pro Stück (brutto) liegen. Und eine Doppelsteckdose sollte nicht gleich das Doppelte, also 50 oder 70 Euro kosten, sondern deutlich darunter, denn die Hauptarbeit, wie das Schlitzen oder Schneiden der Wand, muss auch in diesem Fall nur einmal gemacht werden. Eine solche Kostenfestlegung vor Hauskauf verhindert zumindest überraschende Phantasiepreise im späteren Bauablauf, wenn der Zeitdruck hoch ist und Sie keine Verhandlungsmöglichkeit mehr haben.

Checkblatt

TV-, IT- und Telefon-Ausstattung

Was ist eine angemessene TV-, IT- und Telefon-Ausstattung?

Eine angemessene Telekommunikationsausstattung umfasst heute mehr als nur einen Telefonanschluss. Dazu gehören meist auch ein TV-Kabelanschluss und ein Anschluss an Datenkabel für den Internetzugang. Es gibt zwar – gerade in ländlichen Regionen – mittlerweile auch den Versuch der kabellosen Übertragung, um auch hier schnellere Datenübertragungen möglich zu machen, trotzdem sollte ein Haus nach Möglichkeit auch an Datenkabel angebunden werden, soweit sie existieren. DSL bzw. TDSL ist heute – zumindest in Ballungsräumen – Standard.

Im Haus selbst ist dann eine Unterverteilung in die einzelnen Räume wichtig. Es ist bereits heute so, dass eigentlich jeder Wohn- und Schlafraum sowie Kinderzimmer einen Telefon-, Kabel- und Internetanschluss haben sollte bzw. zumindest die Option dafür. Das kann man entweder über die Verlegung von Leerrohren lösen, über die man dann später eine Versorgung mit Datenkabeln einziehen kann. Oder aber man legt auch die Kabel bereits bis in alle Zimmer und installiert sie samt Anschlussdosen. Dann ist alles fix und fertig und man kann bei Bedarf sofort die Geräte anschließen.

Wann benötigt man eine angemessene TV-, IT- und Telefon-Ausstattung?

Die meisten Menschen benötigen die Telekommunikationsausstattung zu Hause nur für Freizeitzwecke. So etwas kann sich aber durchaus ändern. Sei es, dass man (vorübergehend) einen Teil der beruflichen Arbeit von zu Hause aus erledigen kann oder will, sei es dass man einen Fernlehrgang bucht, der im Wesentlichen über den Computer läuft oder dass die Kinder sich von zu Hause aus in Schulungsprogramme ihrer Schulen einloggen müssen. Dann ist die Internetnutzung kein Hobby mehr, sondern wird zum festen Werkzeug der Ausbildung, Weiterbildung oder des Berufs.

Checkblatt

TV-, IT- und Telefon-Ausstattung

Auch für die Nutzung des Hauses selbst kann Telekommunikation in Zukunft noch eine ganz andere Rolle spielen. Mit den sogenannten Smartphones in Kombination mit bestimmten Hausinstallationen (BUS-Technik, → Seite 90) kann man heute schon „Fernsteuerungen" einiger Bereiche des Hauses vornehmen, wie zum Beispiel der Heizung. Ob sich das allerdings tatsächlich an Verbraucherbedürfnissen orientiert und durchsetzt, bleibt abzuwarten.

Wie viel kostet eine angemessene TV-, IT- und Telefon-Ausstattung?

Mit der Telekommunikationsausstattung ist es wie mit der Elektroausstattung. Eine Basisausstattung ist im Kaufvertrag in der Regel enthalten, meist aber keine umfassende oder komfortable Ausstattung. Wenn Sie eine solche wollen, müssen Sie auch diese vor dem Kauf mit dem Hausanbieter festlegen. Nicht jeder Anbieter wird Ihnen alles anbieten wollen oder können. Das fängt schon damit an, dass für die Hauszuleitung der Telekommunikationsleitung das erschließende Telekommunikationsunternehmen zuständig ist – nicht der Hausanbieter und nicht die Kommune. Gleiches gilt für Kabel-TV. In einem Neubaugebiet in Süddeutschland gab es die Situation, dass es monatelang ohne Festnetzanschluss war, da kein Telekommunikationsunternehmen Interesse an einer Telekommunikationserschließung des Gebietes hatte. Sie wiederum kaufen aber ein Haus schlüsselfertig und gehen davon aus, dass dann auch alles im Paket enthalten ist, nicht nur schlüsselfertig, sondern auch betriebsfertig. Damit hier kein Ärger entsteht, müssen Leistungen und Kosten vorab dezidiert geklärt werden. Bei der Basisausstattung ist also zunächst wichtig, dass auch der Hausanschluss der Telefon- und Datenkabel enthalten ist. Dies ist bei Fertighaus- und Generalunternehmerangeboten üblicherweise nicht der Fall. Auch bei Bauträgerimmobilien, bei denen Grundstück und Haus separat gekauft werden, ist das nicht automatisch der Fall. Und selbst ein klassisches Bauträgerhaus, bei dem Sie Grundstück und Haus gemeinsam erwerben, muss dies nicht

Checkblatt

TV-, IT- und Telefon-Ausstattung

automatisch im Leistungsumfang haben. Ist die Leistung nicht enthalten und muss sie vollständig zusätzlich erbracht werden, inklusive Kabelkanalaushub von der Grundstücksgrenze an der öffentlichen Straße bis zum Haus, dann sollte man für den Hausanschluss mit einem Betrag zwischen 600 und 1000 Euro brutto rechnen. Hinzu kommt dann noch die Verteilung im Haus. Hier gibt es zwei Varianten: dass man die Dinge nur vorbereiten lässt, zum Beispiel durch die Verlegung von Leerrohren und Leerdosen in alle Räume oder, dass man alles fertig installieren lässt, inklusive Kabeln und Dosen. Auch hier sollte man bei voller Installation in alle Räume mit einem Betrag von nicht unter 150 bis 200 Euro pro Raum rechnen. Bei fünf Räumen also 750 Euro bis 1000 Euro. Hier schwanken die Preise allerdings sehr, daher muss dies unbedingt rechtzeitig abgefragt werden, damit nicht plötzlich eine Rechnung über 2500 Euro und mehr auf dem Tisch liegt. Das Ziehen nur von Leerrohren und Setzen von Leerdosen sollte mit nicht mehr als 75 bis 100 Euro pro Raum zu Buche schlagen.

Wenn der Telekommunikations- oder Kabelanbieter selbst die Verlegung im Haus übernimmt, wird der Außendienstmonteur hier ggf. nach Stundensätzen abrechnen. Wenn das so ist, sollte er vorab aber einen verbindlichen Kostenvoranschlag machen.

Welche Alternativen gibt es?

Die Alternativen bei der Telekommunikationsinstallation liegen vor allem im Bereich des Hausanschlusses. Wenn man kein Kabel-TV will oder keinen örtlichen Anbieter hat, kann man auf einen Satellit umsteigen. Allerdings erfordert eine Satellitenschüssel eine innerhäusliche Unterverteilung in die einzelnen Räume. Auch der Internetzugang wird im ländlichen Raum zukünftig möglicherweise stärker per Funksignal erfolgen als über Kabel. Selbst beim Telefon haben heute viele Menschen bereits keinen Festnetzanschluss mehr. Die Alternativen hängen hier also von den örtlich gegebenen Voraussetzungen und den persönlichen Vorlieben ab. Eine sinnvolle und kostengünstige Alternative ist jedenfalls immer,

Checkblatt

TV-, IT- und Telefon-Ausstattung

den Hausanschluss installieren zu lassen (für Telefon, Internet und TV), aber die Unterverteilung im Haus nur über Leerrohre und Leerdosen vorbereiten zu lassen.

Checkblatt

Heizungsausstattung und Warmwasserbereitung

Was ist eine angemessene Heizungsausstattung und Warmwasserbereitung?

Die Heizungsausstattung eines Hauses muss zunächst einmal so ausgelegt sein, dass sie die Wohn- und Schlafräume sowie Bäder und Küche ausreichend beheizt, nach DIN also zumindest auf 20 °C bzw. 24 °C – und zwar unabhängig davon, wie kalt es draußen ist. Doch eine angemessene Heizung muss natürlich noch viel mehr können. Die moderne Energiegesetzgebung fordert die automatische Anpassung an Außentemperaturverhältnisse, auch eine automatische Nachtabsenkung muss einstellbar sein und schließlich sollte jeder Heizkörper einzeln individuell angefahren werden können und regelbar sein. Das ist heute üblicher Standard.

Soweit eine Fußbodenheizung zum Einsatz kommt, ist es sehr wichtig, die einzelnen Heizkreise festzulegen. Es ist nicht sinnvoll, zum Beispiel Flure und Bäder oder Arbeits- und Schlafzimmer zusammenzuhängen. Jeder Raum sollte über eine eigene Heizschleife angefahren und versorgt werden, sodass die Temperatur in jedem Raum individuell regelbar ist. Das gilt auch für offene Wohn-Essbereiche, die zwar einen Raum bilden, aber die getrennt regelbar sein sollten. Die Regelbarkeit sollte über einfache, leicht zugängliche Regelventile in den Räumen möglich sein.

Zu einer angemessene Heizungsausstattung gehört auch eine ökonomisch und ökologisch optimale Heizungsplanung. Die Frage, ob man mit Öl, Gas, Pellets, Fernwärme, Wärmepumpe (also Strom) oder Geothermie das Haus beheizt, ist häufig eine Frage

Checkblatt
Heizungsausstattung und Warmwasserbereitung

der örtlich gegebenen Verhältnisse. Liegt vor dem Haus eine Gasleitung, kann die Gasheizung eine Option sein. Liegt vor dem Haus keine Gasleitung, geht das nicht, wenn Sie keinen Gastank installieren wollen. Gleiches gilt für Fernwärme. Bei Öl stellen sich viele kritische Fragen – ökonomische und ökologische – weshalb eine Ölheizung in der heutigen Zeit nicht mehr die erste Wahl ist. Umgekehrt muss aber auch eine Wärmepumpe nicht automatisch eine ökologische Lösung sein. Dann nämlich nicht, wenn sie keine gute sogenannte Jahresarbeitszahl hat, was viele Luft-Wasser-Wärmepumpen nicht haben, und wenn der Strom zu ihrem Betrieb kein zertifizierter Ökostrom ist. Die Jahresarbeitszahl (in Bau- und Leistungsbeschreibungen manchmal auch mit „JAZ" abgekürzt oder mit „ß" bezeichnet) gibt das Verhältnis von abgegebener Wärmeleistung in Kilowattstunden (kWh) zu aufgenommener Antriebsleistung in Kilowattstunden (kWh) an, betrachtet über den Zeitraum von einem Jahr (a). Eine gute Jahresarbeitszahl liegt bei 4 oder 4,5 oder höher.

Neben der Raumerwärmung versorgt die Heizung meist auch die **Warmwasserversorgung**. Seit Einführung des **E**rneuerbare **E**nergien **Wärme G**esetzes (EEWärmeG) ist bei Neubauten die Nutzung erneuerbarer Energien Pflicht. Und zwar in einem Umfang von 20 Prozent des Gesamtenergiebedarfs. Die meisten Hausanbieter lösen diese Vorgabe damit, dass sie als Standard im Hauspaket auch Solarkollektoren für die Warmwasserbereitung anbieten. Was mitunter aber fehlt, ist ein ausreichend großer Warmwasserspeicher. Denn wenn Sie Solarkollektoren haben, aber nur einen Warmwasserspeicher mit 120 Litern Speichervolumen, kann es Ihnen passieren, dass die Heizung doch immer wieder das schnell verbrauchte solarerwärmte Warmwasser durch heizungserwärmtes Wasser ergänzen muss. Daher benötigt man beim Betrieb von Solarkollektoranlagen üblicherweise auch einen deutlich größeren Warmwasserspeicher von etwa 300 Liter Speichervolumen. Sehr oft nicht im Preis enthalten ist eine (zeitgesteuerte) **Warmwasserzirkulationsleitung**, die Warmwasser temporär in Umlauf hält,

Checkblatt
Heizungsausstattung und Warmwasserbereitung

sodass aus allen Wasserhähnen bei Bedarf sofort warmes Wasser fließt.

Wann benötigt man eine angemessene Heizungsausstattung und Warmwasserbereitung?

Eine angemessene Heizungsanlage dient einerseits dem Komfort und der Behaglichkeit, sie muss andererseits aber auch dem ökonomischen und ökologischen Einsatz von Energie gerecht werden. Die Anschaffungskosten einer Heizungsanlage werden über die Jahre von ihren Betriebskosten weit übertroffen, wenn sie strom- oder rohstoffabhängig ist. Das heißt, auch eine zunächst teure Heizungsanlage kann langfristig günstiger sein als eine zunächst preiswert erscheinende Anlage.

Die Festlegung der Heizungsausstattung ist in Bau- und Leistungsbeschreibungen fast durchgängig ein großes Problem. Obwohl man erwarten würde, dass genaue Herstellerbezeichnung und Typ des Heizgerätes, also des Brenners oder des Pelletofens oder der Wärmepumpe, dezidiert benannt werden und auch weitere Elemente und ihre Hersteller genau festgehalten werden (etwa Warmwasserspeicher, Solarkollektoranlage, Heizungspumpen und Heizkörper), ist dies nur selten der Fall. Häufig finden Sie in Bau- und Leistungsbeschreibungen Formulierungen wie „moderne Gasbrennwertheizung“ oder ähnliches. Das heißt, Sie wissen letztlich gar nicht, welches Gerät welches Herstellers eingebaut werden soll, und damit auch nicht, ob das Gerät eine gute Kosten-Nutzen-Rechnung hat. **Ob es beispielsweise bei der Stiftung Warentest (www.test.de) „gut“ getestet wurde, können Sie so auch nicht in Erfahrung bringen. Es ist daher sinnvoll nachzufragen, welches System welches Herstellers eingebaut werden soll.** Auch die langfristige Versorgung mit Ersatzteilen ist ein Aspekt. Deutsche Hersteller von Heizungsanlagen gehören allerdings ohnehin zu den international führenden Herstellern, sodass es gut sein kann, dass Sie ein Fabrikat mit relativ einfacher Möglichkeit der Ersatzteilbeschaffung erhalten.

Checkblatt

Heizungsausstattung und Warmwasserbereitung

Ein weiterer Aspekt einer angemessenen Heizungsanlage ist ihr Wartungsbedarf. Viele Hausanbieter übernehmen nur dann Garantieleistungen, wenn mit der Übernahme der Heizungsanlage durch den Hauskäufer oder Bauherrn auch gleichzeitig ein Wartungsvertrag abgeschlossen wird. Manche Hausanbieter schließen sogar Gewährleistungen (die, anders als Garantien, gesetzlich verpflichtend sind) für den Fall aus, dass kein Wartungsvertrag geschlossen wird. Dies ist allerdings juristisch nicht so einfach machbar, wie es in manchen Kaufverträgen formuliert wird. Ungeachtet dessen, sollte der Wartungsbedarf einer Anlage möglichst gering sein – und damit ihre Wartungskosten. Wenn ein Hausanbieter einen Wartungsvertrag verlangt, sollten Sie ihn direkt nach den Kosten fragen, die er veranschlagt. Nicht immer wird die Wartung der Anlage diejenige Firma übernehmen können, die sie auch eingebaut hat – zum Beispiel schon aufgrund zu großer örtlicher Entfernungen. Dann muss ein weiteres Unternehmen hinzugezogen und auch dessen Kosten müssen dann in Erfahrung gebracht werden. Da die Gewährleistung vieler Heizungsbauteile nicht über fünf Jahre läuft, sondern nur über zwei Jahre, sollten zwei Routine-Heizungschecks in den ersten beiden Jahren eigentlich im Kaufpreis des Hauses enthalten sein und kein extra Wartungsvertrag für diese Zeit abgeschlossen werden müssen. Auch das können Sie offen ansprechen.

Wie viel kostet eine angemessene Heizungsausstattung und Warmwasserbereitung?

Eine angemessene Heizungsausstattung kostet zwischen 12 000 und 20 000 Euro, wobei es nach oben kaum Grenzen gibt. Die Kosten sind deshalb so hoch, weil eine Heizungsanlage nicht nur aus einem Brenner, ein paar Rohrleitungen und einigen Heizkörpern besteht, sondern eine moderne Heizungsanlage hat in der Regel auch solare Komponenten. Das sind beispielsweise Solarkollektoren zur Brauchwassererwärmung auf dem Dach inklusive einem 300-Liter-Schichtenspeicher für das Warmwasser. Man kann für eine Heizungsanlage auch schnell 35 000 Euro und mehr loswer-

Checkblatt
Heizungsausstattung und Warmwasserbereitung

den. Bei solchen Preisangeboten sollte man allerdings genauer hinsehen. Sie müssen dann auch qualitativ sehr gut sein. Sie können davon ausgehen, dass ein Gasbrenner zwischen 1500 und 3500 Euro kostet. Mit 2000 bis 3500 Euro sollten Sie für einen modernen Warmwasserschichtenspeicher mit 300 Liter Inhalt aufwärts rechnen und noch mal ca. 4000 bis 6000 Euro werden die Solarkollektoren auf dem Dach verschlingen, auch abhängig von der Fläche (ganz grob 1000 Euro pro m²). Dazu kommen die internen Rohrleitungen, Pumpen und Heizkörper. So setzt sich der Gesamtpreis in etwa zusammen. Kaufen Sie nun aber zum Beispiel eine Wärmepumpe für 8000 Euro, erhöht sich der Gesamtpreis der Heizungsanlage natürlich entsprechend, da Sie für eine Wärmepumpe nach wie vor deutlich tiefer in die Tasche greifen müssen als für einen Gasbrenner. Trotzdem kann sich eine wirklich effiziente Erdwärmepumpe mit einer Jahresarbeitszahl von mindestens 4,5 (→ Seite 98) langfristig lohnen.

Soweit Sie eine Fußbodenheizung oder im Bad zum Beispiel einen Handtuchheizkörper installieren möchten, verteuern auch diese Elemente die Heizungsanlage und damit die Gesamtkosten. Fußbodenheizungen sind schnell um ein Drittel bis um die Hälfte teurer als klassische Heizkörper.

Je nachdem, welches Heizsystem Sie wählen und ob dieses einen Schornstein benötigt oder nicht (Fernwärme und Wärmepumpen brauchen zum Beispiel keinen) kommt neben dem Schornsteinbau (der als einzügiger, einfacher Schornstein aber meist im Grundpreis enthalten ist), auch eine Abnahme des Schornsteins hinzu. Diese nimmt der zuständige Schornsteinfeger vor. Für die sogenannte Rohbau- und Gebrauchsabnahme können Sie mit um die 150 Euro rechnen. Fehlt eine Zirkulationsleitung für Warmwasser, ist ein zusätzlicher Beitrag zwischen 800 und 1500 Euro fällig.

Welche Alternativen gibt es?

Bei Heizungsanlagen gilt: Bevor man zu viel Geld in sie steckt, sollte man zunächst in eine optimale Gebäudehülle investieren. Denn eine Heizungsanlage ist letztlich nichts anderes, als der aufwändige Versuch, eine nicht optimale Gebäudehülle dadurch auszugleichen, dass man das Gebäude von innen künstlich nachheizt. Hochgedämmte Gebäude, wie etwa Passivhäuser, können weitgehend auf Heizungsanlagen verzichten und kommen mit einer installierten Lüftungsanlage samt Wärmerückgewinnung aus. Zwar ist die Anfangsinvestition teurer, langfristig allerdings sind die Betriebskosten eines Passivhauses sehr gering. Das heißt, man investiert zunächst mehr, dafür langfristig und an der richtigen Stelle. Die Mehrkosten für einen Passivhausstandard betragen etwa 10 bis 15 Prozent gegenüber EnEV-Standard. Aber auch der EnEV-Standard wird vom Gesetzgeber schrittweise auf den Passivhausstandard hin weiterentwickelt werden. Hinzu kommt: Eine andere Heizungslösung ist später auch einfacher nachzurüsten als ein anderer Wärmedämmstandard des Hauses insgesamt.

Reicht das Geld nur für den gesetzlich vorgeschriebenen EnEV-Wärmedämmstandard und können Sie auch bei der Heizung keine großen Sprünge machen, dann ist eine Lösung immer, mögliche Nachrüstungen zumindest jetzt schon anlagentechnisch vorzubereiten. Wenn Sie also zunächst mit einem klassischen Gasbrenner einsteigen wollen, sollten sie nachfragen, ob dieser später problemlos auch zum Beispiel gegen eine Wärmepumpe ausgetauscht werden kann, ohne dass die Heizungsanlage insgesamt aufwändig umgebaut werden muss. Viele Hersteller bieten Nachrüstoptionen und sinnvolle Ergänzungen an, wenn dies von vornherein berücksichtigt wird. Eine weitere Möglichkeit um Geld zu sparen ist Ihre Eigenleistung. Allerdings sollten Sie eine Heizungsinstallation nur dann in Eigenleistung durchführen, wenn dafür eine solide Fachkunde im Familien- oder Freundeskreis vorhanden ist. Dabei sollte es sich schon um einen ausgebildeten Heizungsmonteur handeln.

Checkblatt
Heizungsausstattung und Warmwasserbereitung

Kritisch bei Eigenleistungen ist immer der Schnittpunkt der Eigenleistung zu der vom Hausanbieter zu erbringenden Leistung. Wird beispielsweise eine Fußbodenheizung verlegt, muss der Hausanbieter zunächst die Decken erstellen. Auf diese muss eine Wärme- und/oder Trittschalldämmung gelegt werden und auf bzw. in diese dann die Heizschleifen. Darauf wird dann wiederum der Estrich gegossen. Wenn es hier zu Verzögerungen oder Abstimmungsproblemen kommt, kann es sein, dass finanzielle Forderungen des Hausanbieters auf Sie zukommen. Ein weiteres Problem ist das Thema Haftung bei Gewährleistungsfällen. Wird zum Beispiel nach einem Jahr der Estrich an irgendeiner Stelle feucht, dann taucht die Frage auf, warum? Und wer ist dann dafür verantwortlich? Hat der Estrich die Heizschleife beschädigt? Oder war es umgekehrt eine bereits beschädigt installierte Heizschleife, die den Estrich durchfeuchtet hat?

Wenn Sie also Eigenleistungen in Erwägung ziehen, dann überlegen Sie immer, welche Einsparungen Sie damit tatsächlich realisieren und welche Folgerisiken damit einhergehen können. Unproblematische Eigenleistungen sind meist diejenigen, die ganz am Ende eines Bauvorhabens stehen und nur noch Oberflächengewerke betreffen, wie etwa Tapezier- und Malerarbeiten innen oder Bodenbelagsarbeiten innen. Mit diesen Arbeiten kommen sie dem Hausanbieter nicht in die Quere und der Haftungsschnittpunkt ist relativ klar.

Zur Schornsteinabnahme gibt es Alternativen dann, wenn die eigene Heizungsanlage – etwa eine Wärmepumpe – gar keinen Schornstein braucht. Dann muss natürlich auch keine Abnahme erfolgen. Es hat aber selbstverständlich keinen Sinn die Wahl einer Heizungsanlage davon abhängig zu machen, ob eine Schornsteinabnahme erfolgen muss oder nicht. Sondern die Wahl einer Heizungsanlage sollte nur davon abhängen, ob sie optimal zum baulichen Vorhaben passt und ökologisch und ökonomisch sinnvoll ist.

Checkblatt

Fenster

Was ist eine angemessene Fensterausstattung?

Eine angemessene Fensterausstattung umfasst heutzutage zumindest die Aspekte Wärmeschutz, Schallschutz und Einbruchsicherheit.

Beim **Wärmeschutz** gibt es gesetzliche Vorgaben. So müssen Fenster einen festgelegten Wärmedurchgangswert (U-Wert) einhalten, der in der Energie-Einsparverordnung (EnEV) festgelegt ist und die von Zeit zu Zeit auch verschärft wird.

Beim **Schallschutz** kann es Vorgaben aus dem Bebauungsplan geben. Dort können sogenannte Lärmpegelbereiche festgelegt sein, etwa in der Nähe von lauten Straßen, Bahnlinien oder Gewerbegebieten. In diesen Bereichen kann ein bestimmter Schallschutz vor Außenlärmeintrag vorgeschrieben sein. Sie können sich bei der zuständigen Kommune danach erkundigen, ob Schallschutzvorgaben im Bebauungsplan festgelegt wurden.

Beim **Einbruchschutz** gibt es möglicherweise Vorgaben Ihrer Versicherung, in jedem Fall aber Empfehlungen der Kriminalpolizei (www.einbruchschutz.polizei-beratung.de). Man richtet sich hier bei Fenstern u.a. nach sogenannten **W**iderstand**k**lassen (WK). Diese besagen, wie lange ein Fenster einem Einbrecher Widerstand entgegensetzen kann. Sie beginnen mit WK 1 und gehen über WK 2 bis hin zu WK 6. Je höher die Zahl, desto sicherer das Fenster. WK 2 ist im Einfamilienhausbau eine gute Wahl und ausreichend, sicher aber auch deutlich teurer als eine WK 1 Ausstattung (→ Kosten Seite 106).

Grundsätzlich muss eine ausreichende Anzahl an Fenster vorhanden sein (nach Landesbauordnung, LBO, sind zumindest 10 Prozent der Raumgrundfläche als Fensterfläche vorzusehen: bei einem 10 Quadratmeter großen Raum also 1 Quadratmeter Fensterfläche). Ferner sollte bei Fenstern ihre Öffnungsrichtung festgelegt werden

Checkblatt
Fenster

(damit sie im geöffneten Zustand zum Beispiel nicht einfach mitten im Raum stehen, sondern zu einer Wand hin geschwenkt werden können). Bei raumhohen Fenstern muss beachtet werden, dass Sicherheitsglas mindestens für die Brüstungsverglasung zum Einsatz kommt, wenn außen vor dem Fenster Absturzgefahr besteht und dort kein Geländer angebracht wird. Die Fenstermontage sollte möglichst nach RAL erfolgen, das heißt, das Fenster wird mit Blendleisten dicht in die Wand eingepasst und nicht nur einfach mit Bauschaum eingefügt. Fast alle Fertighausanbieter montieren ihre Fenster bereits im Werk. Durch diesen standardisierten Vorgang kann das Fenster sehr genau eingepasst werden. Dadurch haben Fertighäuser an diesem Punkt meist eine recht hohe Qualität. Anders ist es bei Fenstermontagen erst auf der Baustelle.

Soweit im Keller Wohnräume entstehen sollen, spielt die Fenstergröße und damit die natürliche Belichtung und Belüftung eine große Rolle. Die Fensterfläche muss gemäß Landesbauordnungen mindestens 10 Prozent der Raumgrundfläche ausmachen.

Wann benötigt man eine angemessene Fensterausstattung?

Eine angemessene Ausstattung der Fenster benötigt man vor allem dann, wenn man bestimmte energetische Ziele erreichen will. Daher sollte sich eine angemessene Fensterausstattung immer danach richten, welchen Ausstattungsgrad das Haus insgesamt hat. Wenn das Haus zum Beispiel als sehr hochwertig gedämmtes Passivhaus ausgestattet wird, hat es keinen Sinn bei den Fenstern zu sparen, weil dann die Dämmwirkung der Gebäudehülle zu stark beeinträchtigt wird. Bei einem Haus mit dem gerade mal gesetzlich geforderten Dämmstandard nach der Energieeinsparverordnung (EnEV) kann man eher mit einem etwas niedrigeren Standard leben. Grundsätzlich ist es sinnvoller, in eine gut gedämmte Gebäudehülle zu investieren als in eine Heizungsanlage. Denn eine Heizungsanlage ist letztlich nichts anderes als der Versuch, eine schlecht gedämmte Gebäudehülle durch Nacherwärmung des Gebäudeinneren mit Wärme zu kompensieren.

Checkblatt
Fenster

Wie viel kostet eine angemessene Fensterausstattung?

Meist ist in Hausangeboten eine eher einfache Grundausstattung an Fenstern enthalten. Das sind häufig Fenster mit Isolierverglasung in Form einer Doppelverglasung mit Edelgasfüllung zwischen den Gläsern, maximal als WK-1-Ausführung, in der Regel ohne gehobenen Schallschutz sowie mit Rollläden und Rollladengurten nur in den Wohnräumen (also nicht im Keller und nicht in Küchen, Bädern, WC oder dem Dachboden). Will man eine höherwertige Fensterausstattung, zum Beispiel Dreifachverglasung als WK-2-Ausführung, ggf. sogar mit einem bestimmten Schallschutz, dann gehen die Kosten nach oben. Ein kleineres Fenster (Größe ca. 1 Quadratmeter), das sonst 350 oder 400 Euro kostet, kann auf diese Weise rasch das Doppelte kosten. Wenn Sie also Zusatzkosten für höherwertige Fenster auf ein ganzes Haus hochrechnen, sind das fünfstellige Beträge 8 000 bis 12 000 Euro und mehr sind da sehr schnell verplant.

Welche Alternativen gibt es?

Bei der Gebäudehülle gibt es nur wenige Alternativen. Sie später nachzurüsten ist aufwändig. Es ist viel sinnvoller in gute Fenster und eine gut gedämmte Fassade zu investieren, als in eine hochwertige Innenausstattung, die man jederzeit wechseln kann. Keller, Fassade und Dach sind Bauteile, in die man von Anfang an investieren sollte, um dem Gebäudekorpus von Anfang an eine vernünftige Qualität zu geben.

Wenn es Vorgaben aus dem Bebauungsplan zum Schallschutz gibt, sollten Sie sich gut überlegen, ob Sie sich darüber hinwegsetzen. Zu empfehlen ist dies jedenfalls nicht, denn Lärm kann über lange Zeiträume sehr zermürbend sein.

Sie können es auch bei der Grundausstattung an Fenstern belassen, doch sollten Sie sich zumindest bewusst sein, in welcher Form welche Fenster zu öffnen sind.

Checkblatt

Rollläden

Was ist eine angemessene Rollladenausstattung?

Die Funktion eines Rollladens ist vor allem die Raumverdunkelung und der Sichtschutz. Im Sommer werden sie gerne auch zur Raumverschattung eingesetzt. Sie haben dabei allerdings den Nachteil, dass sie zwar in Teilen die direkte Sonneneinstrahlung verhindern, den Raum aber meist auch erheblich dunkler machen. Außenjalousien eigenen sich zur Verschattung von Räumen deutlich besser. Ihre Lamellen kann man so einstellen, dass direkte Sonneneinstrahlung verhindert wird, aber ausreichend Helligkeit durchs Fenster gelangen kann. Außenjalousien sind aber fast nie im Standardangebot von Hausangeboten enthalten, da sie auch teurer sind.

Bei der Rollladenausstattung erhält man heute fast immer Kunststoffrollläden. Auch die Rollladenkästen sind mitunter aus Kunststoff, was von der Rauminnenseite nicht allzu schön aussieht. Rollladenkästen sollten über eine ausreichende Dämmung und Dichtigkeit verfügen und sich bei Reparaturen problemlos öffnen lassen, ohne dabei größere Oberflächenschäden im oder am Haus hervorzurufen.

Es gibt zwischenzeitlich auch gedämmte Rollladenlamellen, sodass sich das Haus nachts zusätzlich vor Wärmeverlusten schützen lässt.

Eine Hochschiebesicherung sollte jeder Rollladen haben. Für Rollläden gibt es die Widerstandsklassendefinition, die auch Fenster haben, von WK 1 bis WK 6 (⇢ **Checkblatt Fenster** Seite 104). Bei Rollläden ist ebenfalls WK 2 zu empfehlen.

Elektrische Antriebe, die es seit Jahrzehnten gibt, sind nach wie vor eher Luxus. Nur beim Einbau von Außenjalousien werden sie zunehmend eingesetzt.

Checkblatt
Rollläden

Wetterschutz ist keine Funktion mehr von Rollläden. Das was Fensterläden früher leisteten, bieten Rollläden heute nicht mehr – im Gegenteil. Es ist nicht ratsam sie bei Hagelschlag herunterzulassen. Hagelkörner haben ein leichtes Spiel mit den Kunststofflamellen und durchschlagen sie in der Regel einfach. Auch Außenjalousien halten Hagelschlag und starken Winden nicht immer ohne Beschädigung stand.

Eine Sonderstellung nehmen Rollläden an Kellerfenstern, Bad- und WC-Fenstern, mitunter auch Küchenfenstern sowie an Dach- und Dreiecksfenstern ein. Sehr häufig sind sie nicht in der Grundausstattung enthalten und müssen zusätzlich bezahlt werden.

Wann benötigt man eine angemessene Rollladenausstattung?

Eine angemessene Ausstattung des Hauses mit Rollläden enthält zumindest auch die Küche, Bäder, WC, Dach- und Dreiecksfenster.

Rollläden an Kellerfenstern sind im Standardpreis von Häusern praktisch nie enthalten. Es kann aber sein, dass man sie zumindest bei bestimmten Kellerräumen haben will. Häufig ist das zum Beispiel bei Hanggrundstücken der Fall, wenn an der hangabgewandten Hausseite auch große Kellerfenster möglich sind. Auch bei Dreiecksfenstern, zum Beispiel unter Giebeln, hätte man manchmal gerne Rollläden; diese sind in den Standardpreisen ebenfalls fast nie enthalten, weil dort teure Spezialrollläden notwendig wären. Bei Dachfenstern, etwa bei Gaubenfenstern und fast immer bei Schrägdachfenstern sind Rollläden ebenfalls so gut wie nie im Preis enthalten und häufig noch nicht einmal ein Sonnenschutz.

Die Ausstattung mit elektrischen Antrieben kann ein Thema werden, wenn große Fensterflächen nicht mit Rollladengurten zu bedienen sind, sondern mit Kurbeln. Vor allem dann, wenn statt eines Rollladens eine Außenjalousie montiert wird, können elektrische Antriebe notwendig werden. Denn das Hochkurbeln von

Checkblatt

Rollläden

Jalousien dauert deutlich länger als das von Rollläden, außerdem ist das Fadenwerk der Jalousien meist anfälliger als die relativ einfache Lamellenbauweise von Rollläden.

Auch bei körperlichen Beeinträchtigungen der Bewohner können elektrische Antriebe das Mittel der Wahl sein.

Wie viel kostet eine angemessene Rollladenausstattung?

Je nachdem was Sie alles zusätzlich haben wollen, können die Kosten vierstellig steigen. Bei Außenjalousien als Sonderwunsch auch fünfstellig, je nach Umfang. Wollen Sie zum Beispiel statt Gurtrollern oder Handkurbeln einen elektrischen Antrieb, wird es deutlich teurer. Ein ganz einfacher Rollladen, der schon für 150 Euro zu haben ist, kann dann auf 300 bis 400 Euro springen.

Welche Alternativen gibt es?

Sie können es auch bei der Grundausstattung an Rollläden belassen, sollten sich nur zumindest bewusst sein, an welchen Fenstern Rollläden angebracht werden.

Bezüglich des elektrischen Antriebs von Rollläden können Sie überlegen, diesen durch Installation von Leerrohren und Leerdosen vorbereiten zu lassen (--> Seite 89), sodass später nur Schalter und Elektromotoren nachgerüstet werden müssen.

Checkblatt

Badausstattung

Was ist eine angemessene Badausstattung?

Eine angemessene Badausstattung umfasst nicht nur die sichtbare Ausstattung wie Fliesen, Sanitärgegenstände und Armaturen, sondern auch die unsichtbaren Dinge wie die Installation und die Warmwasserbereitung. Informationen zur angemessenen Warmwasserbereitung finden Sie im Checkblatt Heizung (--> Seite 97).

Checkblatt

Badausstattung

Es enthält auch Informationen zur Fußbodenheizung (die immer häufiger in Bädern eingebaut wird) und zu Handtuchheizkörpern.

Eine angemessene Badausstattung beginnt mit einer angemessenen Installation für die Wasserzu- und -ableitung. In Hausangeboten werden als Material häufig Kunststoffrohre genannt. Für die Wasserzuleitung ist dies meist ein Verbundkunststoff, für die Wasserableitung häufig ein PVC-Rohr. Seltener finden Sie Kupferrohre und noch seltener Edelstahlrohre. Einfache Kunststoffrohre als Wasserzuleitungsrohre sollten Sie nach Möglichkeit ablehnen, da es hier Diskussionen zu gesundheitsgefährdenden Weichmachern gibt, die von den Kunststoffrohren in das Wasser dringen. Verbundkunststoffe hingegen sind eine Möglichkeit, allerdings muss man auch klar sagen, dass noch keine Erfahrungswerte vorliegen, wie sich Verbundkunststoffrohre über einen langen Zeitraum verhalten. Die frühesten Erfahrungen hat man mit Kunststoffleitungen als Heizschleifen in Fußbodenheizungen. Hier wurden die ersten verbauten Kunststoffe mit der Zeit teilweise porös und einige auch undicht. Die Verbundkunststoffe der heutigen Generation sind da allerdings deutlich weiter. Kunststoffrohre haben den Vorteil, dass man sie elegant allen Biegungen anpassen kann, wohingegen man zum Beispiel Kupferrohre mit entsprechenden Winkelstücken anpassen muss. Und auch bei Kupfer kann es zu Undichtigkeiten kommen, so können beispielsweise durch „Kupferfraß" mit den Jahren durchaus Löcher in den Wandungen der Rohre auftauchen. Wer ganz sicher gehen will, wählt Edelstahlrohre. Mit diesen hat man langjährige Erfahrung; sie sind sehr wenig anfällig gegen Rohrschäden. Außerdem sind ihre Wandungen sehr glatt, sodass das Wasser darin sehr gut fließen kann (Vermeidung von Ablagerungen). Experten diskutieren, inwieweit sich die leicht rauen Wandungen der Kunststoffrohre mit unerwünschten (gesundheitsschädlichen) Stoffen festsetzen können.

Die Wasserableitung wird praktisch immer aus PVC-Rohren gefertigt. PVC ist nicht umweltverträglich und gibt auch Weichmacher

Checkblatt
Badausstattung

an das Wasser ab. Das ist zwar fürs häusliche Abwasser vertretbar, für den etwas größeren Blick auf den Wasserkreislauf ist das aber auch nicht ideal. Leider werden Sie in Hausangeboten nur selten Alternativen zu PVC-Abwasserrohren finden.

Unabhängig davon, welches Leitungsmaterial Sie wählen, ist der Installationsschallschutz der Leitungen wichtig (mehr dazu ⇢ **Checkblatt Schallschutz** Seite 120).

Während das eine Ende der Frisch- und Abwasserrohre der Hausanschluss an das öffentliche Ver- und Entsorgungsnetz ist, ist das andere Rohrende entweder die Armatur (zum Beispiel Wasserhahn oder Brausenkopf) für die Entnahme des Frischwassers oder der Abfluss in Waschbecken, Wanne oder Dusche. Beim Wasserablauf kann man nicht viel falsch machen, aber bei Armaturen gibt es erhebliche Unterschiede – vor allem Qualitätsunterschiede. Neben Dingen wie Einhebelmischer oder klassischen Hähnen betrifft das vor allem auch den Schallschutz. Eine exzellent gedämmte Wasserleitung nutzt nur relativ wenig, wenn an dieser eine sehr laute Armatur hängt. Daher sollten die Armaturen jeweils die gleiche Schallschutzstufe haben wie die Rohrinstallation, zum Beispiel Schutzsstufe II oder III (⇢ **Checkblatt Schallschutz** Seite 120).

Der nächste wichtige Punkt sind die Sanitärgegenstände: WC-Schüssel, Waschbecken, Duschtasse, Badewanne. Auch diese müssen zunächst einmal schallentkoppelt montiert werden. So wird zum Beispiel bei Hänge-WCs eine Kunststoffmatte zwischen WC-Schüssel und Montagewand gesetzt. Badewannen werden meist in komplette Hartschaumträgerkörper gesetzt (eine Art Hartschaumwanne, im Volksmund „Styroporwanne" genannt, um die Keramikwanne herum). Auch Duschtassen erhalten üblicherweise eine solche Schallentkopplung. Waschbecken werden ähnlich wie WCs mit einer Kunststoffmatte zwischen Waschbecken und Wand montiert.

Checkblatt
Badausstattung

Die Qualität der Sanitärgegenstände kann zwar sehr unterschiedlich sein, allerdings sind auch die Preise sehr unterschiedlich. In den meisten Hausangeboten gibt es nur eine einfache Standard-Sanitärausstattung, die nicht jedem Geschmack entspricht. Wer es höherwertiger will oder ein spezielles Design bevorzugt, muss schnell tiefer in die Tasche greifen (⇢ Kosten, Seite 114).

Weiterer Ausstattungspunkt sind die Wand- und Bodenfliesen. Hier werden Sie ebenfalls sehr oft eher einfache bzw. niedrige Standards vorfinden, häufig Wand- und Bodenfliesen im Bereich zwischen 15 und 25 Euro pro Quadratmeter. Wollen Sie andere Fliesen haben, müssen Sie meist einen Aufpreis zahlen.

Fensterbänke in Bädern sind meist gefliest. Das ist durchaus in Ordnung. Falls Sie etwas anderes wollen, müssen Sie dies rechtzeitig kundtun und schriftlich in die Baubeschreibung aufnehmen.

Ein anderes Thema ist die Höhe der Wandverfliesung. Diese kann „raumhoch“ sein, sie kann „türhoch“ sein, wie es viele Anbieter ausdrücken und sie kann auch deutlich niedriger sein, zum Beispiel mit einer Maßangabe, etwa: „Wände umlaufend bis auf 1,20 Meter verfliest“. Auch hier müssen Sie zeitig eingreifen und festlegen, was Sie wünschen, denn auch das kann zu Mehrkosten führen. Klar ist indes, dass zumindest im Bereich der Dusche die Wand auf wenigstens zwei Meter Höhe gefliest sein sollte. Festgelegt werden muss dann noch, was darüber passiert. Putz? Tapete? Und auch die Decke selbst und ihre Ausführung im Bad sollte festgelegt werden, um keine Kostenüberraschungen zu erleben. Und schließlich sollte die Ausführung des Sockels beschrieben werden, also des Bereichs, an dem Boden und Wand zusammenlaufen. Meist wird hier eine Sockelleiste aus gestellten, hälftig oder anders geschnittenen Bodenfliesen gewählt.

Ein Thema, das nicht zuletzt im Badbereich zunehmend an Raum gewinnt, ist die **Barrierefreiheit**. Barrierefreiheit ist kein geschütz-

Checkblatt
Badausstattung

ter Begriff, allerdings gibt es zur Barrierefreiheit eine DIN-Norm, die u.a. definiert, wie zum Beispiel ein Bad beschaffen sein muss, damit man es als barrierefrei bezeichnen kann. Es handelt sich um die **DIN 18040, Teil 2**. Hier werden u.a. Vorgaben für Türdurchgangsbreiten gemacht, für die Unterfahrbarkeit (mit dem Rollstuhl) des Waschbeckens, für die Anfahrbarkeit des WCs (Parallelstellmöglichkeit des Rollstuhls) und die Einfahrbarkeit in den Duschbereich (schwellenfreie Duschtasse). Wer hier speziellen Bedarf hat, sollte sich seitens des Hausanbieters ausführlich beraten lassen und vertraglich ganz einfach „Badausbau nach DIN 18040, Teil 2" vereinbaren. Mit diesem Satz sind alle Vorgaben, die der Hausanbieter einzuhalten hat, klar gefasst, die sicherstellen, dass man sich im Zweifel sogar mit dem Rollstuhl selbstständig im Bad bewegen kann.

Vergessen werden in der Baubeschreibung gerne auch die vielen Kleinigkeiten: Handtuchhalter, WC-Papierrollenhalter, Haltegriffe Wanne/Dusche, Seifenschalen, Spiegel. Wenn Sie ein nagelneues Bad abnehmen und wenige Tage später mit der Bohrmaschine in einen nagelneuen Fliesenspiegel bohren müssen, tut das weh. Es ist auch unnötig, wenn von vornherein geklärt ist, dass diese Montagen noch durch den Hausanbieter erfolgen – möglichst auch jeweils im sogenannten Fugenkreuz, das heißt gebohrt wird dort, wo vier Fliesen mit ihren Ecken aneinander stoßen (Fugenkreuz). Ist das ab und zu nicht machbar, behilft man sich mit Manschetten, die über die Bohrlöcher gesetzt werden.

Der Spiegel samt Spiegelbeleuchtung erhält immer mehr Bedeutung. Viele Spiegel werden heute großflächig mit in den Fliesenspiegel integriert. Wenn Sie also keinen kleinen Spiegel wollen, der vor die Verfliesung gehängt wird, sondern einen großen, eingefügt in die verflieste Wand, dann muss das schriftlich in der Bau- und Leistungsbeschreibung fixiert werden.

Checkblatt
Badausstattung

Wann benötigt man eine angemessene Badausstattung?

Eine angemessene Badausstattung hat zunächst nichts mit übertriebenem Komfort oder gar Luxus zu tun, sondern damit, dass man eine angemessene Qualität einkauft, um möglichst lange etwas von der Investition zu haben. Denn wenn bereits nach kurzer Zeit erste Reparaturen oder Instandsetzungen anfallen, kann das aufwändig und auch teuer werden. Es gibt zwar eine Gewährleistungszeit, diese dauert aber maximal fünf Jahre; für bewegliche Teile mitunter nur zwei Jahre. Ein Bad sollte aber 20 bis 30 Jahre halten, bevor man es erneuern muss. Das heißt, nicht nur die Oberflächengewerke wie Fliesen, Sanitärgegenstände und Armaturen müssen über eine hinreichende Qualität verfügen, sondern auch die „unter Putz" verbauten Elemente wie die Frischwasserleitungen, die Abwasserleitungen, die Heißwasserbereitung und ggf. besondere Heizungselemente wie ein Handtuchheizkörper oder eine Fußbodenheizung.

Hinzukommen kann, dass das Bad für veränderte Lebensumstände einsetzbar bleiben muss, etwa wenn man – und sei es nur vorübergehend – eine barrierefreie Nutzbarkeit benötigt. Gerade dann wird man für eine weitsichtige Planung sehr dankbar sein. Sie ist nicht in jedem Fall umsetzbar, aber zumindest als eine barrierereduzierte Planungsvariante häufig machbar. Sie spielt in den Angeboten gerade von Bauträgern leider nur sehr selten eine Rolle. Wer aber im eigenen Haus alt werden will, für den sollte es eine große Rolle spielen.

Wie viel kostet eine angemessene Badausstattung?

Die Kosten für ein qualitätvolles Bad mit einer Wanne, einer Dusche, einem WC und zwei Waschbecken, liegen bei etwa 12 000 bis 18 000 Euro. Für dieses Geld können Sie allerdings Edelstahlrohrleitungen erwarten, schallgedämmt gelagert, ggf. in Vorbauten, dazu hochwertige Fliesen (Quadratmeterpreis nicht unter 35 Euro brutto), hochwertige Sanitärgegenstände (keine Stangenware aus Bauhäusern, sondern namhafte Hersteller aus dem Sanitärfach-

Checkblatt

Badausstattung

handel) sowie große Spiegel und Zubehör, wie etwa Waschtischunterschränke, Edelstahl-Handgriffe und Handtuchhalter sowie Seifenschale oder WC-Papierrollenhalter.

Soll eine barrierefreie Ausstattung hinzukommen, sollten Sie mit mindestens 5 000 Euro Zusatzkosten rechnen, da dann in der Regel grundsätzlich mehr Raum gebraucht wird (u. a. für die Anfahrbarkeit des WCs und Bewegungsflächen). Ferner muss die Unterfahrbarkeit des Waschtisches möglich sein, eine bodenebene Duschtasse eingesetzt werden und ggf. eine Schwenkvorrichtung für die Badewanne. Modernen barrierefreien Bädern sieht man ihre Unterstützungsfunktionen nicht an, ganz im Gegenteil: Sie wirken sehr elegant.

Welche Alternativen gibt es?

Soweit Sie Fliesenleger im Verwandten- oder Bekanntenkreis haben, ließe sich das Bad in Eigenleistung ausbauen. Es müssen dann aber klare Schnittstellen vereinbart werden. Also: Bis wohin baut der Hausanbieter die Rohinstallation und ab welchem Punkt übernehmen Sie mit der Eigenleistung? Soweit später Probleme auftauchen (zum Beispiel undichte Leitung) muss Ihnen immer klar sein, dass es dann auch Haftungsschnittpunkte geben kann, bei denen der Hausanbieter die Verantwortung ablehnen wird.

Ist das Geld knapp, können Sie auch überlegen, zunächst nur eine sehr einfache Badausstattung zu wählen, die Sie irgendwann einmal gegen eine höherwertigere Ausstattung austauschen können. Vor allem bei den Sanitärgegenständen und Armaturen kann man einiges sparen. Bei Fliesen ist es sinnvoller, gleich höherwertigere zu nehmen, damit diese später nicht aufwändig wieder herausgebrochen werden müssen. Es ist auch ratsam, einige Ersatzfliesen sicherheitshalber im Keller zu lagern, falls später Sanitärgegenstände und Armaturen ausgetauscht werden. Denn bei solchen Wechseln kommt es meist auch zu Fliesenbruch oder Fliesenfehlstellen.

Checkblatt

Badausstattung

Man kann in Bädern auf die Verfliesung auch ganz verzichten. Ein Estrich und Wandputz, die mit einem abwaschbaren Kunstharzanstrich überzogen werden, tun es auch. Möglich sind auch „Pandomo-Böden". Dabei handelt es sich um einen leicht glänzenden Bodenbelag auf Zementbasis mit der optischen Wirkung eines großflächigen, fugenfreien Steinbelags. Mit „Pandomo" lassen sich Wand und Boden überziehen. Andererseits sind die Mehrkosten von hochwertigen Fliesen zu minderwertigen – aufgrund der üblicherweise kleinen Boden- und Wandflächen in Bädern und WCs – eher gering.

Sind zusätzliche Bäder geplant, beispielsweise ein Gästebad im Keller, können Sie auch überlegen, dieses zunächst gar nicht auszubauen, sondern es nur vorzubereiten und den Ausbau nachzuholen, wenn wieder etwas Geld in der Kasse ist. Sinnvoll ist es allerdings, sämtliche Installationsanschlüsse bereits legen zu lassen, damit später nur noch der Badausbau selbst mit den Oberflächengewerken, wie Fliesen, Sanitärgegenständen und Armaturen erfolgen muss.

Checkblatt

Dachbodenausstattung

Was ist eine angemessene Dachbodenausstattung?

Wer ein Haus baut, das über ein Pult- oder Satteldach verfügt, getrennt durch eine Zwischendecke vom darunter liegenden Wohnraum, der muss in der Baubeschreibung ganz genau nachsehen, wie diese Zwischendecke beschaffen ist. Immer häufiger sind das abgehängte Decken, auf die von oben später nur eine leichte Dämmschicht gelegt wird, die aber weder betreten noch belastet werden kann. Mit der Nutzung des Dachbodens als Abstellboden wird es dann nichts. Eine angemessene Dachbodenausstattung umfasst also zumindest

Checkblatt
Dachbodenausstattung

- eine vernünftige Erreichbarkeit,
- eine ausreichende Begeh- und Belastbarkeit und
- die Beachtung energetischer Vorschriften.

Will man den Dachboden auch als Wohnraumreserve zum späteren Ausbau haben, müssen zusätzliche Kriterien eingehalten werden, vor allem aus den Landesbauordnungen (Raumhöhe, Belichtung, Beheizbarkeit → Seite 27), damit er bei Bedarf möglichst einfach zu Wohnraum umgebaut werden kann.

Die Energieeinsparverordnung (EnEV) schließlich macht energetische Vorgaben, je nachdem, ob der Dachboden ausgebaut ist oder nicht. Bei einem nicht ausgebauten Dachstuhl reicht es, wenn die Zwischendecke zwischen letzter beheizter Wohngeschossebene und kaltem Dachboden gedämmt ist. Ist das Dach ausgebaut, müssen die Dachflächen an sich gedämmt werden.

Hat das Gebäude einen Kamin, muss auch an einen Ausstieg für den Schornsteinfeger gedacht werden. Das heißt, neben einer Luke müssen auf dem Dach auch Trittgitter angebracht werden. Und auch der Dachboden selbst muss einfach und sicher zu erreichen sein. Ist die Zwischendecke zwischen oberstem Wohngeschoss und Dachgeschoss gedämmt, so muss die Dachbodenklappe ebenfalls gedämmt sein.

Wann benötigt man eine angemessene Dachbodenausstattung?

Eine angemessene Dachbodenausstattung ist notwendig, um gesetzliche Vorgaben einzuhalten. So muss gemäß der Energieeinsparverordnung (EnEV) zum Beispiel die oberste Geschossdecke von Gebäuden gedämmt werden. Das heißt, bei Häusern, in denen der Dachboden nicht ausgebaut ist, muss entweder das Dach selbst gedämmt werden oder eben die Zwischendecke zwischen dem obersten Wohngeschoss und dem Dach. Da die Dämmung der Zwischendecke einfacher und preisgünstiger ist, bieten die meisten Hausanbieter zunächst einmal nur diese Variante an. Nicht

Checkblatt
Dachbodenausstattung

immer ist dabei aber auch eine gedämmte Dachbodenklappe enthalten. Fordern Sie diese aber auf alle Fälle ein, sie ist Stand der Technik.

Üblicherweise soll ein Dachboden auch als Abstellraum dienen können. Bei vielen Hausanbietern ist dies bei der Basisvariante nicht möglich. Sie verfügt häufig nur über eine nicht tragfähige Zwischendecke zwischen dem obersten Wohngeschoss und dem Dachgeschoss und nur für den Schornsteinfeger wird eine Art Holzlaufsteg eingebaut, von der Dachbodenklappe in der Zwischendecke bis zum Dachausstieg im Dach selbst. Ein durchgehender, begeh- und belastbarer Boden aus einer stabilen Holzlage muss immer häufiger zusätzlich gezahlt werden.

Soweit der Dachboden von vornherein zur Bewohnung ausgebaut werden soll, müssen Vorgaben der Landesbauordnung eingehalten werden. Das betrifft zunächst einmal die Raumhöhe. Nach den meisten Landesbauordnungen muss diese zumindest über zwei Drittel der Grundfläche höher sein als 2,40 Meter. Die natürliche Belichtung der Räume mit ausreichend Fensterfläche muss gegeben (ca. 10 Prozent der Raumgrundfläche) und die Beheizbarkeit der Räume sichergestellt sein: 20 °C nach DIN. Damit geht einher, dass die Dachfläche dann zumindest soweit gedämmt sein muss, dass die gesetzlichen Vorgaben aus der EnEV eingehalten werden. Denn wenn das Dachgeschoss bewohnt wird, reicht eine Zwischendeckendämmung zwischen oberstem Wohngeschoss und Dachgeschoss natürlich nicht mehr aus. Ferner können Anforderungen aus dem Bebauungsplan zum Schallschutz hinzukommen. Das ist gerade im Dach mit seiner weit verbreiteten Holzbauweise ein wichtiger Aspekt. Der Dachaufbau ist häufig nämlich nicht mehr als nur (von außen nach innen) eine Ziegellage, darunter eine Dachpappe oder Unterspannbahn, dann eine Dämmlage, darunter eine Dampfbremsfolie und unter dieser schließlich noch eine Gipskartonplatte. Sind, aufgrund von Regelungen im Bebauungsplan, besondere Schallschutzvorgaben einzuhalten – zum

Checkblatt
Dachbodenausstattung

Beispiel aufgrund von Lärmpegelbereichen –, dann reicht eine einfache Innenverkleidung mit Gipskartonplatten häufig nicht aus, sondern es müssen zumindest zwei Lagen Gipskartonplatten angebracht werden. Hierfür muss allerdings auch der Dachstuhl statisch entsprechend ausgelegt sein. Das ist er in aller Regel; trotzdem sollten Sie das abklären, denn in allen diesen Dingen lauern Mehrkosten. Selbst wenn im Bebauungsplan keine Vorgaben zu erhöhtem Schallschutz gemacht werden, kann es sein, dass man einen solchen wünscht. Auch dann ist eine doppelt beplankte Lage Gipskartonverkleidung sinnvoll – aber eben auch doppelt so teuer wie eine einfache Lage.

Soweit ein Schornsteinfeger einen Schornstein auf dem Dach erreichen muss, sollte er auch auf den Dachboden und das Dach einfach und sicher gelangen können. Als Hausbesitzer sind Sie hier mitverantwortlich.

Wie viel kostet eine angemessene Dachbodenausstattung?

Grundsätzlich muss man bei den Kosten für eine angemessene Dachbodenausstattung unterscheiden zwischen einem Dachboden, der nur Lagerzwecken dienen soll und einem zum Wohngeschoss ausgebauten Dachboden. Soll ein Dachboden zu einem vollwertigen Wohngeschoss ausgebaut werden (in der Größenordnung eines üblichen Reihenhauses) ist mit ca. 15 000 bis 20 000 Euro zu rechnen. Aber selbst wenn ein Dachboden mit ungenügendem Ausbaustandard wenigstens zu einem Dachboden ausgebaut werden soll, auf dem man wenigstens Lagerplatz schaffen kann (durch den Einzug eines vernünftigen, flächendeckenden Bodens und einer vernünftigen Dachunterdichtung, ist mit 3 000 bis 5 000 Euro zu rechnen.

Welche Alternativen gibt es?

Den Ausbau eines Spar-Dachbodens in einen nutzbaren Lager-Dachboden oder sogar in ein vollwertiges Wohngeschoss können Sie natürlich auch in Eigenleistung vornehmen. Allerdings gibt es

Checkblatt

Dachbodenausstattung

auch hier die schon mehrfach erwähnten Haftungsschnittpunkte, wenn zum Beispiel Ihre Gipskartonplatten und deren Unterkonstruktion unter den Dachstuhl des Hausanbieters geschraubt werden. Ferner sollte der Zeitbedarf und die handwerklichen Fähigkeiten, die man dafür benötigt, nicht unterschätzt werden. Und vor allem sollten einige Dinge vorbereitet sein. So sollte nach Möglichkeit die Heizungsinstallation bereits bis ins Dachgeschoss gelegt worden sein. Außerdem sollten bereits die Treppe bis nach oben geführt sowie die Fenster eingebaut sein.

Wenn das Geld sehr knapp ist und der Raumbedarf auch noch ohne Dachgeschoss auskommt, ist es sinnvoll, den Dachgeschossausbau erst später umzusetzen. Wollen Sie nur einen Lager-Dachboden schaffen, sollten Sie den Finanzbedarf dafür (also von der Wandlung des üblichen Spar-Dachbodens zu einem einfachen Lager-Dachboden) von vornherein einkalkulieren, vor allem dann, wenn kein Keller geplant ist. Gerade beim Einzug ist man meist sehr dankbar für Stauraum, den man sofort nutzen kann.

Checkblatt

Schallschutz

Was ist angemessener Schallschutz?

Nur sehr selten bieten Hausangebote in ihrer Grundausstattung einen angemessenen Schallschutz. Ein angemessener Schallschutz besteht aus einem ausreichenden Schutz vor Außenschalleintrag, Schalleintrag von Nachbarbebauungen, Innenschalleintrag und Schalleintrag von Gebäudeinstallationen.

Man unterscheidet zwischen Luftschall, Körperschall und Trittschall. Luftschall ist Schall der durch die Luft übertragen wird (zum Beispiel Schallwellen, verursacht durch das Spielen einer Trompete). Körperschall ist Schall, der durch direktes Einwirken auf den Baukörper verursacht wird, wenn etwa Wasser durch eine Installa-

Checkblatt
Schallschutz

tionsleitung in einer Wand läuft. Trittschall ist Schall, der zum Beispiel beim Begehen einer Decke entsteht: Er beginnt zunächst als Körperschall und wird teilweise auch als Luftschall abgestrahlt.

Angemessen ist Schallschutz immer dann, wenn er den zu erwartenden Schallquellen wirksam entgegenwirkt. Der Schallschutz wird in der DIN 4109 geregelt. Sehr häufig lesen Sie in Bau- und Leistungsbeschreibungen daher auch „Schallschutz nach DIN". Das hört sich zunächst einmal gut an, ist aber insofern unsinnig, da die DIN nur Mindestvorgaben zum Lärmschutz macht. Sie bietet keinen angemessenen Schallschutz. Die Rechtsprechung sieht die DIN 4109 daher auch nicht mehr auf der Höhe der Zeit. Bereits mehrfach wurde gerichtlich festgestellt, dass sie nicht mehr den allgemein anerkannten Regeln der Technik entspricht. Zur DIN 4109 gibt es ein sogenanntes Beiblatt 2, das u.a. „Vorschläge für einen erhöhten Schallschutz" enthält. Ein solcher Schallschutz nach DIN 4109 Beiblatt 2 entspricht schon eher einem angemessenen Schallschutz.

Wann benötigt man angemessenen Schallschutz?

Es gibt drei wesentliche Schallquellen.

Außenschalleintrag: Hier muss man darauf achten, ob im Bebauungsplan sogenannte Lärmpegelbereiche, manchmal auch abgekürzt als LPGs, eingetragen sind. Mitunter sind sie sogar farblich markiert. Ist das der Fall, muss man nachsehen, in welchem Bereich das eigene Grundstück liegt. Meist gibt es dann auch Vorschriften aus dem Bebauungsplan zum Schallschutz. Kauft man zum Beispiel ein Fertighaus, ist es wichtig, dass der Fertighaushersteller weiß, dass das zu bebauende Grundstück in einem besonderen Lärmpegelbereich liegt, denn dann muss er unter Umständen besondere Maßnahmen ergreifen, beispielsweise besondere Fenster einbauen. Solche sind fast nie Bestandteil der Standardausführung und müssen daher auch gesondert gezahlt werden. Es kann aber auch sein, dass das Luftschalldämmmaß

Checkblatt
Schallschutz

der gesamten Außenwand entsprechend angepasst werden muss. Dazu gibt es Vorgaben. Sie finden diese im Detail in der „Muster-Baubeschreibung“ der Verbraucherzentralen (www.vz-ratgeber.de).

Auch wenn im Bebauungsplan keine besonderen Lärmpegelbereiche eingezeichnet sind kann es trotzdem sein, dass in der Nähe störende Schallquellen sind, vor denen Sie sich schützen möchten. Ist das der Fall, müssen Sie darüber rechtzeitig mit Ihrem Hausanbieter reden. Dann muss er mit dem Schalldämm-Maß entsprechend reagieren. Detaillierte Ausführungen hierzu und die konkreten Schallschutz-Anforderungen der einzelnen Lärmpegelbereiche finden Sie in der „Muster-Baubeschreibung“ der Verbraucherzentralen (www.vz-ratgeber.de).

Ein typischer Außenlärmeintrag ist der Lärmeintrag von direkt angrenzender Nachbarbebauung. Vor allem Bauträgerobjekte werden sehr häufig in Form von Doppelhaushälften und Reihenhäusern erstellt, weil dies für den Bauträger sehr kosteneffizient ist: Er kann auf relativ wenig Grund und Boden eine relativ große Anzahl von Häusern unterbringen. Aber auch Eigentumswohnungen haben dieses Problem. Für den Schallschutz in Aufenthaltsräumen eines Hauses oder einer Eigentumswohnung können Sie neben den Empfehlungen aus Beiblatt 2 zur DIN 4109 auch noch besseren Schallschutz vereinbaren, gemäß der VDI-Richtlinie 4100 vom **V**erein **D**eutscher **I**ngenieure. In dieser Richtlinie sind drei Schallschutzstufen definiert, von I bis III. Schallschutzstufe I entspricht in etwa den Anforderungen der DIN 4109, bietet also keinen herausgehobenen Schallschutz. Schallschutzstufe II liegt etwa auf dem Niveau der Empfehlungen aus Beiblatt 2 zur DIN 4109. Schallschutzstufe III ist die höchste Stufe und bietet höheren Schallschutz als die Empfehlungen aus Beiblatt 2 zur DIN 4109. Wenn Sie Schallschutzstufe III nach VDI 4100 vereinbaren, haben Sie einen guten Schallschutz. Wollen Sie diesen Schallschutz auch für Küchen oder Bäder, muss dies aber explizit vereinbart werden, denn die Schallschutzstufen beziehen sich zunächst nur auf Auf-

Checkblatt
Schallschutz

enthaltsräume, auch wenn immer mehr Küchen als offene Küchen geplant werden.

Seit mehreren Jahren gibt es den Versuch, die Inhalte des Beiblattes 2 zur DIN 4109 und die Inhalte der VDI 4100 zu harmonisieren und durch ein Normblatt zu ersetzen. Hierzu wurde der Entwurf E DIN 4109 Teil 10 (Vorschläge für einen erhöhten Schallschutz) vorgelegt. Er wurde 2005 aber zurückgezogen. Ob es noch zu einer entsprechenden Norm kommen wird, ist gegenwärtig offen. So lange können Sie sich aber an die VDI Richtlinie 4100 halten.

Wenn Sie eine Bau- und Leistungsbeschreibung eines Bauträgers akzeptieren, in der steht „Schallschutz nach DIN“, dann haben Sie vertraglich einen minderwertigen Schallschutz vereinbart. Stünde zum Schallschutz überhaupt nichts in der Bau- und Leistungsbeschreibung, wäre das in diesem Fall sogar günstiger, weil Sie dann zumindest auf einen angemessenen Schallschutz klagen könnten. Und den sehen Richter heute deutlich höher als einfach nach DIN 4109. Wenn Sie also Vereinbarungen zum Schallschutz in der Bau- und Leistungsbeschreibung treffen, dann sollten diese immer erhöhten Schallschutz zur Grundlage haben, etwa durch Festlegung der Schallschutzstufe.

Ein klassisches Problem bei Reihenhäusern ist auch, dass sie untereinander nicht vollständig getrennt sind. Manchmal haben sie noch nicht einmal doppelte Trennwände zwischen den Häusern. Häufig wird auch die Bodenplatte für alle Häuser ohne Unterbrechung betoniert. Dadurch kann dann Körperschall von einem Haus zum anderen gelangen. Reihenhäuser und auch Doppelhaushälften sollten aber vollständig voneinander getrennt sein – komplett von oben bis unten, wie „geschnittene Brotscheiben“. Dadurch kann man von vornherein bestimmte Schallprobleme vermeiden. Das geht im Eigentumswohnungsbau natürlich nicht, aber dort kommt man mit den Schallschutzstufen schon ein ganzes Stück weiter.

Checkblatt
Schallschutz

Innenschalleintrag: Der Innenschalleintrag erfolgt vor allem durch die Bewohner des Gebäudes. Wohnt man ohne direkt angrenzende Nachbarbebauung mit der eigenen Familie in einem Haus, kann man natürlich gut eingreifen wenn es zu laut wird. Bei einem Reihenhaus oder einer Doppelhaushälfte ist das schon schwieriger. Da ist Außenlärmeintrag faktisch immer auch Innenlärmeintrag – nämlich der Innenlärmeintrag des Nachbarn. Hier helfen nur die geschilderten Maßnahmen der vertraglichen Vereinbarung deutlich erhöhter Schallschutzwerte gegen Lärmeintrag vom Nachbarhaus.

Aber auch innerhalb der eigenen vier Wände kann fehlender Schallschutz zum Problem werden. Wenn Kinderzimmer und Arbeitszimmer direkt nebeneinander liegen, dann birgt das Konfliktpotenzial. Es gibt die Möglichkeit, erhöhten Schallschutz auch innerhalb des Hauses zu vereinbaren (beispielsweise nach E DIN 4109-10 EW), aber dieser Schutz ist noch unterhalb der Schallschutzklassen I aus der VDI-Richtlinie 4100 angesiedelt und hilft nur bedingt. Wenn Sie lärmempfindlich sind, lohnt es sich, mit dem Bauträger über mögliche Schutzmaßnahmen auch innerhalb des Hauses zu sprechen. Neben dem Installationsschalleintrag (⇢ Seite 126) geht es dabei vor allem um den Trittschallschutz und den Luftschallschutz. Vor Trittschallschutz schützt Sie „schwimmender Estrich“, der weder Kontakt zur darunterliegenden Geschossdecke noch zu den angrenzenden Wänden hat, er „schwimmt“ sozusagen frei auf einer Dämmlage. Schwimmender Estrich ist heute eigentlich Standard. Nicht Standard ist aber Estrich, der von Zimmer zu Zimmer einzeln eingebracht und schalltechnisch entkoppelt ist. Auch das kann man machen, wenn man dies will.

Wichtiger indes sind wirksame Maßnahmen gegen den Luftschallschutz. Sehr viele Bauträgerangebote haben heute einen mehr als einfachen Innenausbau. Immer weitere Verbreitung finden zum Beispiel „Gipskartonständerwände“. Dabei werden zunächst

Checkblatt
Schallschutz

Metallstreben zwischen Geschossboden und Geschossdecke verschraubt, die dann von beiden Seiten mit einer meist 12,5 Millimeter starken Gipskartonplatte verkleidet werden. Eine solche Konstruktion ist weniger eine Wand, sondern eher die Fortentwicklung eines Vorhangs. Wände dieser Bauart lassen praktisch jeden Schall durch. Solche Wände kann man nur ersetzen durch eine zumindest 24 Zentimeter starke Massivwand (denn auch dünne Massivwände in der Stärke von 11,5 Zentimeter haben nur eine schlechte Schalldämpfungswirkung). Eine 24 Zentimeter starke Wand führt aber nicht nur zu Mehrkosten. Sie führt im schlimmsten Fall sogar zu statischen Problemen, wenn sie frei auf eine Zwischendecke gesetzt wird und sie führt natürlich auch zu Raumverlust. Denn übliche Trockenbauwände sind gerade einmal 10 Zentimeter stark. Als Kompromiss kann man die Trockenbauwand innen mit Weichfaserdämmstoff füllen und auf beiden Seiten statt nur mit einer Gipskartonplatte mit zwei Gipskartonplatten übereinander verkleiden. Schon dieses einfache Verfahren hilft, die Schalldämpfungswirkung der Wand erheblich zu erhöhen.

Das alles bringt aber wenig, wenn nicht auch die Zimmertüren einen erhöhten Schalldämpfungsgrad erhalten. Die in normalen Hausangeboten weit verbreiteten einfachen Türen, haben Türblätter mit einfachen Röhrenspanplatten und einfache Dichtungen; unten, zum Boden hin, meist gar keine. Wählt man andere Türblätter, mit höherer Dichte und Masse, ggf. einen Doppelfalzrahmen mit umlaufender Doppelfalzdichtung und eine sogenannten Schall-Ex an der Unterkante des Türblattes (das ist eine Vorrichtung, die sich beim Schließen der Tür auf den Boden absenkt), erreicht man schon einen verbesserten Schallschutz. Solche Türsysteme kann man aber oft dann nicht verwenden, wenn das Haus über eine zentrale Lüftungsanlage verfügt, bei der Zuluft über die Wohnräume eingespeist wird und die Abluft über Küchen und Bäder abgesaugt wird. Solche Systeme benötigen Türen mit Durchströmöffnungen für die Luft. Auch Passivhaussysteme benötigen dies.

Checkblatt Schallschutz

Installationsschalleintrag: Der Installationsschalleintrag kommt von den Hausinstallationen, das ist üblicherweise vor allem der Schalleintrag aus Wasser- und Abwasserleitungen. Welche Rohre man auch wählt, wichtig ist, dass die Rohrleitungen schallentkoppelt durchs Haus geführt werden. Das heißt, dass sie nicht einfach in Wandschlitze gelegt und zugemörtelt werden, wie dies jahrzehntelang Praxis war, sondern dass Sie in Schellen gelegt werden, die ihrerseits noch einmal eine Kunststoffeinlage haben, in der das Rohr liegt, sodass die Rohrerschütterungen bei Wasserdurchfluss durch diese Einlage gedämpft werden. Man spricht daher auch von Schalldämpfern. Sie können auch zum Installationsschallschutz klare Werte zum sogenannten „Installationspegelgeräusch" vereinbaren: zum Beispiel nach Schallschutzstufe II der VDI-Richtlinie 4100 auf 25 db(A) oder auch Schallschutzstufe III der VDI Richtlinie 4100 auf 22 db(A). Die Angabe dB bedeutet Dezibel; Sie können sich das als eine Art Lautstärken- bzw. Schalldämpfungsangabe vorstellen. Eine Änderung von 3 dB bedeutet eine Verdopplung bzw. Halbierung der Lautstärke.

Wie viel kostet angemessener Schallschutz?

Angemessener Schallschutz ist teuer. Bauträger scheuen ihn daher sehr, denn er schmälert die Gewinnmarge, ohne dass er als Verkaufsargument wirklich zieht. Hinzu kommt, dass er haftungsintensiv ist, weil er konkret nachmessbar und damit nachprüfbar ist. Für einen guten Schallschutz muss im Grunde jedes Bauteil qualitativ hochwertiger ausgebildet werden, als dies üblicherweise der Fall ist: Wände, Decken, Fenster und Türen. Um ein einfach ausgestattetes Haus auf ein Schallschutzniveau nach Schallschutzstufe III der VDI Richtlinie 4100 zu bringen, können Sie mit 10 000 bis 15 000 Euro rechnen. Sehr schnell auch mehr.

Viele Bauträger lehnen verbesserte Schallschutzvereinbarungen, selbst wenn der Kunde diese wünscht, aus den benannten Gründen sogar kategorisch ab.

Checkblatt
Schallschutz

Welche Alternativen gibt es?
Wenige. Am einfachsten kann man noch auf den Schallschutz im eigenen Wohnbereich verzichten, weil man diesen relativ leicht regulieren kann. Aber schon den Nachbarn lässt sich in seinem Wohnverhalten kaum beeinflussen.

Allerdings kommt es auch immer darauf an, wie Sie bisher gewohnt haben und wie Ihr subjektives Schallempfinden ist. Wenn Sie bislang in einem Altbau mit sehr schlechtem Schallschutz gewohnt haben, werden Sie für jede Verbesserung dankbar sein. Wohnen Sie jetzt schon in einem eher neueren Haus mit gutem Schallschutz, kann der Umzug ins eigene Haus schnell auch ein Rückschritt werden. Ein Beispiel: In Ihrer „alten" Wohnung gab es zwei Türen zwischen Wohnzimmer und Kinderzimmer. In Ihrem neuen Haus ist ein offenes Treppenhaus geplant und das Wohnzimmer wird nur noch durch eine Tür vom Kinderzimmer getrennt.

Checkblatt
Einbauküche

Was ist eine angemessene Einbauküche?
Während unsere Kochkünste allgemein dramatisch sinken, werden unsere Küchen immer hochwertiger. Eine angemessene Küche ist jedoch eine Küche, die den vorhandenen Kochkünsten entspricht. Eine hochpreisige Profiküche in einem Haushalt, der über eher geringe Kochkünste verfügt, ist eine glatte Fehlinvestition, wenn nicht gleichzeitig intensiver Kochunterricht genommen wird.

Ebenso gut könnten sich Nichtschwimmer einen Swimmingpool ins Haus bauen lassen oder Nicht-Musiker einen Flügel ins Wohnzimmer stellen. Eine angemessene Einbauküche orientiert sich daher am ehesten an den Nutzern und deren Können und Ansprüchen.

Checkblatt Einbauküche

Selbst absolute Kochprofis benötigen keine Einbauküche, sondern im Zweifel einfach nur eine gute Küche, das heißt vor allem einen guten Herd. Es gibt Köchinnen und Köche, die schwören auf das Kochen mit Gas, weil es sehr schnell reagiert. Aber auch das ist nicht immer realisierbar, zum Beispiel, wenn man keinen Gasanschluss hat. Dann muss man ggf. mit einer mobilen Gasflasche arbeiten. Auch der Backofen ist für viele Köchinnen und Köche ein wichtiges Werkzeug und sie investieren gezielt in dieses. Ob man um diese Geräte herum allerdings unbedingt eine komplette Einbauküche benötigt muss jeder für sich entscheiden. Die zunehmend offene Bauweise der Küchen, ohne Trennwände zum Wohnraum, hat ebenfalls dazu beigetragen, dass Einbauküchen sehr beliebt wurden, da sie mit ihrem geschlossenen Charakter dem Wohnraum, an den sie grenzen, optisch eher gerecht zu werden scheinen, als einfache Küchen mit Einzelgeräten.

Wann benötigt man eine angemessene Einbauküche?

Diese Frage lässt sich ganz einfach beantworten: Wenn die Qualität der Kochkünste hoch ist oder man es fest vorhat, diese zu erlernen. Ansonsten tut es immer eine einfache Küchenausstattung.

Wie viel kostet eine angemessene Einbauküche?

Die Kosten einer Einbauküche richten sich zum einen nach der Qualität des gewählten Mobiliars und zum anderen nach der Qualität der gewählten Geräteinstallation. Eine angemessene Einbauküche mit relativ hochwertigen Geräteinstallationen ist meist nicht unter 8 000 bis 15 000 Euro zu haben, je nach Größe und Ausstattung und wenn sie vor Ort auch noch individuell eingepasst werden muss. Nach oben gibt es praktisch keine Grenzen und wenn man will, kann man für eine Einbauküche ganz schnell 20 000 oder 30 000 Euro loswerden – und mehr.

Welche Alternativen gibt es?

Eine Einbauküche ist eine relativ teure Anschaffung, die meist auch beim Auszug zurückgelassen werden muss. Nehmen Sie Ihre Koch-

Checkblatt
Einbauküche

künste ganz realistisch unter die Lupe und wägen Sie ab, ob es wirklich eine angemessene Investition ist. Auch eine einfache Küche mit Einzelgeräten kann sehr gemütlich sein und viel Geld sparen. Hinzu kommt, dass man gerade eine Einbauküche problemlos jederzeit nachrüsten kann, zum Beispiel wenn wieder mehr Geld in der Kasse ist. Schlechter essen werden Sie in der Zwischenzeit deswegen ganz sicher nicht ein einziges Mal.

Checkblatt

Hauseingang

Was ist ein vollständiger Hauseingang?

Ein vollständiger Hauseingang besteht aus folgenden Bauelementen:

- Zugangstreppe mit Unterkonstruktion und ggf. Auflage (zum Beispiel Granitauflage),
- Geländer oder auch ein eingelassenes Trittgitter auf dem obersten Treppenpodest zum Schuhe abstreifen,
- Außenlicht,
- Vordach mit sicherer Regenwasserabführung,
- Hausnummer,
- Klingel,
- Gegensprechanlage,
- Briefkasten und
- Haustür in ausreichender Qualität (Einbruchschutz, Schallschutz, Wärmeschutz).

In vielen Baubeschreibungen fehlen gleich mehrere dieser Elemente. Ein fehlendes Element kann ein preiswertes Element sein (etwa ein einfacher Briefkasten), es kann aber auch ein teures Element sein, wie zum Beispiel das Vordach oder auch die komplette Zugangstreppe samt Geländer.

Checkblatt
Hauseingang

Wann benötigt man einen vollständigen Hauseingang?

Gerade bei Neubauten ist von Anfang an ein vollständiger Hauseingang sinnvoll. Provisorische Treppen bringen Stolpergefahren mit sich, fehlende Trittgitter zum Schuhe reinigen bringen fortlaufend Dreck ins Haus, fehlende Vordächer sorgen für unangenehmen Regen auf den Schultern beim Schlüsselsuchen, das im Dunkeln ohne eine Beleuchtung ohnehin zum Ratespiel wird. Und auch wenn die Post keinen Briefkasten findet, kann das sehr unbequeme Folgen haben. Aber auch wenn aus irgendwelchen Gründen ein Arzt das Haus schnell finden muss und keine Hausnummer angebracht ist, wird das problematisch. Früher oder später benötigen Sie die Ausstattungselemente doch, da können Sie sie auch gleich mit in die Kalkulation aufnehmen.

Wie viel kostet ein vollständiger Hauseingang?

Sind die oben erwähnten Elemente nicht in der Bau- und Leistungsbeschreibung erwähnt, wird es ganz schnell teuer, alleine für Treppe, Geländer und Vordach zwischen 3 000 und 5 000 Euro, ggf. sogar mehr. Alleine eine qualitätvolle hochwertige und sichere Haustür kann mit 4 000 Euro und mehr Euro zu Buche schlagen. Daher sollten diese Dinge vor Unterzeichnung eines Kaufvertrages ganz klar bemustert sein und in die Baubeschreibung aufgenommen werden. Sonst drohen Ihnen alleine im Bereich Hauseingang für eigentlich selbstverständliche Dinge hohe Mehrkosten. An solchen Punkten bieten sich Ihnen durchaus auch Verhandlungsargumente, wenn der Bauträger oder Hausanbieter von „schlüsselfertig“ spricht, Sie aber faktisch mit ihrem Schlüssel im Dunkeln auf provisorischer Treppe im Regen stehen lässt. So bildlich können Sie es ihm darlegen und ihn um faire „Schlüsselfertigkeit“ bitten.

Welche Alternativen gibt es?

Auch bei der Ausstattung des Hauseingangs kann man natürlich zur Eigenleistung greifen. Ein Briefkasten ist schnell gekauft und montiert – denkt man. Wenn er aber auf einem Vollwärmeschurz montiert werden muss, benötigen Sie dafür Spezialdübel und

Checkblatt
Hauseingang

Montageplatten. Und dann läuft auf ihm möglicherweise das Regenwasser nicht ab und schon nach wenigen Wochen kommt es auf dem Vollwärmeschutz oberhalb des Briefkastens zu unschönen Verfärbungen. Auch das vergessene Außenlicht zwingt zur nachträglichen Durchbohrung der Außenwand, um das Kabel zu führen. Überlegen Sie sich gut, ob Sie hier wirklich sparen wollen oder nicht doch lieber vor Vertragsabschluss klar und hartnäckig verhandeln, um einen vernünftigen Preis für alle Ausstattungselemente rund um die Haustür herauszuholen.

Checkblatt

Terrassen und Balkone

Was sind angemessene Terrassen und Balkone?

Terrassen und Balkone werden bei Komplettangeboten von Häusern immer häufiger nur als Zusatzwunsch angeboten.

Terrassen werden in vielen Fällen grundsätzlich nicht mit angeboten, da sie dem Außenbereich zugeordnet werden, um den sich der Bauherr selbst kümmern muss. Das ist vor allem bei vielen Fertighausangeboten so. Bei Bauträgerangeboten fehlten sie häufig in der Baubeschreibung. Sind sie dort nicht erwähnt, ist sie auch nicht Bestandteil des Leistungsangebots. Wollen Sie eine Terrasse, dann muss sie entweder in die Leistungsbeschreibung mit aufgenommen werden oder Sie lassen sie von einem Dritten bauen. Enthalten Angebote Terrassen, sind es oft ganz einfache Konstruktionen: meist nur eine verdichtete Erdschicht mit Kiesbett, in dem die Terrassenplatten lose liegen (meist einfache Betonplatten 20 × 20 Zentimeter). Bodenplatten aus Beton als Gründung für Terrassen sind immer seltener; sie sind auch nicht unbedingt notwendig. Allerdings sollte eine Terrasse schon einige Grundanforderungen erfüllen. So sollte sie sich nicht setzen (das heißt nicht absacken – auch nicht einzelne Platten), zuverlässig das Wasser abführen und im Winter frostfest sein, das heißt der

Checkblatt

Terrassen und Balkone

Plattenbelag sollte bei Frost nicht reißen oder brechen. Gerade was die Setzung und die sichere Wasserabführung angeht, sind die heute angebotenen Konstruktionen – vor allem die Unterkonstruktionen – allzu oft nicht ausreichend qualitätvoll. Daher kann es durchaus sinnvoll sein, eine andere Ausführung zu wählen (⇢ Alternativen, Seite 134).

Bei Terrassen muss besonders der Unterbau vernünftig konstruiert sein, damit sie über lange Zeit gut nutzbar sind. Je nach Konstruktionsart muss das Erdreich dazu gut verdichtet werden, damit es nicht nachgeben kann, und mit einem leichten Gefälle versehen sein. Auf dieses Erdreich muss ein ausreichend hohes Kiesbett aufgebracht werden, in das dann Betonplatten verlegt werden. Diese sollten mit Abstandwinkeln versehen werden, damit sie sich untereinander nicht verschieben können. Eine Alternative ist das Einbringen eines Magerbetons als Untergrund, auf dem das Kiesbett oder auch ein Mörtelbett mit Fliesen aufgebracht werden kann. Bei Fliesen im Mörtelbett muss das Mörtelbett die Neigung mit nachvollziehen und die Fliesen müssen rutschfest und frostsicher sein. Alternativ kann man auch einen Terrassenboden aus Holzdielen fertigen und zum Beispiel eine Unterkonstruktion aus Metall als Tragkonstruktion wählen. Diese kann im Erdreich mit Betonfüßen verankert sein. Das Wasser kann dann zwischen den Bohlen ablaufen. Unterhalb der Bohlen muss dafür gesorgt werden, dass das Wasser schnell vom Haus weggeführt wird.

Balkone gibt es in den unterschiedlichsten Varianten. Wichtig bei einem Balkon ist, dass er wärmentkoppelt vom Haus konstruiert ist. Eher selten wird er separat vor das Haus gestellt. Üblich sind vorgehängte Balkone. Diese werden mit sogenannten Isolierkörben vom Haus weitestgehend wärmetechnisch getrennt. Balkone mit einem Belag sollten mit einer sicheren Wasserabführung versehen werden. Der Belag kann zum Beispiel ein Fliesenbelag im Mörtelbett sein oder lose Betonplatten im Kiesbett. Auch ein Holzbelag ist denkbar, sogar eine vollständige Holzkonstruktion des

Checkblatt

Terrassen und Balkone

Balkons. Welche Ausführung auch immer man wählt, wichtig ist auch beim Balkon, dass das Wasser sicher und schnell abgeführt wird. Das heißt also, dass der Belag und/oder die wasserführende Kieselschicht eine leichte Neigung vom Haus weg aufweist und die Balkonplatte grundsätzlich mit einer balkonumlaufenden Regenrinne ausgerüstet ist, mit Abführung in die Hauptrinne oder mit einem Wasserspeier mit ausreichendem Abstand zur Hauswand, sodass auch bei starkem Wind das Wasser nicht an der Hausfassade landet. Ferner benötigt jeder Balkon natürlich ein stabiles Geländer. Ein Tipp ist hierbei, kein Geländer mit Horizontalstreben zu wählen, da Kinder das gerne als Leiter nutzen, sondern Vertikalstreben zu wählen, mit einem Abstand der Streben untereinander von nicht mehr als 12 Zentimeter – dann passt auch der Kopf eines Kleinkindes nicht hindurch. Für öffentliche Gebäude gibt es hierzu sogar Vorschriften.

Das Thema Beleuchtung von Terrassen und Balkonen finden Sie im **Checkblatt Elektroausstattung** (→ Seite 88).

Wann benötigt man angemessene Terrassen und Balkone?

Eine angemessene Terrassen- und Balkonausstattung benötigt man, um Folgeschäden zu vermeiden, deren Instandsetzung meist teuer ist. Einer der häufigsten Folgeschäden ist die Setzung der gesamten Terrasse oder einzelner Platten. Ein anderer häufiger Folgeschaden ist, dass das Wasser nicht korrekt abfließt und im ungünstigsten Fall vor der Hauswand stehen bleibt oder sogar in diese eindringt und Schäden verursacht. Häufig sind auch Frostschäden, gerade wenn Fliesen im Außenbereich in ein Mörtelbett gelegt werden.

Bei Balkonen ist ein häufiges Ärgernis ebenfalls, dass das Wasser nicht sauber im Gefälle abfließt, dass umlaufende Ablaufrinnen fehlen oder nicht sauber gearbeitet sind. Dann kann das Wasser nicht sauber abfließen. Häufig ist auch das Geländer ungünstig an

Checkblatt
Terrassen und Balkone

die Balkonplatte montiert, sodass es sogar dem Wasserablauf im Weg sein kann. Unverzinkte Elemente rosten zudem sehr schnell.

Wie viel kosten angemessene Terrassen und Balkone?

Bei Fertighausanbietern, in deren Hausangeboten Terrassen und Balkone nicht in der Basisausführung enthalten sind, können Sie die Mehrkosten meist sehr einfach erfragen. Für eine kleinere Terrasse sollten Sie zwischen 1800 und 2500 Euro kalkulieren, für einen kleinen Balkon zwischen 3000 und 5000 Euro Zusatzkosten – je nach Ausführung auch mehr. Ist die Ausführung sehr aufwändig, kann es auch noch teurer werden.

Welche Alternativen gibt es?

Eine Terrasse können Sie durchaus in Eigenleistung erstellen, wenn Sie handwerklich geschickt sind und den Garten ohnehin selbst anlegen wollen. Das kann eine Option sein, wenn die Terrasse nicht im Leistungsumfang des Hausanbieters enthalten ist. Ferner können Sie zunächst eine kleine Terrasse anlegen, eine Art Austritt in den Garten und später einmal, wenn wieder etwas Geld in der Kasse ist, die Terrasse ausbauen.

Balkone können Sie kaum in Eigenleistung herstellen. Wenn das Geld sehr knapp ist. kann es sinnvoll sein, zunächst auf den Balkon zu verzichten. In einem solchen Fall kann man eine spätere Nachrüstung vorbereiten. Dazu ist es vor allem wichtig, dass die bodentiefen Fenstertüren, die später als Balkontüren auf den Balkon führen sollen, von Anfang an eingebaut werden. Man kann diese zunächst als sogenannte französische Fenster ausführen. Das sind Fenstertüren, die bis auf den Boden reichen, aber vor denen direkt an der Außenfassade ein Geländer bis auf Brüstungshöhe montiert ist. Ist dieses Geländer abschraubbar, können Sie später einmal, wenn Sie einen Balkon vor das Haus gestellt haben, einfach die Geländer demontieren und haben so ganz einfach den Balkonzugang geschaffen.

Checkblatt

Außenanlagen

Was sind Außenanlagen?

Unter Außenanlagen versteht man nicht nur die Anlage des Gartens mit Aufschüttung von Mutterboden, Geländemodellierung und Grünpflanzungen, sondern auch die Anlage aller Zuwege zum Haus, Fahrzeugzufahrt und Fahrzeugstellplatz sowie einen Zaun. Manchmal gehören dazu auch Dinge wie zum Beispiel die Installation einer externen Regenwasserzisterne, wenn das gewünscht ist.

Wann benötigt man Außenanlagen?

Außenanlagen benötigt man eigentlich von Anfang an, wenn man das Haus sicher und schmutzfrei erreichen und ein Fahrzeug sicher abstellen will, ohne dass Öl ins Erdreich gelangen kann. Erst dann kommen Aspekte wie Terrasse und Garten. Gerade bei Neubauten wird man es sehr schätzen, wenn zumindest die notwendigsten Außenanlagen schnell erstellt sind, damit man nicht fortlaufend Dreck ins Haus trägt.

Wie viel kosten Außenanlagen?

Bei den Außenanlagen kann man unterscheiden zwischen den Wegen, einer Auffahrt und einem Abstellplatz für das Fahrzeug, dem Zaun sowie der Anlage des Gartens selbst (mit Geländemodellierung, Mutterboden, Rasensaat, Bepflanzung). Die Terrasse wird im **Checkblatt Terrassen und Balkon** (→ Seite 131) separat behandelt. Für Zuwege, Stellplatz und Zaun sollten Sie mit zumindest 3 500 bis 5 000 Euro rechnen, je nach Ausmaß der benötigten Wege und Flächen. Für den Garten wird es meist deutlich teurer. Wenn er professionell angelegt werden soll, können Sie nicht unter 8 000 bis 10 000 Euro kalkulieren, es sei denn, es ist ein wirklich sehr kleiner Reihenhausgarten.

Welche Alternativen gibt es?

Für die Anlage von Wegen, Stellplätzen und Zaun benötigt man handwerkliches Geschick und Erfahrung. Denn dabei muss Untergrund verdichtet werden, ein sauberes Kiesbett oder sogar eine

Checkblatt

Außenanlagen

Magerbetonschicht ausgebracht werden, damit der Oberbelag später stabil hält und sich nicht fortlaufend in der Fläche oder an einzelnen Punkten setzt. Wenn man es selbst versuchen will, empfiehlt es sich, zunächst mit einer kleinen Aufgabe anzufangen, zum Beispiel dem Zuweg zum Haus, bevor man größere Flächen in Angriff nimmt.

Wenn man Spaß und Interesse an Gartenarbeit hat, kann man auch einen kompletten Garten selbst anlegen. Das ist aber nicht ganz einfach. Überlegen Sie sich, in einem Teilbereich Ihres Gartens einen „Testlauf“ zu machen, bevor es gleich an den gesamten Garten geht.

Checkblatt

Garage

Was ist eine angemessene Garage?

Eine angemessene Garage ist eine vollumschlossene Garage mit Bodenplatte, festen Seitenwänden und verschließbarem Garagentor. Auch ein Licht- und Stromanschluss sollte zur Ausstattung gehören.

Eine angemessene Garage dient dem Schutz und Werterhalt eines Fahrzeugs. Ferner ist es komfortabel, wenn man im Winter das Fahrzeug nicht erst vom Schnee räumen oder die Scheiben freikratzen muss. Wenn der Wert eines Autos geringer ist (und das auch künftig so bleiben soll) als der Kaufpreis einer Garage und der Wertverfall ohnehin sehr hoch ist (zum Beispiel weil es ein gebrauchtes Fahrzeug ist), dann sollten Sie sich überlegen, ob sich die Investition lohnt. Allerdings übernimmt eine Garage meist noch Nebenfunktionen: Ob Fahrräder oder Rasenmäher, manches lässt sich dort zusätzlich unterbringen. Ausgestattet mit Licht und Strom kann eine Garage auch zur temporären Werkstatt werden.

Checkblatt
Garage

Immer häufiger werden als Alternative Carports angeboten, die nur geringen Schutz für das Fahrzeug bietet. In der Regel handelt es sich bei Carports um einfache Holz- oder Metallkonstruktionen, meist eine Art Ständerkonstruktion, die ein sehr einfaches Dach trägt. Schon die Wasserabführung vom Dach (meist ein Flachdach) ist nicht immer sauber gelöst.

Ein Carport bewahrt ein Fahrzeug auch nicht vor Außenfrost. Er kann im wesentlichen Schatten spenden und vor Regen und vor allem Hagelschlag schützen. Mehr nicht. Meist ist das viel Geld für relativ wenig Schutzfunktion.

Garagen sind sehr häufig nicht im Leistungsumfang von Bauträgern, Generalunternehmern oder Fertighausanbietern enthalten, sondern müssen zusätzlich erworben werden.

Wann benötig man eine angemessene Garage?

Wenn Sie ein hochwertiges Fahrzeug besitzen, benötigen Sie eine Garage nach Möglichkeit von Anfang an. Handelt es sich um ein gebrauchtes, älteres Model und ziehen Sie im Frühjahr oder Sommer ins Haus, kann die Garage auch noch warten.

Wie viel kostet eine Garage?

Für eine angemessene Garage sollte man mit Kosten von 6 000 bis 10 000 Euro rechnen. Für dieses Geld erhalten Sie einfache, aber ausreichende Fertiggaragen. Möchten Sie etwas Aufwändigeres oder eine Doppelgarage, wird es deutlich teurer.

Allerdings verlangen viele Bauträger oder Generalunternehmer schon für einfache Carports Aufpreise zwischen 8 000 und 12 000 Euro und mehr. Ob man so viel Geld für eine einfache Holzkonstruktion investieren will, die dem Fahrzeug nur mäßigen Schutz bietet, ist fraglich.

Checkblatt

Garage

Welche Alternativen gibt es?

Bei Bauträgerangeboten ist häufig das Problem, dass nicht neben jedem Haus eine Garage gebaut werden kann, da es sich meist um Reihenhäuser handelt. Daher werden häufig Sammelgaragen oder Sammelparkplätze eingerichtet und Sie können nicht immer frei entscheiden, ob Sie eine Garage oder einen Carport haben wollen. Gemäß den Landesbauordnungen muss ein Bauträger pro Haus auch nur einen Pkw-„Stellplatz" nachweisen, keine Garage und keinen Carport.

Wenn das Geld sehr knapp ist, können Sie zunächst auf eine Garage verzichten. Möglicherweise lässt sich in Ihrer Nachbarschaft für kleines Geld vorübergehend ein geschützter Stellplatz anmieten. Wenn Sie dafür 50 oder 80 Euro Miete im Monat zahlen, selbst wenn es 100 Euro sind, könnten Sie zehn Jahre lang Miete zahlen, bevor Sie den Kostenrahmen einer Garage erreichen würden.

Und eine zukunftsorientierte Alternative kann natürlich auch sein, ganz auf ein Fahrzeug zu verzichten, wenn Ihnen dies möglich ist. Das spart nicht nur die Garage, das spart auch Anschaffung sowie Unterhalt und entlastet die Umwelt. Da es immer mehr Car-Sharing-Angebote gibt – möglicherweise auch in Ihrer Nähe –, ist das eine Option, die man sich näher ansehen kann.

Checkblatt

Sonderwünsche

Was sind Sonderwünsche?

Neben den in den einzelnen Checkblättern aufgeführten Kostenfallen gibt es beim Bauen immer auch das Problem, dass man Sonderwünsche hat, die die Baukosten in die Höhe treiben können. Es soll dann doch noch ein „Schwedenofen“, ein Kachelofen oder ein offener Kamin sein, wenn man schon mal baut. Die Kosten, die aus exquisiten Sonderwünschen wie einem Kamin oder einer Heimsauna resultieren, die man für ein übliches Haus zunächst nicht benötigt, können in diesem Ratgeber nicht berücksichtigt werden.

Sonderwünsche sind aber nicht automatisch exquisite Wünsche, denn der Bauträger, Generalunternehmer oder Fertighausanbieter wird darunter grundsätzlich alle Wünsche verstehen, die nicht in seiner Bau- und Leistungsbeschreibung enthalten sind und wird Sie in der Regel dafür auch zur Kasse bitten.

Wann benötigt man Sonderwünsche?

Mit den Fragebögen am Anfang dieses Buches (ab Seite 44) können Sie Ihren Bedarf an Sonderwünschen ergründen, denn mit diesen Bögen fragen Sie ja eine gewisse Vollständigkeit der Bau- und Leistungsbeschreibung direkt bei Ihrem Hausanbieter ab. Einige der Punkte würden Sie vielleicht sogar als selbstverständlich zu erbringende Leistung ansehen und wären überrascht, wenn diese nicht im Basispreis enthalten wären. Die in den Fragebögen und Checkblättern aufgeführten Punkte sind auch jene, die zunächst wirklich wichtig sind und abgefragt werden müssen. Darüber hinausgehende Punkte sind meist speziellere Sonderwünsche, die nicht immer zwingend und notwendigerweise für ein vollständiges Angebot berücksichtigt werden müssen. Wohingegen Sie andere Sonderwünsche, wie zum Beispiel einen Dachboden, auf dem Sie auch Dinge lagern können, evtl. dringend benötigen und eigentlich auch davon ausgegangen sind, dass das gar kein Sonderwunsch ist und selbstverständlich geliefert wird.

Checkblatt
Sonderwünsche

Wie viel kosten Sonderwünsche?

Die Kosten der notwendigen Sonderwünsche finden Sie in den jeweiligen Checkblättern dieses Ratgebers. Kosten von eher speziellen Sonderwünschen müssen Sie bei Ihrem Hausanbieter jeweils abfragen. Aber auch diese sollten vor Vertragsunterzeichnung klar auf den Tisch kommen. Denn auch sie sind geeignet, Kosten in die Höhe zu treiben, obwohl sie normalerweise schlicht überflüssig sind.

Welche Alternativen gibt es?

Überflüssige Sonderwünsche sollten ergründet und generell hinterfragt werden, vor allem dann, wenn sie die Baukosten stark nach oben treiben. Sonst kommt der Punkt, an dem Bauen auch deswegen sehr unwirtschaftlich werden kann, weil die investierten Kosten im Falle eines Wiederverkauf des Hauses nie mehr zu erlösen wären. Ein Luxusheim in falscher Lage ist nichts weiter als eine Finanzruine, so exklusiv das Haus selbst auch sein mag. Aber auch ein durchschnittliches Haus mit allzu aufwändiger Ausstattung in durchschnittlicher Lage kann ein Kostengrab werden.

Neubau-Eigentumswohnung vom Bauträger

Bei Neubau-Eigentumswohnungen, die von einem Bauträger gekauft werden, sind zusätzlich die nachfolgenden Checkblätter zu beachten.

Checkblatt

Kellerabteil

Was ist ein angemessenes Kellerabteil?

Wenn Sie von einem Bauträger eine Eigentumswohnung kaufen, werden Sie üblicherweise nur ein Kellerabteil erhalten. Ein angemessenes Kellerabteil sollte nach Möglichkeit vollständig geschlossen sein. Ein reiner Lattenverschlag ist eine sehr dürftige Ausführung. Ein Kellerabteil sollte ferner einen unabhängigen Stromanschluss für Beleuchtung und Steckdose haben, der über Ihren Stromzähler läuft. Wünschenswert ist ferner ein sicheres Schließsystem, sodass Sie mit Ihrem Wohnungsschlüssel auch durch alle übrigen gemeinschaftlichen Türen des Hauses gelangen. Sonst haben Sie am Ende einen Lattenrostverschlag mit Vorhängeschloss.

Wichtig ist, dass in Ihrem Kellerabteil keine Ventile von Rohrführungen sitzen, über die die zentrale Versorgung des Hauses abgestellt werden können. Es kann Ihnen sonst passieren, dass man Ihren Keller aufbrechen muss, wenn man Sie nicht erreicht, weil man beispielsweise bei einem Rohrbruch das Wasser abstellen muss.

Ein hochwertiges Kellerabteil hat neben geschlossenen Wänden auch ein eigenes Fenster für natürliche Belichtung und Belüftung.

Fast kein Keller, den Bauträger von Neubau-Wohnungen anbieten, ist beheizt. Das muss ein Keller auch nicht sein. Es empfiehlt sich dann nur, dass Sie dort keine bedeutsamen Kleidungsstücke, Textilien oder Ledersachen einlagern.

Checkblatt
Kellerabteil

Wann benötigt man ein angemessenes Kellerabteil?

Der Keller ist ein wichtiger Lagerraum. Neben den oben beschriebenen Ausstattungsdetails spielt daher auch seine Größe eine wichtige Rolle. Gemäß den Landesbauordnungen muss sogar innerhalb einer Wohnung ein Stauraum von zumindest 1,5 Quadratmeter Fläche vorhanden sein. Das reicht aber gerade mal für kleine Dinge wie Bügelbrett oder Wäscheständer. Wollen oder müssen Sie größere Gegenstände sicher einlagern, benötigen Sie einen Keller. Auch für viele Lebensmittel, die besser dunkel und kühl gelagert werden, wie zum Beispiel Obst, ist ein Keller sehr nützlich. Pro Person sollten Sie mindestens mit 4 Quadratmeter Keller kalkulieren. 2 Personen kommen mit 8 Quadratmeter aus und 5 Personen benötigen um die 20 Quadratmeter, die es aber fast nie gibt. Alles andere sind aber eher bauliche Notlösungen als angemessene Kellergrößen.

Wie viel kostet ein Kellerabteil?

Die Kosten des Kellers sind fast immer im Preis einer Wohnung enthalten. Was nicht enthalten ist, ist natürlich ein angemessener Keller, der geschlossene Wände hat und eine vollwertige Kellertür. Nicht immer kann ein solcher Wunsch erfüllt werden, weil der Keller insgesamt ein gemeinschaftlicher Bereich der Wohnanlage ist und die einzelne Kellerparzelle häufig nur mit einem Sondernutzungsrecht versehen wird. Ist die Kellerparzelle aber auch Sondereigentum, kann man mit dem Bauträger natürlich darüber sprechen, ob die Kellerparzelle nicht komplett geschlossen werden kann. Die Mehrkosten dafür liegen in den Kosten für die Umfassungswände und eine vollwertige Tür, also – je nach Größe – zwischen ca. 800 und maximal 2 000 Euro.

Welche Alternativen gibt es?

Bei Bauträgerobjekten – und das sind neue Eigentumswohnungen, die am Immobilienmarkt angeboten werden fast immer – gibt es keine Alternativen.

Checkblatt

Kellerabteil

Sie können aber überlegen, mit zukünftigen Nachbarn eine Kellerparzelle zu tauschen. Oder Sie mieten von einem Nachbarn eine zusätzliche Parzelle oder in der Nähe des Hauses einen weiteren Kellerraum an.

Checkblatt

Aufzug

Was ist ein angemessener Aufzug?

Ein angemessener Aufzug richtet sich immer nach dem Bedarf – das heißt nach der benötigten Größe, Tragkraft und evtl. Barrierefreiheit. Aufzugshersteller und -modell legt üblicherweise der Bauträger fest. Sie haben da eher wenige Einflussmöglichkeiten. Wichtig ist nur, dass Sie zumindest wissen, welche Größe und Traglast der Aufzug haben wird und ob er **barrierefrei** gemäß **DIN 18040** ist. Außerdem sollte Sie wissen, wo die **Notrufschaltung** des Aufzugs aufgeschaltet ist. Denn wenn Sie an einem Sonntagnachmittag im Aufzug stecken bleiben, sollten Sie selbstverständlich jemanden erreichen, der Sie aus dem Aufzug befreien kann. Und diese Person muss auch in das Haus selbst gelangen können. Denn wenn außer Ihnen niemand da ist, haben Sie sonst das nächste Problem: Der Aufzugsmonteur steht vor der Tür kann aber nicht zu Ihnen gelangen.

Wann benötigt man einen angemessenen Aufzug?

Einen Aufzug benötigt man gemäß Landesbauordnungen meist dann, wenn das geplante Gebäude mehr als fünf Geschosse hat. Aufzüge werden heute allerdings oft schon bei Gebäuden ab vier Geschossen eingebaut.

Zwingend notwendig sind Aufzüge, wenn ein Wohnungsangebot als „barrierefrei“ beworben wird. Dann sollte nicht nur der Aufzug den Kriterien der **DIN 18040** entsprechen, sondern auch der gesamte Zugang zum Aufzug, das gilt auch für den Zugang von der

Checkblatt

Aufzug

Tiefgarage. Falls Sie an einem barrierefreien Objekt interessiert sind, lassen Sie sich in der Baubeschreibung schriftlich bestätigen, dass das Objekt alle Anforderungen der **DIN 18040** erfüllt. Dann haben Sie sich sehr einfach mit einem Satz umfassend abgesichert.

Wie viel kostet ein angemessener Aufzug?

Ein angemessener Aufzug kostet eine höhere fünf- bis sechsstellige Summe. Außenaufzüge, zum Beispiel an Laubengängen, die dauerhaft jeglicher Witterung ausgesetzt sind, müssen aufwändig und teuer geschützt werden.

Neben den Anschaffungskosten ist vor allem auch der Aufzugsbetrieb teuer. Sie können von ganz normalen Wartungs- und technischen Prüfkosten von 3 000 Euro pro Jahr selbst für einen kleineren Hausaufzug ausgehen.

Welche Alternativen gibt es?

Zu Aufzügen gibt es wenige Alternativen, wenn man auf sie angewiesen ist. Soweit Sie in einem Haus ohne Aufzug eine barrierefreie Wohnung kaufen wollen, bleibt als Alternative nur der Erwerb einer Erdgeschosswohnung samt ebenerdigem Kfz-Stellplatz. Besuche bei Hausnachbarn in oberen Etagen bleiben nur schwer möglich.

Checkblatt

Tiefgaragenstellplatz

Was ist ein angemessener Tiefgaragenstellplatz?

Häufig erwirbt man mit einer Wohnung nur einen ebenerdigen Stellplatz, den man auch nicht später einfach überdachen kann, da er meist Teil einer Gesamtparkierungsanlage ist. Manchmal werden aber auch Tiefgaragenstellplätze mit verkauft oder separat zum Kauf angeboten. Wenn man eine Wohnung vom Planentwurf weg kauft ist allerdings Vorsicht geboten, damit man am Ende nicht ei-

Checkblatt
Tiefgaragenstellplatz

nen allzu komplexen Parkplatz für allzu viel Geld erwirbt. Ein angemessener Tiefgaragenstellplatz ist ein solcher, in den man gut ein- und ausfahren kann und auf dem das Fahrzeug sicher und mit ausreichend Abstand zu den Nachbarfahrzeugen. steht.

Die zunehmend aufkommenden **„Doppelparker"-Systeme** haben dagegen gravierende Nachteile. Bei diesen Systemen werden zwei Fahrzeuge auf einer Hebebühnenanlage übereinander geparkt. Die Fahrzeuge können nicht unabhängig voneinander bewegt werden, sondern bei Ein- und Ausfahrten nur ein Fahrzeug nach dem anderen. Man muss auch jedes Mal auf ein relativ enges Metallgestell auffahren, was Manövrierkunst verlangt. Und schließlich fällt vom oberen Fahrzeug unter Umständen viel Schmutz auf das untere Fahrzeug, vor allem im Winter bei Schneematsch. Wenn Sie also den Begriff „Doppelparker" oder ähnliches in der Baubeschreibung lesen, sollten Sie wachsam sein und genauer nachfragen.

Eine Tiefgarage benötigt ein sicher schließendes Tor und eine (auch im Winter) problemfrei zu befahrende Rampe. Reine Rolltore sind deutlich anfälliger als Sektionaltore oder Kipptore. Wichtig ist in jedem Fall eine Tor-Öffnungsmöglichkeit per Hand, falls der Elektromotor doch einmal streikt und man dringend mit dem Fahrzeug weg muss. Sinnvoll ist auch eine leicht geriffelte Fahrbahnoberfläche der Einfahrtsrampe mit nicht zu steilem Neigungswinkel und zu großem Kurvenradius. Denn sonst kann es im Winter schwierig werden, die Tiefgarage zu verlassen.

Wann benötigt man einen angemessenen Tiefgaragenstellplatz?

Stellplätze sind gemäß den Landesbauordnungen vorgeschrieben. Üblicherweise benötigt jede Wohnung zumindest einen Stellplatz. Dieser muss kein Tiefgaragenstellplatz sein, sondern kann auch ein ebenerdiger Freiluftstellplatz sein. Häufig ist aber der Baugrund so teuer, dass Bauträger den Grund und Boden nicht für Parkplätze verschwenden wollen, sondern diese lieber unter die Erde packen. Zwar ist eine Tiefgarage eines der teuersten Bauteile

Checkblatt
Tiefgaragenstellplatz

eines Hauses, aber es lohnt sich trotzdem, wenn so insgesamt mehr Wohnraum errichtet werden kann. Im Gegensatz zu Freiluftstellplätzen haben Tiefgaragenstellplätze zumindest den großen Vorteil, dass Sie im Winter kein Eis von den Scheiben kratzen müssen, im Sommer schattig parken können und das Fahrzeug das ganze Jahr über geschützt steht.

Achten Sie darauf, dass Ihr Stellplatz in der Tiefgarage einfach anfahrbar ist.

Wie viel kostet ein Tiefgaragenstellplatz?

Manchmal werden Tiefgaragenstellplätze separat von der Wohnung verkauft. Werden diese Plätze separat ausgewiesen, liegen ihre Kosten meist zwischen 8 000 und 15 000 Euro. Selbst wenn Sie kein Auto haben und die Wahl hätten, ob Sie einen Tiefgaragenstellplatz mit erwerben oder nicht, sollten Sie sich das gut überlegen, denn ein Tiefgaragenstellplatz steigert den Wert der Wohnung und macht sie einfacher wiederverkäuflich. Wenn Sie den Stellplatz nicht nutzen, können Sie ihn auch weitervermieten, zum Beispiel an Nachbarn mit Zweitfahrzeug. Wichtig ist nur, dass Sie die Zusatzkosten für den Ankauf eines Stellplatzes – soweit solche dafür anfallen – von vornherein kennen und nicht von ihnen überrascht werden. Daher sollte der Stellplatz explizit in der Bau- und Leistungsbeschreibung aufgenommen sein, wenn er auch im Kaufpreis enthalten ist.

Welche Alternativen gibt es?

Der Verzicht auf einen Tiefgaragenstellplatz ist nur dann sinnvoll, wenn Sie kein Auto haben und auch langfristig keines wünschen. Eine andere Alternative ist die bereits benannte, den Stellplatz zwar zu kaufen, ihn aber anschließend weiterzuvermieten, um die Investitionskosten wenigstens etwas abzumildern. Schließlich können Sie auch überlegen, Ihren Stellplatz der Wohnungseigentümergemeinschaft zu vermieten, als dauerhaften Gästeparkplatz oder als Parkplatz für Fahrräder in der Tiefgarage.

Checkblatt

Außenanlagen Eigentumswohnung

Was sind Außenanlagen einer Eigentumswohnung?

Außenanlagen wurden bereits im **Checkblatt Außenanlagen** (Seite 135) näher beleuchtet. Beim Kauf einer neuen Eigentumswohnung vom Bauträger kommen allerdings einige Dinge hinzu. Denn im Gegensatz zu einem Hauskäufer können Sie die Grünanlagen rund ums Haus nicht alleine gestalten. Das werden Sie auch gar nicht wollen, denn mit dem Kauf einer Eigentumswohnung entscheiden Sie sich ja vielleicht sogar bewusst gegen einen Garten.

Zu den Außenanlagen einer Eigentumswohnung gehören Zugänge, Zufahrten (u. a. Tiefgaragenzufahrten), Stellplätze (auch für Fahrräder und Mülltonen) sowie Grünflächen (häufig auch auf Tiefgaragen). Zunächst sollte man klären, ob die Grünanlagen im Wesentlichen gemeinschaftliches Eigentum sind oder ob sie in Form von Sondernutzungsrechten den Eigentümern der Erdgeschosswohnung zugeteilt sind. Ist letzteres der Fall, müssen sich in aller Regel auch die Bewohner der Erdgeschosswohnungen um die Grünanlagen kümmern. Handelt es sich bei den Grünanlagen um gemeinschaftliches Eigentum, muss sich auch die gesamte Wohnungseigentümergemeinschaft darum kümmern. Zwei übliche Modelle gibt es dafür. Beim ersten Modell wird ein externer Gärtner durch die Wohnungseigentümergemeinschaft mit der Pflege beauftragt. Beim zweiten kann auch ein Miteigentümer damit beauftragt werden und dafür von der Wohnungseigentümergemeinschaft ein kleines Entgelt bekommen. Sind noch nicht alle Wohnungen verkauft und ist möglicherweise auch noch kein Wohnungseigentumsverwalter bestellt, kann es in beiden Fällen problematisch werden. Die Erstbepflanzung der Grünanlagen, die durch die Bau- und Leistungsbeschreibung zwar zugesichert ist, kann eingehen, weil sich niemand um deren Pflege kümmert oder Sie dies alleine oder gemeinsam mit den ersten Nachbarn tun müssen. Im ungünstigsten Fall muss die Wohnungseigentümergemeinschaft eine Bepflanzung kostenintensiv wiederholen, wenn alle Wohnungen verkauft sind und ein Wohnungseigentumsverwalter bestellt ist.

Checkblatt
Außenanlagen Eigentumswohnung

Wie viel kosten Außenanlagen?

Im Grundpreis einer Neubau-Eigentumswohnung vom Bauträger sind üblicherweise die Zuwege, Zufahrt und manchmal auch die Müllstellplätze im Preis enthalten. Eher selten gibt es Fahrradstellplätze. Überdachte und geschützte noch seltener. Und auch, ob eine Erstbepflanzung der Grünanlagen enthalten ist, kann man nur an Hand der Bau- und Leistungsbeschreibung prüfen. Fast nie ist allerdings eine sogenannte „Anpflege" enthalten, das heißt eine Pflege nach Anpflanzung, damit sichergestellt ist, dass die Grünanlagen auch die erste Phase überstehen, gerade wenn es noch keinen WEG-Verwalter und Gärtner gibt, der sich darum kümmern kann. Muss aufgrund solcher Tatsachen eine Zweitbepflanzung erfolgen, kann es teuer werden. Selbst bei kleinen Außenanlagen sollte man dabei nicht unter 8 000 bis 10 000 Euro kalkulieren. Bei größeren Anlagen – zum Beispiel inklusive Bepflanzung ganzer Tiefgaragendächer – fallen deutlich höhere Summen an. Das kann bei größeren Anlagen sogar sechsstellig werden.

Welche Alternativen gibt es?

Eine Alternative wurde bereits benannt. Das ist die Möglichkeit, dass die Erstbepflanzung in die Hände der Bewohner der Erdgeschosswohnungen gelegt wird und diese auch die Anpflege übernehmen. Dann ist üblicherweise gewährleistet, dass das funktioniert. Eine zweite Alternative kann sein, dass der Bauträger die Erstbepflanzung und die Anpflege so lange übernimmt, bis die Wohnungseigentümergemeinschaft das selbst erledigen kann. Eine dritte Alternative ist, mit der Bepflanzung zu warten, bis sich die Wohnungseigentümergemeinschaft konstituiert hat und ein Wohnungseigentumsverwalter bestellt ist, der sich dann darum kümmern kann. Der Bauträger könnte die Grünbepflanzung also einfach zeitversetzt vornehmen. Oder, als vierte Variante, könnte der Bauträger die Gelder für die Grünbepflanzung der Wohnungseigentümergemeinschaft überlassen, um sie in Eigenregie durchzuführen.

Praxisbeispiel 1
Analyse der Kostenfallen beim Kauf eines neuen Reihenhauses vom Bauträger

Familie Schmidt möchte ein neues Reihenhaus vom Bauträger kaufen. Sie hat den Fragebogen zur Baubeschreibung von der Internetseite der Verbraucherzentrale heruntergeladen und als Papierausdruck (→ Seite 44 ff.) ihrem Bauträger postalisch zugesandt, mit der Bitte um kurze Beantwortung der Fragen. Der Bauträger hat ihn ausgefüllt und zurückgeschickt. Demnach sind folgende Leistungen **nicht** im Angebot des Bauträgers enthalten:

- angemessene Elektroausstattung
- angemessener Schallschutz
- angemessener Einbruchschutz
- angemessener Dachboden zum Lagern
- angemessene Kellerkonstruktion
- angemessene Kellerausstattung

Familie Schmidt sieht sich nun mit Hilfe der Checkblätter in diesem Buch die möglichen Mehrkosten genauer an. Demnach wird eine zusätzliche, fünfstellige Summe auf sie zukommen. Sie erschrickt zunächst und überlegt dann, welche Leistungen sie von diesen bislang noch nicht erfassten unbedingt benötigt. Folgende Leistungen benötigt sie auf alle Fälle noch vom Bauträger:

- angemessene Elektroausstattung
- angemessenen Schallschutz
- angemessenen Einbruchschutz
- angemessene Kellerkonstruktion

Das Reihenhaus selbst sollte eigentlich 320 000 Euro kosten. Dazu kämen Nebenkosten von ca. 10 Prozent, also noch einmal etwa 32 000 Euro. Ferner kämen mindestens weitere 10 000 Euro für Elektroausstattung, Schallschutz und Einbruchschutz hinzu. Und sollte der in der Bau- und Leistungsbeschreibung beschriebene Grund und Boden nicht angetroffen werden und ein anderer Keller notwendig werden, wären weitere ca. 15 000 Euro fällig. Das Reihenhaus würde dann alles in allem satte 377 000 Euro kosten.

Diese Kosten sind noch sehr hoch, vor allem wegen des Kostenrisikos des Kellers, das der Bauträger vollständig dem Bauherrn überträgt. In der Bau- und Leistungsbeschreibung steht hierzu ein klarer Vorbehalt. Der Hauspreis gilt nur, wenn bestimmte Bodenverhältnisse angetroffen werden. Ein Bodengutachten indessen existiert nicht.

Familie Schmidt will das Problem jetzt erst einmal mit dem Bauträger besprechen und nach Lösungen suchen, wie die Kostenunsicherheiten besser in den Griff zu bekommen sind. Vor allem das Kostenrisiko des Kellers ist Familie Schmidt viel zu hoch. Erst wenn dieses Risiko vertraglich ausgeschlossen werden kann, will sie mit ihrer Bank konkreter zum benötigten Kreditvolumen sprechen und die Baufinanzierungsüberlegungen durch die Verbraucherzentrale noch einmal überprüfen lassen.

Ob sich Familie Schmidt das Häuschen letztendlich leisten kann, weiß sie noch nicht. Keinesfalls aber möchte sie es kaufen, wenn es bei diesem Kostenrisiko bleibt und das Geld im schlimmsten Fall einfach nicht mehr reicht.

Praxisbeispiel 2
Analyse der Kostenfallen beim Kauf einer neuen Eigentumswohnung

Felix Müller möchte eine neue Eigentumswohnung vom Bauträger kaufen. Er hat den Fragebogen zur Baubeschreibung aus diesem Ratgeber von den Internetseiten der Verbraucherzentrale heruntergeladen, ausgedruckt und seinem Bauträger per Post zugesandt (⇢ Seite 47 ff.), mit der Bitte um kurze Beantwortung. Demnach sind folgende Punkte nicht im Angebot des Bauträgers enthalten:

- angemessene Badausstattung
- angemessene Elektroausstattung
- angemessener Einbruchschutz
- Balkonbodenbelag
- Außenanlagen

Felix Müller kann nun an Hand der Checkblätter in diesem Buch mögliche Mehrkosten näher angesehen. Nach Prüfung kommt er zu dem Schluss, dass er zumindest folgende Leistungen seitens des Bauträgers noch benötigt:

- angemessene Badausstattung
- angemessene Elektroausstattung
- angemessener Einbruchschutz

Die Kosten für diese Leistungen liegen insgesamt im fünfstelligen Bereich. Felix Müller fragt die voraussichtlichen Kosten dieser Leistungen aber auch noch einmal schriftlich beim Bauträger ab, um ganz sicher zu gehen. Dieser teilt ihm mit, dass die zusätzlichen Wünsche mit 12 000 Euro zu Buche schlagen werden. Erst nachdem er auch diese Kosten noch schriftlich benannt bekommen hat und nachdem die zusätzlichen Leistungen auch schriftlich in die Bau- und Leistungsbeschreibung aufgenommen wurden, weiß er, dass der Kauf der Eigentumswohnung zwar deutlich teurer wird als gedacht, aber zumindest seinen finanziell gesetzten Rahmen noch nicht sprengt. Er weiß aber auch, dass die Kosten der

Außenanlagen noch auf ihn zukommen werden, spätestens wenn die Wohnungseigentümergemeinschaft darüber abstimmt. Die Wohnung sollte eigentlich 179 000 Euro kosten. Nun kommen noch 12 000 Euro hinzu und die Außenanlagen müssen bezahlt werden. Der Bauträger schätzt diese auf insgesamt 28 000 Euro. Macht pro Eigentümer (im Haus sollen einmal 10 Eigentümer leben) noch einmal 2 800 Euro. Wenn Felix Müller alles zusammenzählt, also Kaufpreis, übliche Nebenkosten (ca. 10 % vom Kaufpreis, entspricht etwa 18 000 Euro) und zusätzliche Kosten, landet er bei satten 211 800 Euro. Das hört sich plötzlich ganz anders an. Er möchte sich daher nach vielleicht günstigeren – auch gebrauchten – Objekten umsehen, bevor er sich wirklich für die Wohnung entscheidet.

10

Fragebögen und Checkblätter: gebrauchte Immobilie

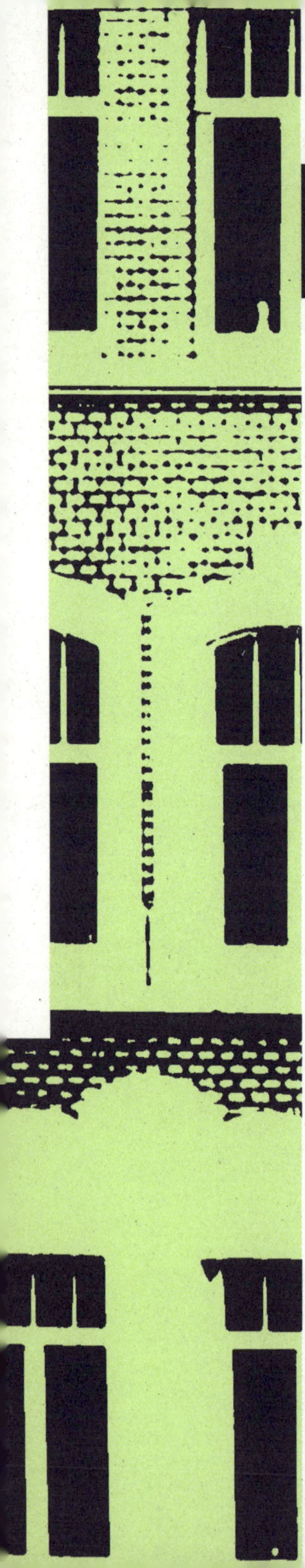

Gebrauchte Immobilie – Haus oder Wohnung

Bei gebrauchten Immobilien muss man unbedingt eine Besichtigung des Objekts vornehmen und sich vom Umfang und Zustand der Immobilie überzeugen.

Für einen eingehenden Check einer gebrauchten Immobilie empfehlen wir Ihnen den Ratgeber „Kauf eines gebrauchten Hauses: Die Checklisten" der Verbraucherzentrale (⇢ Seite 240). Mit diesem Ratgeber können Sie eine gebrauchte Immobilie auf Herz und Nieren überprüfen. Sie finden dort auch Informationen zum (eher selten vorkommenden) Totalausfall des Vermögens beim Erwerb einer gebrauchten Immobilie.

Im hier vorliegenden Ratgeber werden allein die typischen und häufig vorkommenden, versteckten Zusatzkosten beim Erwerb gebrauchter Immobilien dargelegt. Um diese zu finden, nutzen Sie die beiden Fragebögen auf Seite 158 (gebrauchtes Haus) oder 159 (gebrauchte Eigentumswohnung). Diese lassen sich auch aus dem **Internet** herunterladen und ausdrucken (⇢ Seite 230).

Sie können die Fragebögen zur Besichtigung der jeweiligen Immobilie mitnehmen. Im Fragebogen kreuzen Sie an, welche baulichen Nachbesserungen Sie ggf. vornehmen wollen oder müssen. Vor allem solche, die vor Ihrem Einzug erledigt sein sollen oder müssen, denn diese Maßnahmen werden definitiv und zeitnah Kosten verursachen.

Beispiel: Sie sehen bei der Besichtigung eines gebrauchten Hauses, dass die Bäder auf alle Fälle saniert werden müssen. Das vermerken Sie durch Ankreuzen auf dem Fragebogen (Punkt 8 in der linken Leiste). Wenn Sie von der Besichtigung wieder zurückgekehrt sind, nehmen Sie den von Ihnen ausgefüllten Fragebogen und schauen auf der Übersichtsliste im Buch (→ Seite 160) unter Punkt 8 links nach, wo Sie das dazugehörige Checkblatt zur Badsanierung finden, nämlich auf Seite 179. Dort erfahren Sie die Hintergründe und Kosten zu Badsanierungen in Bestandsimmobilien.

Entsprechende Fragebögen und Checklisten für den Kauf einer neuen Immobilie (Haus oder Eigentumswohnung) vom Bauträger finden Sie ab Seite 44.

Fragebogen

Besichtigung eines gebrauchten Hauses

		notwendig	nicht notwendig
1	EnEV-Pflicht-Modernisierungen	☐	☐
2	Kellersanierung	☐	☐
3	Dachsanierungen	☐	☐
4	Fenstersanierungen	☐	☐
5	Heizungssanierung	☐	☐
6	Elektroerneuerungen	☐	☐
7	TV-, IT- und Telefonanschlüsse	☐	☐
8	Badsanierung	☐	☐
9	Wasserleitungssanierung	☐	☐
10	Küchensanierung	☐	☐
11	Innentürenerneuerung	☐	☐
12	Wandoberflächenerneuerung	☐	☐
13	Bodenbelagserneuerung	☐	☐
14	Schadstoffsanierung	☐	☐
15	Haustürerneuerung	☐	☐
16	Hauseingangserneuerung	☐	☐
17	Terrassen- und Balkonsanierung	☐	☐
18	Nachträgliche Erschließungsbeiträge	☐	☐

Fragebogen

Besichtigung einer gebrauchten Eigentumswohnung

		notwendig	nicht notwendig
1	EnEV-Pflicht-Modernisierungen	☐	☐
2	Kellersanierung	☐	☐
3	Dachsanierungen	☐	☐
4	Fenstersanierungen	☐	☐
5	Heizungssanierung	☐	☐
6	Elektroerneuerungen	☐	☐
7	TV-, IT- und Telefonanschlüsse	☐	☐
8	Badsanierung	☐	☐
9	Wasserleitungssanierung	☐	☐
10	Küchensanierung	☐	☐
11	Innentürenerneuerung	☐	☐
12	Wandoberflächenerneuerung	☐	☐
13	Bodenbelagserneuerung	☐	☐
14	Schadstoffsanierung	☐	☐
15	Haustürerneuerung	☐	☐
16	Hauseingangserneuerung	☐	☐
17	Terrassen- und Balkonsanierung	☐	☐
18	Nachträgliche Erschließungsbeiträge	☐	☐
19	Zusätzlicher Kapitalbedarf für beschlossene Sanierungen	☐	☐
20	Treppenhausmodernisierung	☐	☐
21	Aufzugssanierungen	☐	☐
22	Tiefgaragensanierungen	☐	☐
23	Flachdachsanierungen	☐	☐
24	Außenanlagensanierungen	☐	☐

So finden Sie zu jeder Frage das passende Checkblatt

So finden Sie zu jeder Frage das passende Checkblatt

Checkblatt

EnEV-Pflichtmodernisierung

Was ist eine EnEV-Pflichtmodernisierung?

EnEV steht für Energieeinsparverordnung. Sie ist eine Verordnung des Bundesgesetzgebers und verpflichtet alle Bauherren und Hauseigentümer zur Einhaltung bestimmter energetischer Vorgaben. Das sind vor allem Vorgaben zu Heizung und Dämmung eines Hauses. Bei Neubauten werden Sie von vornherein berücksichtigt, bei Bestandsgebäuden müssen sie ggf. nachgerüstet werden. Bei Bestandsgebäuden legt die EnEV einen besonderen Akzent auf den Eigentümerwechsel einer Immobilie. Denn Immobilieneigentümer von Gebäuden mit maximal zwei Wohnungen, die das Haus schon vor Einführung der EnEV 2002 besaßen, müssen die meisten Vorgaben nicht einhalten. Immobilienkäufer hingegen, die seit 2002 solche Immobilien kaufen, sind dazu verpflichtet. Man kann darüber streiten, ob das eine sinnvolle Regelung ist. Fakt ist, Sie müssen sich daran orientieren.

Folgendes müssen Sie gemäß der EnEV zwingend nachrüsten, soweit dies durch den Vorbesitzer des Hauses nicht bereits passiert ist:

- individuelle Wärmesteuerung für jeden Heizkörper
- Dämmung der Warmwasser- und Heizungsrohre
- Heizungsbrennerwechsel, falls er vor dem 01. Oktober 1978 eingebaut wurde
- Austausch der Elektrospeicherheizung (falls vor dem 01. Januar 1990 eingebaut Austausch bis zum 31. Dezember 2019, alle danach spätestens 30 Jahre nach Inbetriebnahme – beides nur gültig bei Gebäuden mit mehr als 5 Wohnungen)
- Dämmung der obersten Geschossecke zu unbeheizten Räumen

Hinzu kommen weitere Regelungen, wenn Sie ohnehin modernisieren wollen. Möchten Sie beispielsweise sämtliche Fenster austauschen, müssen Sie Fenster mit einem festgelegten Mindestdämmwert einsetzen (⇢ Checkblatt Seite 168); wollen Sie das Haus ohnehin neu verputzen, müssen Sie es auch dämmen.

Checkblatt
EnEV-Pflichtmodernisierung

In diesem Checkblatt geht es aber nur um diejenigen Nachrüstungen, um die Sie im beim Kauf eines gebrauchten Hauses auf gar keinen Fall herumkommen, selbst wenn Sie am Haus gar nichts machen wollen. Es geht also um versteckte Kosten, die Sie nicht umgehen können und die Sie neben dem Preis für das Haus als zwingende Nachrüstungen bezahlen müssen.

Wann benötigt man eine EnEV-Pflichtmodernisierung?

Die Pflichtmodernisierungsmaßnahmen nach der EnEV benötigen Sie, um der zuständigen Behörde im Fall des Falles einen korrekten Umgang mit der EnEV dokumentieren zu können. Diese Vorgaben helfen Ihnen auch, Energie zu sparen. Sie sind vom Gesetzgeber mit Augenmaß erlassen worden; er hat auch nur wenige Maßnahmen vorgeschrieben. Berücksichtigen Sie diese Maßnahmen nicht, kann eine Ordnungswidrigkeit vorliegen, die mit einem Ordnungsgeld belegt wird. Allerdings klaffen Theorie und Praxis gerade bei der EnEV weit auseinander. Halten Sie sich nicht an die gesetzlichen Vorgaben, werden Sie kaum Besuch vom kommunalen Ordnungsdienst oder gar der Polizei erhalten. Was Ihnen allerdings passieren kann ist, dass der zuständige Schornsteinfeger feststellt, dass bei Ihnen die Nachrüstungspflichten der EnEV nicht eingehalten wurden. Er ist dann zur Meldung dieses Sachverhalts an die zuständige Behörde verpflichtet.

Ist Ihr Haus an eine Fernwärmeversorgung angeschlossen oder verfügt es über eine Wärmepumpe oder Elektroheizung, bekommen Sie aber nicht einmal Schornsteinfegerbesuch.

Wie viel kostet eine EnEV-Pflichtmodernisierung?

Nehmen wir an, Sie kaufen heute ein Haus und der Vorbesitzer des Hauses wohnte schon vor 2002 dort und hat dementsprechend noch keine einzige Nachrüstung nach der EnEV vorgenommen. Dann können folgende Kosten auf Sie zukommen:

Checkblatt

EnEV-Pflichtmodernisierung

- individuelle Wärmesteuerung für jeden Heizkörper: (je nach Größe) pro Heizkörper 25 bis 100 Euro
- Dämmung der Warmwasser- und Heizungsrohre: je nach Umfang zwischen 600 und 3 000 Euro
- Heizungsbrennerwechsel, falls er vor dem 01. Oktober 1978 eingebaut wurde: ca. 1 500 bis 3 500 Euro
- Austausch der Elektroheizung, falls die zwingenden Voraussetzungen erfüllt sind (⇢ Seite 176). Bezüglich der Kosten kommt es ganz auf das alternativ gewählte Beheizungssystem an, in der Regel aber nicht unter 10 000 bis 15 000 Euro bei Installation einer komplett neuen Anlage.
- Dämmung der obersten Geschossdecke zu unbeheizten Räumen: je nach Umfang und Größe zwischen 600 und 2 500 Euro

Welche Alternativen gibt es?

Eine Alternative ist, dass der Vorbesitzer der Immobilie im Kaufvertrag noch zur Durchführung dieser Maßnahmen verpflichtet wird. Dazu wird er aber kaum bereit sein. Eine bessere Alternative ist, dass die geschätzten Kosten für die Maßnahmen vom verlangten Kaufpreis abgezogen werden. Das kann aber nur dann gelingen, wenn es nicht mehrere Interessenten für das Haus gibt, die bereit sind, den geforderten Preis zu zahlen. Eine letzte Möglichkeit ist es, einen Ausnahmeantrag bei der zuständigen Behörde zu stellen und ihn damit zu begründen, dass Ihnen eine Modernisierung gegenwärtig wirtschaftlich nicht möglich ist. So etwas funktioniert jedoch nur, wenn es auch den Tatsachen entspricht. Mit einem solchen Gesuch haben Sie allerdings „schlafende Hunde" geweckt und man wird Sie ggf. umso sorgfältiger bei Ihren Pflichtmodernisierungen beobachten. Da die EnEV-Nachrüstpflichten allgemein sehr wenig bekannt sind und praktisch nicht überprüft werden, es sei denn eher zufällig durch den Schornsteinfeger (⇢ Seite 163), können Sie entspannt dessen nächsten Besuch abwarten und hören was er dazu sagt, ohne dass Sie ihn direkt darauf ansprechen.

Checkblatt

Kellersanierung

Was ist eine Kellersanierung?

Unter einer Kellersanierung versteht man keine Kellermodernisierung und ggf. den Ausbau des Kellers zu Wohnraum, sondern die Herstellung eines schadfreien Zustands des Kellers. Keller sind dauerhaft erdberührte Bauteile und daher sehr schadanfällig, vor allem dann, wenn ihre Bauweise den bauphysikalischen Anforderungen nicht gerecht wird. Viele alte Keller haben beispielsweise keine ausreichenden Abdichtungen gegen von außen eindringende Feuchte – einer der häufigsten Gebäudeschäden überhaupt. Will man solche Schäden beheben, müssen die Ursachen wirksam bekämpft werden, das heißt, die fehlende Abdichtung muss nachgeholt werden, soweit das geht. Das ist sehr aufwändig und in der Regel mit dem Freilegen der Kelleraußenwände verbunden, soweit das möglich ist. Ferner kann dies mit der nachträglichen Einbringung von Horizontalsperren in den Außenwänden verbunden sein, die ein Aufsteigen der Feuchtigkeit verhindern.

Wann benötigt man eine Kellersanierung?

Eine Kellersanierung wird nötig, wenn Bauschäden auftauchen, die – bei Nichtbeachtung – immer größer werden können und zu Folgeschäden führen. Das kann bis hin zu statischen Problemen gehen, denn jedes Haus, das einen Keller hat, ruht auf diesem. Soweit ein Keller Schäden aufweist und keine hochwertigen Ansprüche als Lagerort erfüllen muss, lässt sich mit Kellerproblemen leben. Einem sehr alten Keller beispielsweise, der schon immer eine gewisse Grundfeuchte hatte, muss diese nicht in jedem Fall entzogen werden. Wenn allerdings richtige Durchfeuchtungen zu finden sind, die auch das Baumaterial bereits stark schädigen, müssen Sie handeln.

Wie viel kostet eine Kellersanierung?

Eine Kellersanierung ist oft sehr teuer. Das liegt vor allem daran, dass man an die zu sanierenden Teile von außen meist gar nicht herankommt, ohne sie aufwändig freizulegen – soweit das über-

Checkblatt

Kellersanierung

haupt geht, oder aber sich aufwändig von innen zu behelfen. Einen Keller aus den 1950er oder 1960er Jahren auf ein heutiges Abdichtungsniveau zu bringen, kostet etwa zwischen 25 000 und 35 000 Euro.

Welche Alternativen gibt es?

Wenn ein Keller ernsthafte Schäden aufweist, gibt es keine Alternative zur Sanierung. Nur bei den Sanierungsverfahren gibt es unterschiedliche Möglichkeiten und man kann dabei viel Geld sparen. Das hängt aber vom konkreten Schadensfall im Keller ab. Das Sinnvollste ist bei solchen kostenintensiven Problemen immer, zunächst in eine exakte Schadensklärung zu investieren. So kann ein Sachverständiger für Gebäudeschäden das eigentliche Problem zunächst eingrenzen und sich dann gezielt mit der Problembehebung auseinandersetzen.

Aber wie erwähnt: Nicht jeder Schadensfall in einem Keller ist ein Sanierungsfall. Mit einer Reihe von Schäden kann man durchaus leben, so etwa mit einer begrenzten Zahl an „Ausblühungen" an der Wand, solange sie das Mauerwerk nicht schädigen.

Checkblatt

Dachsanierung

Was ist eine Dachsanierung?

Mit der Dachsanierung verhält es sich ähnlich wie mit der Kellersanierung. Zunächst einmal ist damit nicht der Dachgeschossausbau gemeint, sondern nur die Sanierung eines Daches, damit es seine ihm zugedachte Funktionsfähigkeit erfüllt. Der entscheidende Unterschied zur Kellersanierung ist, dass das Dach einfacher zugänglich und modular aufgebaut ist. So bestehen geneigte Dächer meist aus einzelnen Holzbalken und einzelnen Ziegeln, sodass eine Sanierung – wenn nicht das ganze Dach erneuert werden muss – einfacher und kleinteiliger zu bewerkstelligen ist.

Checkblatt
Dachsanierung

Wann benötigt man eine Dachsanierung?

Das Dach ist ein ganz wichtiges, schützendes Element des übrigen Baukörpers, was bisweilen in Vergessenheit gerät. Moderne Dächer haben immer häufiger nur noch sehr geringe bis gar keine Dachüberstände oder es handelt sich um komplette Flachdächer. Das bietet Wind und Wetter viele Angriffsmöglichkeiten. Absurderweise sind sehr steile Satteldächer, mit weit über 45 Grad Dachneigung, von denen das Regenwasser schnell abläuft und der Schnee nicht liegen bleibt, in immer mehr Neubaugebieten nach den Bebauungsplänen nicht mehr zulässig.

Wenn ein Dach Schäden aufweist, vor allem solche, bei denen Feuchtigkeit in den Baukörper dringt, setzen sich diese Schäden sehr schnell im übrigen Baukörper fort, da das Wasser – nach den Gesetzen der Schwerkraft – seinen natürlichen Weg nach unten sucht. Daher ist bei Schäden am Dach besondere Eile geboten. Schon wenige regenreiche Tage reichen, um große Schäden an der darunter liegenden Bausubstanz anzurichten.

Wie viel kostet eine Dachsanierung?

Die Kosten einer Dachsanierung hängen von deren Umfang ab. Aufgrund des modularen Aufbaus der meisten Dächer kann man aber häufig mit Teilsanierungen arbeiten, wenn das Geld für eine Komplettsanierungen nicht reicht. Müssen beispielsweise nur kleine Dachflächen wieder angedichtet und einige Ziegel ausgetauscht werden, kann das zwischen 1500 und 2500 Euro kosten. Eine komplette Dachsanierung hingegen, bei der der Holzdachstuhl zwar erhalten bleibt, aber an einigen Stellen ggf. ausgebessert wird und das Dach eine komplett neue Ziegeleindeckung erhält, samt Unterbau, wie Unterspannbahn und evtl. sogar noch Dämmung und Dampfbremsfolie, entstehen Kosten zwischen 15000 und 25000 Euro, je nach Umfang und Dachgröße auch mehr; bei zusätzlich notwendigen, größeren Eingriffen am Dachstuhl können es 35000 Euro und mehr sein.

Checkblatt
Dachsanierung

Welche Alternativen gibt es?

Wenn ein Dach Beschädigungen aufweist, gibt es keine Alternativen zur Sanierung. Innerhalb der Sanierungsmöglichkeiten gibt es Alternativen. Gerade beim Dach kann man dabei nötigenfalls nach kostengünstigen, kleinteiligen und provisorischen Lösungen suchen, bis wieder mehr Geld in der Kasse ist. Die Lösung muss nicht schön aussehen, sie muss zunächst vor allem wirksam sein und Wasser daran hindern ins Haus einzudringen.

Checkblatt

Fenster- und Rollladensanierung

Was ist eine Fenster und Rollladensanierung?

Eine Fenstersanierung muss nicht den Austausch sämtlicher Fenster eines gebrauchten Hauses umfassen. Eine Sanierung kann auch entweder die Instandsetzung oder das komplette Auswechseln eines einzelnen Fensters bedeuten.

Das Gleiche gilt für die Rollläden: Es können bloß einzelne Rollläden betroffen sein, die saniert oder komplett ausgetauscht werden müssen.

Vorliegend geht es nur um Maßnahmen die nötig sind, um das Haus vernünftig bewohnbar zu machen.

Wann benötigt man eine Fenster- und Rollladensanierung?

Eine Fenstersanierung ist notwendig, wenn ansonsten Folgeschäden drohen. Beispielsweise kann ein undichtes Fenster zu Wassereintritt in den Innenraum führen, ein morscher Fensterrahmen das Fensterglas nicht mehr halten – was zur Unfallgefahr wird.

Häufig sind die Fenster eines gebrauchten Hauses sehr unterschiedlich belastet und in einem sehr unterschiedlichem Zustand. Fenster an der „Wetterseite“ eines Hauses, das ist die Seite, die

Checkblatt
Fenster- und Rollladensanierung

der Hauptwindrichtung entgegensteht (etwa die Westfassade, wenn die Hauptwinde von Westen nach Osten ziehen, was sie in Deutschland oft tun), sind meist stärker angegriffen. Sind durch Schäden an bestimmten Fenstern bereits Folgeschäden eingetreten (etwa im angrenzenden Mauerwerk), benötigt man die Sanierung des betreffenden Fensters, um kostenintensivere Folgeschäden abzuwenden.

Ein Sanierungsstandard für Fenster kann gesetzlich zwingend werden, wenn Sie mehr als 10 Prozent der Fenster eines gebrauchten Hauses tauschen wollen. Dann müssen die neu eingebauten Fenster die Dämmvorgaben der EnEV für Fenster einhalten (⇢ Seite 162).

Eine Rollladensanierung kann ebenfalls eine Folge einer Fenstersanierung sein. Manche alten Rollladenkästen lassen sich bei einem Fensterwechsel nicht ohne weiteres erhalten. Es kann preiswerter sein, das ganze alte Element herauszunehmen und durch ein neues Fenster samt Rollladenkasten zu ersetzen.

Wie viel kostet eine Fenster- und Rollladensanierung?
Die Kosten einer Fenstersanierung hängen stark davon ab, was man macht: ob man zum Beispiel nur einzelne Fenster vom Schreiner reparieren lässt oder ob man bestimmte Fenster ganz austauscht. Auch beim Austausch gibt es Unterschiede: So kann man ein Fenster samt dem alten Fensterrahmen, der das Fenster mit der Hauswand verbindet, ausbauen oder man lässt den alten Festrahmen stehen. Auf diesen setzt man dann ein neues Fenster. Und schließlich kann man alte Fenster samt alten Rollläden vollständig austauschen lassen. Das heißt, die Kosten sind abhängig vom Umfang der Sanierung am einzelnen Fenster und davon wie viele Fenster insgesamt einbezogen werden.

Darüber hinaus ist für die Kosten entscheidend, welche Fensterqualität gewählt wird. Die Qualität hängt davon ab, welches Rahmenmaterial zum Einsatz kommt: Holz, Kunststoff oder eine

Checkblatt

Fenster- und Rollladensanierung

höherwertige Holz-Aluminium-Konstruktion; ferner von der Anzahl der Gläser (also Zweifach- oder Dreifachverglasung); und schließlich von der Wahl an Zusatzfunktionen wie erhöhter Schallschutz oder erhöhter Einbruchschutz.

Die Reparatur eines einzelnen Fensters kann zwischen wenigen Hundert Euro bis hin zu 1500 oder 2000 Euro kosten – etwa bei größeren Fenstertüren. Bei darüber hinausgehenden Kosten sollte man eher den Austausch eines Fensters in Betracht ziehen, es sei denn es handelt sich um wertvolle Altfenster, die dem Haus einen Charakter geben und geschützt werden sollten oder sogar unter Denkmalschutz stehen.

Der Komplettwechsel eines Fensters kann zwischen 1500 und 3500 Euro kosten, je nach Fenstergröße und Umfang der Arbeiten. Darin sind aber bereits der Ausbau und die Entsorgung des alten Fensters sowie ein neuer Rollladen enthalten. Für sehr große Panoramafenster kann es teurer werden. Wechselt man die Fenster des gesamte Hauses, sollte man (je nach Fensteranzahl, Umfang und Qualität) mit Kosten zwischen 15000 und 35000 Euro rechnen. Eine Gesamtmodernisierung aller Fenster ist meist etwas günstiger als der Austausch eines einzelnen Fensters, denn viele Arbeitsgänge können hier gebündelt und zeitgleich ausgeführt werden.

Sollen oder müssen ebenfalls alle Rollläden gewechselt werden, sollte man mit einem Zuschlag nicht unter 5000 bis 7000 Euro rechnen. Bei aufwändigeren Systemen, wie elektrischen Rollläden oder elektrischen Außenjalousien, wird es noch einmal deutlich teurer, das kann bis zum Doppelten gehen (→ **Checkblatt Rollläden** Seite 107).

Welche Alternativen gibt es?

Fenstersanierungen sollten nicht vorschnell geschehen. Das hat vor allem zwei Gründe.

Checkblatt
Fenster- und Rollladensanierung

Kostengrund: Wenn Sie ein gebrauchtes Haus für beispielsweise 250 000 oder 300 000 Euro erwerben, dazu noch alle Nebenkosten haben (Notargebühren, Grunderwerbssteuer) und noch 25 000 oder 30 000 Euro für einen Fenstertausch aufbringen sollen, können Sie schnell an Ihre Finanzierungsgrenzen kommen. Es ist dann vernünftiger, zu warten. Fast immer ist es für Hauskäufer sinnvoller, vorrangig alle Oberflächengewerke auf Vordermann zu bringen (also Bodenbeläge, Wände, Decken, Innentüren). Viele ältere Häuser sind sonst nicht bezugsfähig. Wie Sie noch sehen werden, verschlingt das in der Regel viel mehr Geld als man glaubt. Von daher: Mit alten Fenstern lässt sich meist noch eine Weile leben.

Bauphysikalischer Grund: Alte Fenster in schlecht gedämmten Wänden sind zwar keine Ideallösung, aber sie harmonieren miteinander meist ganz gut. Denn ein altes Fenster ist in der Regel immer schlechter gedämmt als eine alte Wand. Das heißt, am kältesten ist es unmittelbar vor dem Fenster und dort schlägt sich auch die Feuchtigkeit nieder, die die Raumluft nicht halten kann. Das kennen Sie vor allem von alten Fenstern, wenn sich nach einer kalten Nacht morgens innen am Fenster kleine Wassertropfen gebildet haben. Nehmen Sie ein solches altes Fenster heraus und tauschen es gegen ein neues, hochgedämmtes, kann es Ihnen passieren, dass das Fenster besser gedämmt ist als die umliegende Wand. Dann schlägt sich die Feuchte nicht mehr am Fenster nieder, sondern an der angrenzenden Wand und das kann zu Schimmelbildung führen. Wenn Sie also alte Fenster gegen neue tauschen, ist es sinnvoll, auch die Gebäudefassaden zu dämmen. Das hat den Vorteil, dass Sie den Fensterausbau und eventuelle Beschädigungen der Fassade sowie den Einbau der neuen Fenster zeitgleich mit der Montage der Wärmedämmung koordinieren und die neuen Fenster optimal einpassen können.

Mit der Fenster- und Rollladensanierung sollte man also nach Möglichkeit warten, bis genügend Geld für eine Fassadensanierung vorhanden ist. Wenn bis dahin das eine oder andere Fenster

Checkblatt
Fenster- und Rollladensanierung

saniert werden muss, kann man prüfen, ob eine einfache oder provisorische Reparatur genügt. Gleiches gilt für die Rollläden.

Checkblatt

Heizungssanierung

Was ist eine Heizungssanierung?

Bei einer Heizungssanierung werden wesentliche Teile einer Heizungsanlage auf den aktuellen Stand der Technik gebracht. Soweit in einem Haus noch Einzelöfen installiert sind (meist Gasöfen in jedem Zimmer) oder Etagenheizungen (etwa eine Gasetagenheizung mit einem Gasbrenner pro Wohnung, über den alle anderen Zimmer der Wohnung versorgt werden), wechselt man solche Systeme im Zuge eines Hauskaufs mit anschließender Heizungssanierung häufig komplett gegen eine moderne Zentralheizungsanlage aus.

Weit verbreitet sind auch Zentralheizungsanlagen (in den alten Bundesländern sind es sehr häufig Ölzentralheizungen). Eine klassische Öl- oder Gaszentralheizungsanlage besteht aus folgenden Elementen:

- Öltank bzw. Gasleitung
- Brenner
- Kessel
- Heizungsrohre mit Heizungspumpen
- Warmwasserspeicher
- Heizkörper/Fußbodenheizschleifen
- Sicherheitseinrichtungen (zum Beispiel Ausdehnungsgefäß)

Bei Heizungssanierungen können alle diese Elemente entweder auf den aktuellen Stand der Technik gebracht werden oder man tauscht ein altes Heizungssystem vollständig gegen ein neues aus und wechselt dabei evtl. auch das Heizmedium, steigt also zum Beispiel von Öl oder Gas um, auf Holzpellets oder auf eine Wärmepumpe, die mit Strom betrieben wird.

Checkblatt
Heizungssanierung

Ein grundsätzlicher Unterschied zwischen älteren und modernen Zentralheizungsanlagen ist die Versorgung der Heizkörper in den einzelnen Räumen mit Heizwasser. Fast alle Zentralheizungsanlagen aus den 1960er, 1970er und bis hinein in die 1980er Jahre haben „Einrohrsysteme". Dabei verläuft ein Versorgungsrohr ringförmig durchs Haus, vom Heizkessel weg und wieder zu ihm hin. Mittels Rohrabzweigungen, an denen Ventile sitzen, hängen daran jeweils die Heizkörper. Das ist ein in vielerlei Hinsicht ungünstiges System (u.a. wird das Wasser, das im Heizkörper Wärme an die Raumluft abgegeben hat und sich dabei selbst abkühlt, in den Warmwasserstrang zurückgegeben). Fast immer wird im Zuge einer Heizungssanierung ein Einrohrsystem gegen ein modernes Zweirohrsystem ausgetauscht, bei dem jeder Heizkörper von der Heizungszentrale mit einem sogenannten Vor- und Rücklauf separat angefahren wird. Da die Heizungsleitungen früher fast immer fest mit in die Wand gemauert wurden, entsteht im gesamten Haus eine Baustelle.

Wann benötigt man eine Heizungssanierung?

Eine Heizungssanierung kann für Sie gesetzlich verpflichtend sein. Eine Sache, die Sie auf alle Fälle tun müssen, ist ggf. die Nachrüstung aller Heizkörper mit modernen Thermostatventilen, damit die Raumtemperatur am Heizkörper individuell eingestellt werden kann. Außerdem müssen sämtliche Warmwasserleitungen, die in unbeheizten Gebäudebereichen nicht innerhalb von Wänden verlaufen, gedämmt werden. Wurde der Heizungsbrenner des Hauses das Sie kaufen wollen, vor 1978 eingebaut (Stichtag 01. Oktober 1978), muss dieser ebenfalls gewechselt werden. Neben diesen gesetzlichen Verpflichtungen benötigen Sie eine Heizungsmodernisierung nur dann, wenn die Heizungsanlage Probleme macht und zum Beispiel die Heizungspumpen ausfallen oder der Brenner streikt.

Bei steigenden Energiepreisen kann es sein, dass Sie eine Heizungsmodernisierung benötigen, um die Energiekosten aufzu-

Checkblatt
Heizungssanierung

fangen. Dazu muss allerdings gesagt werden, dass die Amortisationszeiten für Modernisierungsinvestitionen in der Praxis meist deutlich länger sind, als dies häufig dargestellt wird. Denn wie viel Energie Sie verbrauchen, hängt ganz entscheidend von Ihrem persönlichen Heizverhalten ab. Bevorzugen Sie statt einer Raumtemperatur von 18 °C eine von 22 °C, werden Sie eine deutlich höhere Rechnung haben. Energiekosten lassen sich aber einfach und kostengünstig ohne Modernisierung einer Heizungsanlage sparen, indem man zum Beispiel die Raumtemperatur nicht ständig auf 20° C hält.

Wie viel kostet eine Heizungssanierung?

Die nachträgliche Dämmung von Warmwasserrohren ist sehr preiswert. Mit etwas Geschick können Sie das sogar selbst machen, denn Rohrdämmmaterial wird verarbeitungsfertig in Baumärkten angeboten.

Auch der nachträgliche Wechsel der Thermostatventile ist üblicherweise kein größeres Problem und kostengünstig zu haben: zwischen 25 und 50 Euro pro Ventil samt Montage. Etwas anders sieht es bei einem kompletten Brennerwechsel aus. Hier müssen Sie mit 1500 bis 3500 Euro rechnen, auch abhängig vom Brennertyp.

Ganz andere Dimensionen kommen bei einer vollständigen Heizungssanierung auf Sie zu, denn dann müssen Sie gemäß EnEV-Vorschriften mindestens 10 Prozent der Energiegewinnung aus erneuerbaren Energiequellen schöpfen. Das kann zum Beispiel bedeuten, dass Sie eine Gasheizung mit einer solarthermischen Anlage zur Brauchwassererwärmung koppeln müssen.

Angenommen, Sie wollen eine alte Öl- oder Gasheizung vollständig sanieren, also alle Elemente auswechseln, ohne aber das Energiemedium (zum Beispiel Öl oder Gas) zu wechseln, dann müssen Sie mit ca. 15000 bis 25000 Euro rechnen. Wenn Sie das

Checkblatt

Heizungssanierung

Medium (etwa eine Ölheizung) durch eine Wärmepumpe ersetzen wollen, wird es teurer. Alleine eine Wärmepumpe kostet zwischen 8 000 und 15 000 Euro, eine Solaranlage zur Brauchwassererwärmung zwischen 5 000 und 7 000 Euro.

Welche Alternativen gibt es?

Solange die Heizung eines gebrauchten Hauses noch läuft, kann sie erst einmal unangetastet weiterlaufen. Es müssen nur die bereits erwähnten gesetzlich vorgeschriebenen Maßnahmen umgesetzt werden. Eine weitere Überlegung ist, dass man die Heizungsanlage zunächst nur einem Heizungs-Check unterzieht. Mittlerweile gibt es ein standardisiertes Prüfverfahren, das viele Heizungsbaubetriebe anbieten: die Heizungsanlagenprüfung nach DIN EN 15378. Mit diesem Check erhalten Sie einen vernünftigen Überblick und können in Ruhe das weitere Vorgehen entscheiden: So kann es zum Beispiel sein, dass bereits der Austausch der alten Heizungspumpen ein erster effizienter und relativ kostengünstiger Schritt wäre, statt gleich die ganze Anlage auszuwechseln.

Hinzu kommt, dass eine Heizungsanlage stets nach dem zu beheizenden Gebäudevolumen und der Gebäudedämmung ausgerichtet wird. Das heißt, man sollte zunächst Geld in eine vernünftige Gebäudedämmung stecken, bevor man es in eine neue Heizungsanlage investiert. Denn erstens richtet sich die Dimensionierung und Auslegung einer Heizungsanlage immer nach dem Dämmstandard und zweitens ist eine Heizungsanlage letztlich nichts anderes als ein Kompensationsinstrument für eine schlechte Gebäudedämmung. Es ist immer sinnvoller die Ursachen zu bekämpfen, als die Symptome.

Checkblatt

Elektroerneuerungen

Was ist eine Elektroerneuerung?

Eine Elektroerneuerung umfasst die Neuinstallation der gesamten Elektroausstattung eines Hauses. Dazu gehört das Stromnetz mit den Sicherungskreisen und den Steckdosen, Lichtschaltern, Wand- und Deckenauslässen, außerdemder Herdanschluss und Außeninstallationen, soweit es solche gibt.

Wann benötigt man eine Elektroerneuerung?

Die Elektroausstattung von gebrauchten Häusern, vor allem aus den 1950er, 1960er und 1970er Jahren ist häufig veraltet und hat große Sicherheitsdefizite. So sind sogenannte FI-Schalter (**F**ehler**i**nduktionsschalter) oft nicht installiert. FI-Schalter können Stromunfälle verhindern, indem sie bei Zwischenfällen für eine sofortige Stromunterbrechung sorgen. Sie sind vor allem in Bädern, Kinderzimmern und Küchen sinnvoll.

Veraltete Strominstallationen haben oft relativ große Stromkreise, die noch über alte Sicherungen laufen. Das kann zu Überlastungen führen und die Sicherung „fliegt raus". Passiert dies öfter, kann das ärgerlich sein, zum Beispiel beim Arbeiten am PC. Bei einer Elektroerneuerung stehen daher der Sicherheitsaspekt (vor allem beim Wohnen mit Kindern!) und der Komfortaspekt im Vordergrund.

Wie viel kostet eine Elektroerneuerung?

Eine umfassende Elektroerneuerung für ein komplettes Haus bedeutet einen relativ großen Aufwand, da zumeist vom Hausanschluss beginnend alle Installationen neu verlegt werden müssen. Man sollte dafür nicht unter 5 000 bis 7 000 Euro kalkulieren. Wenn aufwändigere Systeme, wie etwa „BUS-Systeme" (⇢ Checkblatt Seite 90) installiert werden sollen, mit denen man dauerhaft flexibel zum Beispiel bestimmte Schalter bestimmten Lampen immer wieder neu zuordnen kann oder auch mobile Zugriffsmöglichkeiten auf die Elektroinstallation hat, kann es deutlich teurer werden.

Checkblatt
Elektroerneuerungen

Welche Alternativen gibt es?

Wenn Sie die bestehende Elektroninstallation zunächst so belassen wollen wie sie ist, bleiben Restrisiken. Allein schon der kleinen Kinder wegen sollten Sie nicht an Ausgaben für die Sicherheit sparen. Es ist dann besser, einzelne Stromkreise zu erneuern und mit FI-Schaltern auszustatten; Bäder, Kinderzimmer und Küche sollten unbedingt dazugehören. An allen anderen Steckdosen sollten in jedem Fall die ohnehin wichtigen Abdeckklappen auf den Steckdosen angebracht werden und der Fön im Bad immer (!) sicher vor Kinderzugriff gelagert werden.

Checkblatt

TV-, IT- und Telefonanschlüsse

Was sind zeitgemäße IT-, TV- und Telefonanschlüsse?

Nur selten haben gebrauchte Häuser zeitgemäße IT-, TV- und Telefonanschlüsse. Hierbei handelt es sich um Datenleitungen, die vom Haus- oder Antennenanschluss in jeden Wohnraum des Hauses geführt werden, also auch in Arbeits-, Schlaf- und Kinderzimmer. Dort werden sogenannte Dosen installiert, das ist eine Art Wandstecker, in die Telefon- oder TV-Kabel direkt eingesteckt werden. Auf diese Weise kann man von jedem Raum aus über Festnetz telefonieren, ins Internet gehen oder fernsehen. Das Internet lässt sich zwar längst über WLAN erreichen, aber gerade im ländlichen Raum ist die WLAN-Versorgung noch nicht optimal; hinzu kommen Sicherheitsbedenken bei der Übermittlung sensibler Daten, etwa beim Onlinebanking.

Wann benötigt man zeitgemäße IT-, TV- und Telefonanschlüsse?

Es wird zwar immer mehr über Handys telefoniert, über Satellit ferngesehen und das Internet über WLAN erreicht, doch vermutlich werden auch in Zukunft Festnetzanschlüsse eine gewisse Rolle spielen. Im Vordergrund stehen dabei Gesundheits-, Qualitäts- und Sicherheitsaspekte. Das Telefonieren mit einem

Checkblatt
TV-, IT- und Telefonanschlüsse

Festnetz-Telefon mit Telefonkabel ist mit einer viel geringeren Strahlenbelastung möglich, als dies bei einem Handy der Fall ist. Gerade im ländlichen Raum ist die Verbindung in der Regel auch deutlich besser. Beim Fernsehen ist ein gutes Fernsehbild über Kabelempfang meist mit höherer Qualität gewährleistet als über Satellitenempfang. Und beim Internet kommen die erwähnten Sicherheitsaspekte hinzu: Datenübertragungen bergen grundsätzlich das Risiko des unberechtigten Zugriffs von Dritten. Bei einer drahtlosen Datenübertragung können sie sich auch von außen in die Verbindung „einklinken". Es empfiehlt sich daher, Online-Geschäfte mit der Bank nicht über WLAN-Verbindungen abzuwickeln, sondern über eine sicherere Festnetzverbindung.

Im Gebäude selber ist es sehr angenehm, wenn jeder Wohnraum mit einer entsprechenden Anschlussdose versorgt ist, so lässt sich unabhängig voneinander und flexibel telefonieren, fernsehen oder „surfen". Wenn im Haus ein Home-Office existiert, sind solche Anschlüsse dort ohnehin sehr wichtig, damit berufliche Tätigkeit und Privatleben nicht kollidieren.

Wie viel kosten zeitgemäße IT-, TV- und Telefonanschlüsse?

Soweit das Haus grundsätzlich einen Anschluss an Datenleitungen für Telefon und Internet sowie für TV hat, ist die Versorgung innerhalb des Hauses nur eine Frage der Verlegung der Datenleitungen in die einzelnen Räume. So kann man zum Beispiel Leerrohre verlegen lassen, in die man die Kabel gemeinsam legt und vom Haus- oder auch Antennenanschluss bis zu den Dosen in den einzelnen Räumen führt. Die Kosten dafür sind nicht besonders hoch. Da aber doch einige Wandschlitzungen und Deckendurchbohrungen erfolgen müssen, sollte man nicht unter 2 000 bis 3 500 Euro kalkulieren – ohne Wiederverputzen und neu Tapezieren. Das kostet wenigstens noch einmal so viel – eher mehr (→ **Checkblatt Wandoberflächenerneuerung** Seite 190).

Checkblatt

TV-, IT- und Telefonanschlüsse

Welche Alternativen gibt es?

Wenn Sie nicht auf ein Home-Office angewiesen sind oder eher selten am Computer sitzen, können Sie auch mit einer sehr geringen IT-, TV- und Telefonausstattung auskommen, etwa mit einem Anschluss für TV und Telefon. Im Zweifel kann man am Anfang sogar eine Datenleitung (etwa Internetkabel) offen von Zimmer zu Zimmer legen. Weitergehende Maßnahmen lassen sich zunächst komplett zurückstellen, anders als etwa die Nachrüstung der Elektroinstallation mit Sicherheitstechnik.

Checkblatt

Badsanierung

Was ist eine Badsanierung?

Eine Badsanierung umfasst nicht nur die Sanierung der Oberflächengewerke, wie Fliesenbeläge, Sanitärgegenstände und Armaturen, sondern fast immer auch die Sanierung der Wasserzu- und -ableitungen, bisweilen sogar die komplette Warmwasserbereitung. Das wird häufig vergessen und treibt dann die Kosten nach oben. Sehr häufig tauchen beim Rückbau des alten Bades die Probleme scheibchenweise auf: Erst stellt man fest, dass die Fliesen auf einem sehr brüchigen Mörtelbett oder Putz kleben, das/der dann ebenfalls mit abgenommen werden muss, sodass man schließlich die Rohbauwand neu verputzen bzw. mit einem neuen Mörtelbett versehen muss. Dann stellt man fest, dass die alten Anschlusspunkte der Sanitärgegenstände für den neuen Badausbau nicht mehr funktionieren und gänzlich neue geschaffen werden müssen; und schließlich kommt hinzu, dass Steig- und Fallleitungen ebenfalls erneuert werden müssen, weil sie in sehr schlechtem Zustand sind. So wird aus einer eigentlich als überschaubar gedachten Badmodernisierung schnell die Vollsanierung. Wenn dann noch die Warmwasserbereitung umgestellt werden soll, zum Beispiel durch Ergänzung von Solarkollektoren auf dem Dach und

Checkblatt

Badsanierung

einem neuen Warmwasserspeicher im Keller, kann es schnell richtig teuer werden.

Wann benötigt man eine Badsanierung?

Der häufigste Grund für Badsanierungen sind andere Ästhetik- und Komfortansprüche an Bäder als in den 1950er, 1960er, 1970er und selbst noch in den 1980er Jahren. Außerdem nutzt man meist ungern WCs und Badewannen, die bei den Vorbesitzern bereits seit Jahren in Gebrauch waren. Daher sind Badsanierungen beim Eigentumswechsel von Gebäuden an der Tagesordnung.

Eine Badsanierung kann aber auch notwendig werden, wenn zum Beispiel die Installationsleitungen veraltet und Rohrbrüche zu befürchten sind. Wenn dann ohnehin der halbe Fliesenspiegel aufgeschlagen werden muss, um an die Rohre zu kommen, kann es sinnvoll sein, gleich eine komplette Badsanierung durchzuführen. Einfache Eisenleitungen, die 20 bis 30 Jahre alt sind, können vermehrt das Risiko von Rohrbrüchen in sich tragen. Auch Kupferrohre können undicht werden, besonders wenn sie schon 30 oder 40 Jahre alt sind und die Wasserqualität ihnen zusetzt.

Ein anderer gewichtiger Grund kann sein, dass man ein barrierefreies oder zumindest barrierereduziertes Bad benötigt, weil man vorübergehend oder dauerhaft in seinen Bewegungen eingeschränkt ist (⇢ Seite 112).

Wie viel kostet eine Badsanierung?

Eine Badsanierung bedeutet fast immer den vollständigen Rückbau des alten Bades inklusive Auswechselung der Anschlusspunkte der alten Sanitärgegenstände und häufig auch der Fall- und Steigleitungen, die das Bad mit Wasser- und Warmwasser versorgen sowie das Abwasser entsorgen. Nicht selten kommt noch ein Austausch des alten Heizkörpers gegen einen modernen Handtuchheizkörper hinzu. Wird dann der Neuausbau entsprechend komfortabel gestaltet, mit Wanne, bodengleicher Dusche,

Checkblatt
Badsanierung

großem Waschtisch mit eingelassenem Doppelwaschbecken und Unterschrank sowie überall modernen Einhebelarmaturen, WC mit versenktem Wasserkasten, großem Spiegel und entsprechender Beleuchtung, sollten Sie um die 20 000 Euro zur Verfügung haben. Zu großer Vorsicht sei hier bei allzu lockeren Kostenvoranschlägen geraten, häufig sogar erstellt, ohne dass das betreffende Unternehmen das Bestandsbad überhaupt einmal gesehen hätte, geschweige denn die vorhandene Substanz von Gebäude, Heizung und Installationen genauer untersucht hätte.

Welche Alternativen gibt es?

Sie können bei einer Badsanierung sehr viel Geld sparen. Das fängt schon beim Rückbau an. So müssen Sie zum Beispiel die alten Fliesen nicht zwingend abklopfen und entsorgen, um dann neue Fliesen setzen zu können: Die alten Fliesen können Sie auch überfliesen, das heißt die neuen Fliesen werden auf den alten verlegt.

Sind die alten Rohre stark korrodiert und ist die nächste Leckage vorprogrammiert, sollten Sie nach Möglichkeit in neue Rohrleitungen und – falls notwendig – in neue Fall- und Steigleitungen investieren. Etwas sparsamer können Sie wieder bei den Fliesen, Sanitärgegenständen und Armaturen werden. Vielleicht kann der alte Heizkörper bleiben, dann ist schon einiges gespart und Sie kommen mit der Hälfte des Geldes oder sogar noch weniger aus, das ansonsten in die Badsanierung gesteckt wird.

Checkblatt

Wasserleitungssanierung

Was ist eine Wasserleitungssanierung?

Wasserleitungen in Häusern benötigt man zum einen für die Heizung und zum anderen für die direkte Versorgung mit Wasser zum Spülen, Waschen, Baden, Duschen und fürs WC. Viele Wasserleitungen in Bestandgebäuden sind entweder aus Eisen, Kupfer oder Kunststoff, eher selten aus Edelstahl. Edelstahlrohre machen eher geringe Probleme, aber sowohl Eisen als auch Kupfer können über die Jahre Leckagen kriegen, sodass Wasser austritt. Selbst Kunststoffe können porös werden. Für Frischwasserleitungen werden Kunststoffrohre in Deutschland aber erst seit etwa Anfang der 1990er Jahre flächendeckend eingesetzt. Bei Gebäuden aus der Vorkriegszeit finden sich auch noch Bleirohre. Sie werden schon lange nicht mehr eingebaut und sind für Neubauten längst verboten, da sie permanent Schwermetallmengen ans Wasser abgeben und so nachgewiesenermaßen die Gesundheit schädigen.

Wasserrohre aus Eisen halten etwa 20 bis 30 Jahre, Kupferrohre etwa 30 bis 40 Jahre, bis es zunehmend zu Problemen kommen kann, d. h. Leckagen oder sehr starke Verkalkungen vermehrt auftreten. Kauft man ein gebrauchtes Haus dieses Alters, muss man mit solchen Problemen rechnen, egal, ob es sich um Wasserleitungen des Heizwasser- oder um die des Trinkwassersystems handelt.

Bei einer Wasserleitungssanierung handelt es sich nicht um die vereinzelte Reparatur beispielsweise eines Rohrbruchs, sondern um die Sanierung des gesamten Leitungssystems. Das heißt, dabei werden alle Leitungen, von der Heizungsanlage bzw. vom Wasserhausanschluss bis zu den Heizkörpern bzw. den Wasserentnahmestellen in Küchen, Bädern und WCs ausgebaut, ebenso wie die Rückleitungen zur Heizungsanlage bzw. Abwasserleitungen zum Kanal und vollständig durch neue Leitungen ersetzt.
Da Wasserleitungen häufig in Wänden liegen und im Bereich der Steig- und Fallleitungen auch Geschossdecken durchstoßen, ist eine Wasserleitungssanierung meist relativ aufwändig. Denn um

Checkblatt
Wasserleitungssanierung

den eigentlichen Rohrtausch überhaupt durchführen zu können, müssen Wände aufgeschlitzt, Decken ggf. durchbohrt – und anschließend muss alles auch wieder verschlossen werden. Das hört sich vielleicht einfach an. Ist es aber nicht, denn wenn Sie in Bädern oder Küchen eine verflieste Wand öffnen müssen, Sie aber zu den Fliesen, die möglicherweise dabei zerstört werden, keine Ersatzfliesen mehr erhalten, können Sie im Grunde die Küche oder das Bad gleich neu verfliesen.

Manchmal gehört zu einer Wasserleitungssanierung auch die Sanierung des Außenwasserhahns und des privaten Abwasserkanals, der vom Haus über das eigene Grundstück zum öffentlichen Kanalanschluss führt.

Wann benötigt man eine Wasserleitungssanierung?

Die Sanierung von Wasserleitungen kann aus unterschiedlichen Gründen notwendig sein. Die beiden Hauptgründe sind technische Defekte oder gesetzliche Vorschriften. Die technischen Defekte reichen von starker Verkalkung oder Korrosion über Lochfraß bis hin zu offenen Rohrbrüchen. Bei den gesetzlichen Vorschriften spielt vor allem § 18 b des Wasserhaushaltsgesetzes eine Rolle, nach dem private Haushalte bis zum Jahr 2015 die Dichtigkeit des privaten Abwasserkanals nachweisen müssen, in Wasserschutzzonen sogar schon früher. Ferner spielt die novellierte Trinkwasserverordnung eine Rolle, nach der Hauseigentümer bei Mehrfamilienhäusern mit Wasserspeichern ab 400 Liter Inhalt jährlich mindestens eine Trinkwasseranalyse durchführen müssen. Dass betrifft Sie allerdings dann nicht, wenn Sie ein Ein- oder Zweifamilienhaus kaufen und es selbst bewohnen. Trotzdem ist eine Trinkwasseranalayse im Rahmen des Kaufs eines gebrauchten Hauses ohnehin sehr sinnvoll und in Ihrem ureigenen Interesse.

Soweit ein Gebäude noch Bleirohre als Trinkwasserleitungen enthält, kann nur zum sofortigen Ausbau geraten werden.

Checkblatt Wasserleitungssanierung

Wie viel kostet eine Wasserleitungssanierung?

Die Sanierung eines Wasserleitungssystems setzt sich zusammen aus dem Rückbau der alten Leitungen sowie den Material- und Personalkosten für die Montage der neuen Leitungen. Außerdem kommen meistens noch mindestens ein bis zwei Folgegewerke dazu, Putzer und Maler oder Putzer und Fliesenleger, um die entstandenen Schäden an den Wand- und Deckenoberflächen wieder herzurichten. Sie sollten dafür bei einem üblichen Einfamilienhaus mit nicht weniger als ca. 7 000 Euro rechnen, vor allem dann, wenn Sie für die erneuerten Rohre hochwertige Materialien, wie zum Beispiel Edelstahl, einsetzen wollen. Bei zusätzlichen Arbeiten, etwa Vormauerungen für neue Leitungsführungen oder komplette Neugestaltung der Anschlüsse im Haus, kann es auch teurer werden.

Bei den Heizungsleitungen kann es gut sein, dass Sie in einem Haus aus den 1960er bis 1980er Jahren noch auf sogenannte Einrohrsysteme treffen. Bei diesen Systemen wird nicht jeder Heizkörper von der Heizzentrale einzeln angefahren, sondern eine Ringleitung, an der alle Heizkörper hängen, versorgt diese mit Heizwasser (⇢ **Checkblatt Heizungssanierung** Seite 172). Das ist kein ideales System und häufig ändert man dies, wenn man ohnehin alle Leitungen austauscht, in ein modernes Zweirohrsystem, bei dem jeder Heizkörper mit einem Vor- und Rücklauf von der Heizzentrale einzeln angefahren wird.

Ein Sonderfall ist der Wechsel der Heizschleifen von Fußbodenheizungen. Diese sind Anfang der 1980er Jahre häufig noch mit flexiblen Rohrleitungen aus relativ sprödem Kunststoff unter dem Estrich verlegt worden. Wenn solche Heizschleifen entfernt und erneuert werden müssen, dann wird es teuer, da auch der Estrich (in älteren Gebäuden bis aus den 1980er Jahren meist ein Zementestrich) flächendeckend aufgebrochen und ausgetauscht werden muss. In solchen Fällen können Sie von einer Verdopplung der Kosten ausgehen: 15 000 Euro sollten dafür mindestens einkalkuliert werden, denn der Aufwand ist hoch.

Checkblatt Wasserleitungssanierung

Für die Dichtigkeitsprüfung des privaten Abwasserkanals, zu der Sie gesetzlich verpflichtet sind (soweit sie der Vorbesitzer des Hauses nicht bereits erbracht hat) gilt große Vorsicht. Hier ziehen immer wieder sehr zwielichtige Unternehmen um die Häuser und kassieren völlig überzogene Prüfungsentgelte. Eine Dichtigkeitsprüfung Ihres privaten Abwasserkanals wird normalerweise mit einer kleinen Kamera gemacht, die in den Kanal eingelassen wird – meist über den sogenannten Kontrollschacht im oder vor dem Haus. Eine solche Maßnahme sollte nicht mehr als 500 bis 800 Euro kosten. Auf gar keinen Fall sollten Sie Firmen ranlassen, die bei Ihnen klingeln und erzählen, sie seien „gerade in der Nachbarschaft zur Kontrolle gewesen“ und könnten Ihnen, da schon vor Ort, einen günstigen Preis anbieten. Sinnvoller ist es, bei Ihrem örtlichen Wasserlieferanten anzufragen, ob er seriöse Unternehmen für eine solche Kontrolluntersuchung empfehlen kann.

Welche Alternativen gibt es?

Wenn Sie ein gebrauchtes Haus kaufen, das zwischen 20 und 30 Jahre alt ist und dessen Wasserrohrleitungen aus Eisen oder Kupfer bestehen, müssen Sie damit rechnen, dass es zu Leckagen kommen kann. Sie können allerdings das Haus zunächst einmal beziehen und die Situation beobachten. Möglicherweise halten die Wasserleitungen zu Ihrer Überraschung noch eine ganze Weile. Tauchen irgendwann einzelne Leckagen auf, lassen sich diese auch einzeln reparieren. Falls später in kürzeren Abständen immer wieder Leckagen auftauchen, können Sie immer noch reagieren und erst dann über eine komplette Sanierung der Wasserleitungen nachdenken. Es kann auch sein, dass Sie kurz nach dem Einzug von einer ganzen Leckagen-Serie überrascht werden. Dann werden Einzelreparaturen schnell teurer als ein präventiver Wechsel des gesamten Leitungssystems.

Nicht herum kommen Sie um die Dichtigkeitsüberprüfung des privaten Abwasserkanals, wenn der Vorbesitzer diese nicht schon hat durchführen lassen.

Checkblatt

Küchenerneuerung

Was ist eine Küchenerneuerung?

In vielen gebrauchten Gebäuden gibt es heute Einbauküchen. Häufig bieten die Vorbesitzer an, dass diese mit übernommen werden können. Bei Einbauküchen gibt es große Qualitätsunterschiede, nicht nur bei den Möbeln selbst, sondern auch bei den eingebauten Elektrogeräten. Bei Elektrogeräten, die über 20 Jahre alt sind, sollten Sie einen Geräteausfall generell einkalkulieren. Fallen Herd oder Kühlschrank aus, muss meist sehr schnell Ersatz her und Sie treffen Kosten von mehreren Hundert Euro. Bei sehr hochwertigen Herden mit Backofen gelangen Sie auch schnell in den vierstelligen Bereich. Manchmal fragt man sich in einer solchen Situation, ob es sinnvoll ist, neue teure Geräte in eine alte Küche einzubauen und möchte dann eher die gesamte Küche wechseln.

Mitunter trifft die eingebaute Küche auch den eigenen Geschmack nicht und man will sie direkt austauschen. Nicht selten ist es dann mit einem reinen Ausbau der alten Küche und Einbau einer neuen Küche nicht getan, sondern zahlreiche andere Gewerke (Putzer, Fliesenleger, Elektriker, Sanitärinstallateur) müssen für die neu geplante Küche notwendige Veränderungen an Wand- oder Bodenbelägen sowie Installationen vornehmen. Diese Arbeiten, die fast immer zu einer Küchenerneuerung gehören, sind meist sehr viel umfangreicher und damit teurer als angenommen.

Wann benötigt man eine Küchenerneuerung?

Eine Küchenerneuerung kann zwingend sein, wenn die Vorbesitzer ihre Einbauküche mitnehmen und Sie den zurückgelassenen Küchenraum wieder so herrichten müssen, dass er eine neue Küche aufnehmen kann. So kann es zum Beispiel sein, dass Wasser- und Abwasserleitungen an einem Punkt installiert sind, der für Ihre Neuplanung nicht geeignet ist und verlegt werden muss. Gleiches gilt für die Elektroninstallation und die vorhandenen Fliesenspiegel. Es kann aber auch sein, dass Sie die alte Küche übernehmen

Checkblatt
Küchenerneuerung

können, sie aber zumindest mit FI-Schaltern nachrüsten wollen (⇢ **Checkblatt Elektroerneuerung** Seite 176). Oder Sie wollen die alte Küche behalten, möchten aber die Elektrogeräte tauschen – oder umgekehrt: Sie wollen die Elektrogeräte behalten, aber nicht das Mobiliar. Meist rührt eine Küchenerneuerung aber daher, dass die vorgefundene Bestandsküche nicht den eigenen ästhetischen Wünschen entspricht.

Wie viel kostet eine Küchenerneuerung?

Die Kosten einer Küchenerneuerung hängen natürlich vom Umfang ab. Im günstigsten Fall müssen Sie nur FI-Schalter bei der Elektroinstallation installieren lassen (⇢ **Checkblatt Elektroerneuerung** Seite 176). Im ungünstigsten Fall müssen Sie den gesamten Küchenraum von alten Fliesen und Oberflächenmaterialien befreien, die Elektro- und Wasseranschlüsse neu verlegen und eine neue Einbauküche mit neuen Elektrogeräten einbauen lassen. Das kostet zwischen 15 000 und 20 000 Euro –, selbst wenn Sie eine relativ günstige Einbauküche für 6 000 oder 7 000 Euro erwerben. Denn bis diese wirklich eingebaut ist, ist um sie herum viel zu tun: Elektroarbeiten, Sanitärarbeiten, Fliesenarbeiten, möglicherweise noch das Versetzen eines für den Einbau der Küche störenden Heizkörpers. Das alles summiert sich ganz schnell auf einen höheren vierstelligen Betrag, der dann mit der Küche fünfstellig wird.

Welche Alternativen gibt es?

Die Küche ist der ideale Platz, um wirklich Geld zu sparen. Sinnvoll ist sicher, wenn Sie FI-Schalter installieren lassen oder eine alte Küche übernehmen können, die noch in einem guten Zustand ist. Fragwürdig ist es, wenn man in eine Küche große Summe investiert, aber die eigenen Kochkünste mit der Küchenausstattung eigentlich gar nicht mithalten können. Eine ehrliche Einschätzung ist da ratsam. Und es muss auch nicht immer eine Einbauküche her, es dürfen ruhig einmal die guten alten Küchenmöbel als Einzelstücke sein. Gerade in gebrauchten Häusern können diese sogar viel Atmosphäre ausstrahlen.

Checkblatt

Innentürerneuerung

Was ist eine Innentürerneuerung?

Der Innenausbau eines Hauses aus den 1950er bis 1970er und sogar aus den 1980er Jahren entspricht meist nicht mehr heutigen Wohnbedürfnissen oder Vorlieben. Das gilt für die Innentüren, die Wand- und Deckenverkleidungen, die Bodenbeläge sowie die Bäder. Im Gegensatz zu Maßnahmen an den Außenfassaden sind Erneuerungen des Innenausbaus noch vor Bezug insofern sinnvoll, als dass sie natürlich erheblich zum Wohlbefinden beitragen. Nach dem Einzug sind sie viel schwieriger durchzuführen: Wer einmal zwei oder drei Wochen ohne Türen gewohnt hat, weiß, wovon die Rede ist.

Innentüren sind (anders als Haustüren) außerdem relativ einfach zu wechseln, da sie bereits in den 1960er Baujahren schon relativ häufig mit Normmaßen eingebaut wurden. In Häusern der 1950er Jahre findet man hingegen die unterschiedlichsten Türmaße und muss die Türöffnungen dann oft etwas anpassen. Manche alten Türrahmen – vor allem solche aus Metall – sind sehr tief in der angrenzenden Wand verankert.

Wann benötigt man eine Innentürerneuerung?

Eine Innentürenerneuerung kann notwendig sein, wenn man Barrierefreiheit schaffen muss, die alten Türen aber zu schmal sind. Ferner können die alten Türen verschlissen, beschädigt oder defekt sein. Möglicherweise klemmen sie, schließen nicht mehr und eine Reparatur würde sich nicht mehr lohnen.

In den allermeisten Fällen aber wandern sie auf den Müll, weil sich die ästhetischen Ansprüche gewandelt haben. Ein zwingender Grund zur Erneuerung ist das nicht, aber wenn man sie wechseln will, ist es ratsam, dies vor dem Einzug zu tun. Außerdem sind die Kosten überschaubar.

Checkblatt
Innentürenerneuerung

Wie viel kostet eine Innentürerneuerung?

Wenn Innentüren ein Normmaß haben, sind sie relativ preisgünstig zu erhalten. Mit 200 bis 350 Euro pro Stück ist da schon etwas machbar – je nach Türblattaufbau, Oberflächenbeschaffenheit und Beschlägen. Das gilt aber nur für reine Innentüren und nicht etwa für Wohnungsabschlusstüren zu Treppenhäusern oder gar Wohnungsabschlusstüren nach außen. Solche Türen müssen ganz anderen Belastungen standhalten und sind erheblich teurer. Will man allerdings bei Innentüren einen erhöhten Schallschutz (zum Beispiel mit einem besonderen Türblatt und absenkbarer Schallschutzleiste an der Türblattunterkante) kann das schnell deutlich teurer werden, problemlos über 800 Euro. Dabei sollte man aber stets bedenken, dass perfekte Türen wenig nutzen, wenn die angrenzenden Wände dünn sind und keinen guten Schallschutz bieten.

Ein Kostenfaktor können die alten Türen sein, wenn sie sich nur schwer ausbauen lassen. Dann können der Ausbau und die anschließende Reparatur der Wand ähnlich viel kosten wie die neue Tür.

Ein weiteres Problem sind alte Türen, die keine Normmaße haben sodass jede Tür individuell angepasst werden muss. In einem solchen Fall kann es sogar preiswerter sein, umgekehrt das alte Mauerwerk einfach auf Normmaß zu bringen und Normtüren einzubauen. Hauptproblem dabei ist meist der alte Türsturz. Nur wenn dieser erhalten bleiben kann, ist das eine kostengünstige Option. Kann er nicht erhalten bleiben, wird es aufwändiger, vor allem bei tragenden Wänden. Dann kann man nicht einfach die Türöffnung auf Normmaß verbreitern, sondern muss zum Beispiel den Türsturz höher setzen oder verbreitern, bevor man eine Normtür einsetzt. Muss die Türöffnung hingegen nur etwas verkleinert werden und kann die Türsturzhöhe bleiben wie sie ist, kann man meist problemlos eine Normtür einsetzen.

Checkblatt

Innentürenerneuerung

Welche Alternativen gibt es?

Eine Alternative kann das Behalten der alten Türen sein. Wenn es sich bei den Türen um nichtfurnierte Massivtüren handelt, können Sie sie durch das Abbeizen oder Abschleifen von alten Farbschichten befreien und danach neu lackieren oder in Natur belassen. Das kann sehr schön aussehen und dem Haus einen sehr viel stärkeren und wohnlicheren Charakter verleihen als eine eher seelenlose neue Tür.

Checkblatt

Wandoberflächenerneuerung

Was ist eine Wandoberflächenerneuerung?

Eine Wandoberflächenerneuerung ist nicht nur das Streichen einer Wand, sondern zumindest die Entfernung der bisherigen Tapete und Austausch gegen eine neue. Aber nicht jeder mag Tapete, sodass manchmal auch ein Verputz der Wand gewünscht wird. Und es kann auch sein, dass der alte Innenputz sinnvollerweise mit abgetragen und erneuert wird. Das wäre dann eine vollständige Erneuerung der alten Wandoberfläche.

Manchmal sind Wandoberflächen verkleidet – etwa mit Holz oder Fliesen. Diese Verkleidungselemente müssen abgenommen werden.

Im Dachstuhlbereich kann es sein, dass die Verkleidungsplatten (häufig Gipskartonplatten) abgenommen und erneuert werden müssen.

Wann benötigt man eine Wandoberflächenerneuerung?

Eine Wandoberflächenerneuerung kann zwingend notwendig sein, wenn zum Beispiel Putze oder andere Wandverkleidungen aufgrund von Gebäudeschäden durchfeuchtet sind. Sie kann auch notwendig sein, wenn in der Verkleidung Schadstoffe enthalten sind

Checkblatt
Wandoberflächenerneuerung

(etwa bei Spanplattenverkleidungen der 1960er und 1970er, teilweise auch der 1980er Jahre). Manchmal kann die Erneuerung von Innenoberflächen notwendig werden, weil man zuvor an darunter liegende Elektroleitungen oder Wasserrohre sanieren musste oder wenn die Vorbesitzer starke Raucher waren. Man wird den Geruch meist nur durch einen vollständigen Wechsel der Tapeten aus dem Gebäude bringen.

In den allermeisten Fällen spielen aber auch hier die Ästhetik und der persönliche Geschmack die Hauptrolle, warum man Erneuerungen vornimmt. Die sollten vor dem Einzug erfolgen.

Wie viel kostet eine Wandoberflächenerneuerung?

Je nachdem, ob sie nur die Tapete oder auch den Putz oder eine Gipskartonplattenverkleidung tauschen wollen, müssen Sie mit unterschiedlichen Kosten rechnen. Für das Entfernen einer alten Tapete fallen etwa 3 bis 5 Euro pro Quadratmeter an – je nach Aufwand. Im Zweifel sollte an einer unauffälligen Stelle ein Test gemacht werden, damit Sie wissen, wie problematisch das Entfernen wird. Für das neue Tapezieren sollten Sie mit ca. 10 bis 15 Euro plus 5 bis 7 Euro für das anschließende Streichen rechnen. Soll es nicht einfache Raufaser sein, sondern ein ausgefallenes Material, etwa eine Textiltapete, wird es schnell deutlich teurer. Dann sind 40, 50 oder 70 Euro pro Quadratmeter drin. Der Arbeitskostenanteil bleibt in etwa gleich, aber der Materialpreis schnellt in die Höhe. Für ein durchschnittliches Haus (ca. 120 Quadratmeter Grundfläche) sollten Sie mit 7 000 bis 10 000 Euro für das Entfernen der alten Tapete, das Aufbringen der neuen Tapete und das Streichen kalkulieren. Ist das Haus größer, entsprechend mehr.

Soll der alte Putz entfernt werden und gegen einen neuen getauscht werden, springen die Kosten rapide nach oben. Dafür sollten Sie für ein übliches Haus zwischen 15 000 und 20 000 Euro kalkulieren.

Checkblatt

Wandoberflächenerneuerung

Welche Alternativen gibt es?

Wenn Sie unerfahren sind, ist es ratsam, das Verputzen nicht selbst vorzunehmen. Das Tapezieren können Sie hingegen mit Hilfe von erfahrenen Verwandten oder Bekannten selbst in Angriff nehmen. Beginnen Sie an einer unauffälligen Stelle, dann können Sie mit dem Fortschreiten der Arbeit lernen und zunehmend schneller und besser werden. Auch das Streichen kann eigentlich jeder. Eine Herausforderung ist meist nur das Treppenhaus mit seinen Höhen. Hier können Sie sich aber nötigenfalls sogar von einem Gerüstbauer ein professionelles Gerüst stellen lassen und eine Mietgebühr für die Standdauer entrichten. Oder aber Sie arbeiten mit Leiter und mindestens einer Person, die nichts anderes tut, als diese Leiter zu sichern.

Checkblatt

Bodenbelagserneuerung

Was ist eine Bodenbelagserneuerung?

Unter Bodenbelägen versteht man jede Art von Oberböden, Fliesen, Parkett, Dielenböden, Teppiche, Linoleum usw. Man versteht darunter nicht Estriche. Der Estrich gehört zur Unterbodenkonstruktion und trägt nur den Oberboden. Wird ein Bodenbelag erneuert, bleibt der Unterboden meist bestehen.

Eine Belagserneuerung kann ein kompletter Austausch des Belags sein, etwa ein neues Parkett gegen ein altes. Es kann aber auch eine Erneuerung des alten Parketts sein, ein Parkettschliff samt einer neuen Versiegelung.

Bei Teppichen, Linoleum (häufig sogar PVC) und Fliesen hingegen bedeutet Erneuerung immer auch Austausch. Wird ein Belag gegen einen anderen ausgetauscht, ist eine der Herausforderungen die Demontage des alten Belags. Parkett liegt im Parkettkleber, der Estrich und Parkett fest miteinander verbindet; Fliesen liegen

Checkblatt
Bodenbelagserneuerung

im Mörtelbett, das Estrich und Fliesen fest miteinander verbindet und Teppich ist oft durch Teppichkleber fest mit dem Estrich verbunden. Jede dieser Entfernungen kann Schäden am Estrich hinterlassen, die aber fast immer ganz gut ausgeglichen werden können, soweit es sich beim Estrich um Zementestrich handelt.

Anders verhalten kann es sich bei Dielenbelägen. Vor allem bei älteren Gebäuden mit Holzdecken liegen diese häufig auf einer Balkenlage auf und decken auch die Zwischenräume der Balkenlage ab. In diesen Zwischenräumen kann es zu einer Reihe von Überraschungen kommen: Man findet dort alles Mögliche, womit früher der Versuch von Wärme- und Schalldämmung betrieben wurde. Vor allem Schlacke, die meist Schadstoffe enthält und als Sondermüll entsorgt werden muss. Bei einer solchen Deckenöffnung lassen sich angefaulte Balken und ähnliches entdecken. So kann aus einer einfachen Bodenbelagserneuerung ein Abenteuer werden, das bei der Untersuchung der Zwischendeckenkonstruktion und schließlich der Gebäudestatik endet.

Altteppiche samt deren Kleber müssen ebenfalls meist als Sondermüll entsorgt werden. Gleiches gilt für Parkett samt dessen Klebern, vor allem wenn der Parkettkleber schwarz ist, Ähnlichkeit mit Teer hat und **p**olyzyklische **a**romatische **K**ohlenwasserstoffe (PAK), enthält. Dann müssen sogar während des Ausbaus strenge Vorschriften der Gewerbeaufsicht eingehalten werden, zum Schutz der Arbeiter und späteren Bewohner.

Fliesen hingegen liegen häufig in einem Mörtelbett, dessen Herausnehmen zwar sehr aufwändig sein kann – häufig ist ein Bohrhammer notwendig, um die Mörtelmasse vom Estrich zu trennen – das aber vom Material her eher ungefährlich ist. Es splittert allerdings.

Eine Estricherneuerung gehört nur ganz selten zu den üblichen Modernisierungsmaßnahmen im Zuge des Kaufs eines gebrauch-

Checkblatt
Bodenbelagserneuerung

ten Hauses. Das liegt daran, dass der Estrich meist gar nicht ins Blickfeld der Hauskäufer gerät, weil sie ihn nicht sehen können und seine Funktionen oft gar nicht kennen. Der Estrich in Bestandsgebäuden besteht zum überwiegenden Teil aus einer etwa 6 Zentimeter starken Zementmasse, die auf der Rohdecke aufliegt. Manchmal als **„Verbundestrich"**. Das heißt, dass zwischen der Rohgeschossdecke und dem Estrich nichts dazwischengefügt ist, sondern beide im festen Verbund (daher der Name) aufeinander ruhen. Deren nachträgliche Trennung ist sehr aufwändig und führt fast immer zu erheblichen Schäden an der Geschossdecke. Manchmal ist der Estrich ein **„Estrich auf Trennlage"**. Dann liegt zwischen Rohgeschossdecke und Estrich zum Beispiel eine einfache Folie, die sogenannte Trennlage. Der Ausbau eines solchen Estrichs ist zumindest einfacher als der Ausbau eines Verbundestrichs. Denn die Trennlage verhindert einen festen Materialverbund zwischen Rohdecke und Estrich. Oder aber es handelt sich beim Estrich um einen **„schwimmenden Estrich"**. Dann liegt zwischen der Rohgeschossdecke und dem Estrich eine Wärme- und/oder Trittschalldämmung, eine Art sehr fester Schaumstoff. An den Estrichrändern zu den Wänden hin ist eine Art Schaumstoff- oder Pappband gefügt, damit der Estrich keinen direkten Kontakt zur Wand hat. Der Estrich „schwimmt" auf diese Weise sozusagen frei in einem Dämmbett. Dadurch wird der Schallübertrag auf andere, angrenzende Bauteile deutlich gedämpft. Solche Estriche wurden in Baujahren ab etwa 1980 flächendeckend in den alten Bundesländern Standard. Ältere Estriche in Wohngeschossen sind häufig Verbundestriche oder Estriche auf Trennlage mit denkbar schlechtem Schallschutz. Diese Zusammenhänge sind Hauskäufern aber selten klar, daher wird häufig auf einen alten Estrich mit einer schlechten Schalldämmung ein moderner Bodenbelag gelegt. Die schlechte Schalldämmung aber bleibt. Das ist insofern verständlich, als eine komplette Estricherneuerung nicht nur sehr teuer wäre, sondern auch zahlreiche andere Konsequenzen in sich birgt. Die gravierendste ist, dass sich beim Einbringen eines neuen

Checkblatt
Bodenbelagserneuerung

Estrichs alle Innenraumhöhen verändern können (u. a. Brüstungshöhen von Fenstern, Türdurchgangshöhen etc.).

Wann benötigt man eine Bodenbelagserneuerung?
Eine Bodenbelagserneuerung ist nur dann notwendig, wenn der Boden Schäden aufweist, wenn Barrieren im Bodenbereich geebnet werden sollen oder wenn unterhalb des Oberbodens Modernisierungen stattfinden sollen – etwa der Einbau einer Fußbodenheizung. In den beiden letzteren Fällen muss allerdings fast immer auch der Estrich erneuert werden.

In der Praxis wird der Oberboden meist aus Gründen des ästhetischen Empfindens gewechselt. Das kann für das persönliche Wohlbefinden im neuen Heim wichtig sein. Ein Bodenbelagswechsel sollte vor dem Einzug stattfinden. Danach ist er nur mit großem Aufwand durchführbar.

Wie viel kostet eine Bodenbelagserneuerung?
Zu einer Bodenbelagserneuerung gehört zunächst einmal der Rückbau des alten Bodenbelags. Normalerweise bleibt der alte Estrich hierbei bestehen. Dieser wird von den Kleber- oder Mörtelresten komplett befreit und ggf. noch gespachtelt. Darauf kommt der neue Bodenbelag. Rechnen Sie für Rückbau und Entsorgung alter Böden (ohne Zusatzaufwand bei Schadstoffbelastungen und ohne Deponiegebühren) mit ca. 10 bis 20 Euro pro Quadratmeter. Für den neuen Bodenbelag können Sie bei Fliesen (gute Fliesenqualität) mit ca. 35 bis 50 Euro pro Quadratmeter rechnen (also Material- plus Verlegekosten); bei Parkett sollten Sie nicht unter 80 Euro für Material- und Verlegekosten pro Quadratmeter kalkulieren; bei Teppichboden – wenn die Materialqualität einigermaßen vernünftig sein soll – ab 25 Euro.

Soll auch der Estrich erneuert werden, wird es schlagartig teurer. Rechnen Sie für Ausbau und Entsorgung des alten Estrichs nicht

Checkblatt
Bodenbelagserneuerung

unter 3 000 bis 5 000 Euro für ein übliches Haus. Für den neuen Estrich sollten Sie zwischen 8 000 und 10 000 Euro einkalkulieren.

Welche Alternativen gibt es?

Soweit die alten Böden keine Schadstoffe enthalten, die bei Entfernung freigesetzt werden, können Sie sie gut selbst ausbauen. Das gilt vor allem für alte Teppichböden, PVC- oder Linoleumbeläge. Schwieriger kann es bei Parkett- und Fliesenbelägen sein. Letztere können manchmal extrem fest im alten Mörtelbett liegen. Dann benötigen Sie Erfahrung im Umgang mit einem Bohrhammer, auch um den darunterliegenden Estrich nicht zu stark zu beschädigen.

Hinsichtlich der neuen Bodenbeläge kann man statt Parkett gut auf ein „Klick-System" ausweichen: Dabei werden schmale Holzdielen in dafür vorbereitete Halterungen geklickt – ohne flächige Verklebung. Das ist relativ einfach und selbst für Laien gut zu schaffen. Das sieht beim Fliesenlegen anders aus: An die Qualität eines erfahrenen Fliesenlegers kommt man nur schwer heran. Wenn das Geld sehr knapp ist, können Sie auf Kork- oder Linoleumböden ausweichen. Vermeiden Sie billige Teppiche oder gar PVC-Böden. Sie tragen sonst das Risiko, dass Sie sich Schadstoffe ins Haus holen. Ein Linoleumboden ist zwar teurer als ein PVC-Belag, doch ist er die deutlich bessere (Zwischen)Lösung, wenn anfangs das Geld für mehr fehlt. Linoleum gibt es in den verschiedensten Gestaltungsvarianten. Theoretisch denkbar ist auch, den alten Estrich, soweit er gut erhalten ist, abzuschleifen und farblich zu behandeln: zum Beispiel hellgrau oder anthrazitfarben zu streichen und dann mit einem Kunstharzanstrich zu versehen. Das kann sehr schön aussehen. Kunstharz ist allerdings nicht ganz billig und ökologisch nicht optimal.

Wenn der Estrich entfernt und durch einen neuen ersetzt werden soll, sollten Sie auch das Einbringen eines Sicht-Estrichs erwägen. Das sind Estriche, die ohne weiteren Oberbodenbelag auskom-

Checkblatt
Bodenbelagserneuerung

men und deren Oberfläche speziell geschützt wird, etwa auch mit einem Kunstharzanstrich. Alternativ kann ein Estrich zum Beispiel in Form eines „Pandomo"-Bodenbelags ausgeführt werden – ein Bodenbelag auf Zementbasis, der ebenfalls keinen weiteren Oberboden benötigt.

Neue Estriche sollten Sie nur einbauen, wenn auch der alte Estrich komplett entfernt ist – schon aus Gewichtsgründen und der Deckenstatik: Estriche sind sehr schwer! Sie können nicht ohne weiteres einen neuen Estrich auf einen alten legen.

Checkblatt

Schadstoffsanierung

Was ist eine Schadstoffsanierung?

Unter einer Schadstoffsanierung versteht man einen baulichen Eingriff, mit dem entweder versucht wird, den „Expositionspfad" von Schadstoffen zu unterbinden oder die Schadstoffe ganz zu entfernen. Der Expositionspfad ist der Weg, den ein Schadstoff aus einem belasteten Material in den Raum nimmt (ob gasförmig, flüssig oder fest) und so in die Raumluft, das Trinkwassernetz oder auf Wand-, Boden- oder Deckenoberflächen der Räume gelangt, wo er über die Atemwege, die Haut oder durch Verschlucken (Trinkwasser) vom menschlichen Körper aufgenommen wird.

Eine Schadstoffsanierung kann auch den vollständigen Ausbau und die Entfernung eines Schadstoffes bedeuten. Dies kann wiederum neue Probleme verursachen, zum Beispiel durch eine schadstoffhaltige Staubentwicklung.

Eine Checkliste häufiger Schadstoff-Belastungen bei gebrauchten Immobilien, viele weitere Informationen zum Vorgehen und wie Sie Sachverständige finden, erhalten Sie in dem Ratgeber „Kauf eines gebrauchten Hauses: Die Checklisten" (→ Seite 240).

Checkblatt Schadstoffsanierung

Wann benötigt man eine Schadstoffsanierung?

Eine Schadstoffsanierung benötigt man dann, wenn die Unversehrtheit der Bewohner eines Gebäudes, ob Eigentümer oder Mieter, gefährdet oder schon beeinträchtigt ist. Das wird üblicherweise an Grenzwerten festgemacht: für die Raumluft, die Raumoberflächen oder das Trinkwasser. Eine Schadstoffsanierung dient zudem der Unversehrtheit von Besuchern und Bewohnern des näheren Umfeldes, da schadstoffhaltige Baustoffe auch sie belasten können.

Schadstoffsanierungen können darüber hinaus notwendig werden, um bestehende Gesetze zu erfüllen. Im Einfamilienhausbereich gibt es allerdings nur wenige gesetzliche Verpflichtungen. Hier sind es eher festgelegte Grenzwerte, etwa von Formaldehyd in der Raumluft, die die Bewohner darüber nachdenken lassen sollten, bei begründeten Verdachtsfällen Messungen vorzunehmen und zu handeln. Anders sieht es außerhalb des Hauses aus. Sind auf Ihrem Grundstück schwere Bodenbelastungen vorhanden, zum Beispiel durch Altöle oder Überdüngungen, kann die zuständige Kommune die Sanierung einfordern, da von Ihrem Grundstück dann Gefahren für die Allgemeinheit ausgehen. Manchmal ist es auch umgekehrt und Kommunen verkaufen belastete Grundstücke – zum Beispiel Grundstücke auf denen ehemals ein kommunaler Bauhof oder ähnliches angesiedelt war. Werden im Grundstückskaufvertrag Sanierungspflichten auferlegt, muss man diesen nachkommen.

Wie viel kostet eine Schadstoffsanierung?

Schadstoffsanierungen können sehr teuer sein. Sind es keine kleinen Sanierungen wie etwa die Entfernung alter Wasserbleirohre, sondern umfangreichere, wie beispielsweise die Entfernung von formaldehydhaltigen Wandverkleidungen im ganzen Haus, wird es schnell fünfstellig. Es kann auch sechsstellig werden, wenn zum Beispiel das gesamte Haus entkernt werden muss, um an gefährliche Baustoffe heranzukommen und sie zu entfernen. Das können

Checkblatt
Schadstoffsanierung

gefährliche Farben, Kleber oder sogar ein komplett belasteter Holzdachstuhl sein. Es hängt aber sehr stark vom Einzelfall ab. Daher sollten vor allem Gebäude aus den 1950er, 1960er und 1970er Jahren vor Ankauf auf mögliche Schadstoffbelastungen überprüft werden. Bei Fertighäusern aus den 1960er und 1970er Jahren sollte vor dem Ankauf grundsätzlich eine Raumluftmessung durchgeführt werden, um die Formaldehydbelastung festzustellen.

Und bezüglich des Grundstückes, auf dem ein Haus steht, sollte immer gefragt werden, was vorher dort war: Einfach nur Ackerland oder Wiese? Oder intensive Viehzucht, Gewerbe, Industrie?

Welche Alternativen gibt es?

Zu Schadstoffsanierungen gibt es nur wenige Alternativen. Wenn Sie nichts tun, sind davon zunächst vor allem Sie selbst und Ihre Kinder betroffen. Und das können Sie auf gar keinen Fall zulassen. Weil Schadstoffsanierungen aber so kostenintensiv sind und sich ein vermeintliches Immobilienschnäppchen ganz schnell in ein finanzielles Desaster verwandeln kann, wenn das Objekt schadstoffbelastet ist, müssen Sie vor allem bei verdächtigen Immobilientypen genauer hinschauen. Fertighäuser aus den 1960er und 1970er Jahren stehen hier ebenso auf der Liste wie Gebäude mit auffallend vielen unnatürlichen Baustoffen, wie Asbestzementverkleidungen an Fassaden oder Dächern, PVC-Böden in den Innenräumen, chemischen Holzschutzmitteln im Dachstuhl oder in Wand- und Deckenverkleidungen. Wenn diese Baustoffe schon an den Oberflächen stark eingesetzt wurden, können Sie davon ausgehen, dass es darunter nicht besser aussieht, sondern sowohl Baustoffe, die **p**oly**c**hlorierte **B**iphenyle (PCB) als auch solche, die **p**olyzyklische **a**romatische **K**ohlenwasserstoffe (PAK) enthalten, umfangreicher als notwendig verwendet wurden: ob als Fugendichtmasse zum Beispiel an Fenstern (PCB) oder als Parkettkleber (PAK). Daher: Augen auf beim Kauf. Wenn Sie den Verdacht auf Schadstoffbelastung haben, sollte sich das immer ein Experte vor dem Kauf ansehen. Nötigenfalls müssen Proben genommen und

Checkblatt
Schadstoffsanierung

untersucht werden (Luft-, Staub-, Materialproben). Das ist die beste Alternative zum Risiko einer Schadstoffsanierung.

Checkblatt

Haustürerneuerung

Was ist eine Haustürerneuerung?

Eine Haustürerneuerung ist meist der komplette Austausch der alten Haustür samt Rahmenwerk gegen eine neue. Das heißt, dass in einem solchen Fall auch angrenzende Wände davon betroffen sind: Sei es, dass sie ganz weichen müssen; sei es, dass sie in Teilen weichen müssen; sei es, dass sie in Mitleidenschaft gezogen werden. Ferner kann es sein, dass auch Klingelanlage, Beleuchtung und Briefkasten Teil einer alten Haustür waren und dann mit erneuert werden müssen. Und schließlich ist es so, dass alte Haustüren häufig keine Normmaße haben, sodass es sein kann, dass der Türsturz (der tragende Wandteil über der Tür), unterfüttert oder in Teilen herausgebrochen werden muss. Das alles führt zu Kosten, die nur selten in einem vernünftigen Verhältnis zum Nutzen stehen.

Wann benötigt man eine Haustürerneuerung?

Eine Haustürerneuerung benötigt man eigentlich nur aus vier Gründen:

- Die gesamte Gebäudehülle soll auf einen neuen energetischen Stand gebracht werden.
- Der Einbruchschutz an allen Fenstern und Türen soll deutlich verbessert werden.
- Der Schallschutz an Fenstern und Türen zumindest an einer Fassade soll erhöht werden.
- Die bisherige Tür ist so desolat oder altersschwach, dass sie ersetzt werden muss.

Das heißt also, dass in drei von vier Fällen eine Haustürerneuerung nur sinnvoll ist, wenn gleichzeitig auch die Fenster erneuert

Checkblatt
Haustürerneuerung

werden, weil sonst die gewünschte Wirkung kaum eintritt. Die isolierte Erneuerung der Haustür bringt in diesen Fällen sehr wenig.

Sehr häufig steht aber ein ganz anderer Grund zur Auswechselung der Haustür vor allen anderen: Sie entspricht nicht mehr der gewünschten Ästhetik. Mit energetischen Überlegungen oder Überlegungen zum verbesserten Schall- und Einbruchschutz oder einer Altersschwäche der Tür hat es interessanterweise in vielen Fällen weniger zu tun.

Wie viel kostet eine Haustürerneuerung?

Eine Haustürerneuerung ist teuer. Alleine für das Türelement sollten Sie nicht unter 3 500 Euro veranschlagen, wenn Sie etwas Vernünftiges wollen. Hinzu kommen der Ausbau und die Entsorgung der alten Tür sowie der Einbau einer neuen. Soweit notwendig, inklusive allen Anpassungsarbeiten, also Bodenbelags-, Wandputz-, Tapezier- und Malerarbeiten. Das kann 5 000 bis 6 000 Euro kosten.

Welche Alternativen gibt es?

Die einfachste Alternative ist: Die alte Haustür – falls sie noch nicht auseinanderfällt – einfach eingebaut zu lassen, bis Sie ohnehin irgendwann einmal an die gesamte Hausfassade gehen, diese dämmen und neue Fenster einbauen. Das ist dann der richtige Zeitpunkt, um auch eine alte Haustür gegen eine neue auszuwechseln.

Checkblatt

Hauseingangserneuerung

Was ist eine Hauseingangserneuerung?

Ganz ähnlich wie bei der Haustürerneuerung ist auch der Wunsch einer generellen Hauseingangserneuerung nach dem Kauf eines gebrauchten Hauses weit verbreitet. Zum Hauseingangsbereich gehören üblicherweise der Zugangsweg, die Vortreppe, das Treppenpodest (ggf. mit eingelassenem Gitterrost zum Fußabtritt), das Geländer, das Vordach, die Beleuchtung, der Briefkasten, die Klingel (ggf. mit Gegensprechanlage) und die Hausnummer.

Meist sind hier alle einzelnen Elemente noch funktionstüchtig, sie genügen aber oft nicht mehr den ästhetischen Ansprüchen. Manchmal werden dann alle Elemente durch neue ersetzt, auch ganze Treppen abgebrochen und durch neue ausgewechselt.

Wann benötigt man eine Hauseingangserneuerung?

Eine Erneuerung des Hauseingangs benötigen Sie eigentlich nur dann, wenn Sie zum Beispiel statt einer Treppe einen **barrierefreien Zugang** zum Haus schaffen wollen, weil Sie zwingend darauf angewiesen sind oder es einfach als angenehmer empfinden.

Eine Erneuerung des Hauseingangs kann auch erforderlich sein, wenn generell eine andere Zugangssituation zum Haus geschaffen werden soll: etwa um Platz für einen PKW-Stellplatz oder für Fahrräder oder Mülltonnen zu schaffen. Ästhetische Gründe sind eher Kosmetik. Es kann allerdings durchaus sein, dass der alte Hauseingangsbereich bauliche Schäden aufweist, die bis hin zu Unfallgefahren gehen (absturzgefährdete Vordächer, lose Geländer, loser Treppenbelag). Das alles muss natürlich zeitnah in Ordnung gebracht werden.

Wie viel kostet eine Hauseingangserneuerung?

Wenn Sie einen Hauseingangsbereich mit Zugang, Vortreppe, Podest, Vordach, Klingel- und Beleuchtungsanlage vollständig erneuern, kostet das sehr schnell über 10 000 Euro. Eine solche In-

Checkblatt
Hauseingangserneuerung

vestition ist eigentlich nur gerechtfertigt, wenn sie umfassenden, funktionalen Nutzen bringt, etwa aus einem barriereintensiven einen barrierefreien Zugang macht.

Einzelne Maßnahmen sind immer dann gerechtfertigt, wenn sie bauliche Folgeschäden verhindern oder Unfallgefahren beseitigen.

Welche Alternativen gibt es?

Wenn Sie nicht zwingend auf bauliche Änderungen des Hauseingangsbereichs angewiesen sind, ist es sinnvoll, mit solchen Maßnahmen zu warten, bis Sie insgesamt an die äußere Hausmodernisierung gehen. Eine Hauseingangsmodernisierung ist nur dann sinnvoll, wenn auch Fenster und Fassade sowie die Haustür erneuert werden. Als isolierte Maßnahme aus rein ästhetischen Gründen sind sie ähnlich fragwürdig wie die Haustürerneuerung, weil sie hohe Kosten bei im Zweifel wenig Nutzen verursachen.

Checkblatt

Terrassen- und Balkonsanierung

Was ist eine Terrassen- und Balkonsanierung?

Terrassen und Balkone sind als exponierte Außenbauteile eines Hauses ganzjährig allen Witterungseinflüssen ausgesetzt. Und während zum Beispiel ziegelgedeckte Satteldächer optimal gegen Witterungseinflüsse geschützt sind und auch das Haus selbst schützen, ist dies bei Terrassen und Balkonen deswegen anders, weil sie nicht vorrangig als Schutzbauteile gedacht und konstruiert sind, sondern als Nutzbauteile. Bei gebrauchten Häusern sind Schäden an Terrassen und Balkonen daher häufig zu finden. Eine Sanierung dieser Bauteile bedeutet, dass sie nicht nur repariert werden, zum Beispiel einzelne Fliesen eines Fliesenbelags ausgetauscht werden, sondern dass alle Aufbauschichten wie Fliesen, Mörtelbett, Gefälleestrich und Abdichtung abgetragen und neu aufgebaut werden. In diesem Zusammenhang kann es sein, dass

Checkblatt
Terrassen- und Balkonsanierung

auch Wasserabführungen und Geländer mit abgenommen und erneuert oder komplett ausgetauscht werden müssen.

Wann benötigt man eine Terrassen- und Balkonsanierung?

Eine Terrassen- oder Balkonsanierung benötigt man üblicherweise dann, wenn entweder ein Schaden einzutreten droht oder bereits eingetreten ist (sehr häufig ein Wasserschaden), der ggf. schon angrenzende Bauteile des Gebäudes in Mitleidenschaft gezogen hat (beispielsweise die Fassade). Auch wenn ein Schaden Unfallgefahren birgt (etwa ein unebener Plattenbelag auf der Terrasse Stolpergefahren oder eine gelöstes Geländer am Balkon Absturzgefahren), besteht Handlungsbedarf. In solchen Fällen ist eine zeitnahe Sanierung notwendig.

Wie viel kostet eine Terrassen- und Balkonsanierung?

Bei der Sanierung von Terrassen und Balkonen kommt es sehr darauf an, wie sie konstruiert sind.

So gibt es beispielsweise vermehrt **Terrassen**, bei denen die Fliesen nicht mehr im Mörtelbett auf einem Gefälleestrich und einer Betonplatte aufliegen. Viele Terrassen werden heutzutage eher mit einem Betonpflasterbelag versehen, der auf einem Kiesbett liegt, das wiederum auf verdichtetem Erdreich aufgebracht wird. Sanierungen an solchen Terrassen sind relativ einfach, denn dann können sogar einzelne Platten problemlos angehoben und zum Beispiel mit Kies neu unterfüttert werden. Hier bewegen sich Sanierungskosten im Bereich weniger Hundert Euro – oder man erledigt es selbst. Anders sieht es aus, wenn die Fliesen fest vermörtelt sind und zunächst einmal (nötigenfalls mit einem Presslufthammer) die Fliesen abgelöst werden müssen, das Mörtelbett abgelöst werden muss und ggf. der Gefälleestrich, bis nur noch die rohe Betonplatte bleibt. Diese muss dann evtl. auch geglättet werden und der gesamte Neuaufbau kann beginnen. In einem solchen Fall ist je nach Größe einer Terrasse mit 2 000 bis 4 000 Euro zu rechnen.

Checkblatt
Terrassen- und Balkonsanierung

Bei **Balkonen** muss man ebenfalls zwischen einfachen Aufbauten und aufwändigeren Konstruktionen unterscheiden. So gibt es mittlerweile auch für Balkone einfache Aufbauarten, mit einem losen Betonpflasterbelag auf einem Kiesbett, das auf der Balkonplatte liegt. Viele ältere Gebäude haben allerdings noch klassische Fliesenbeläge im Mörtelbett, ggf. auf einem Gefälleestrich, häufig aber einfach auf der Betonplatte. Von Gefälle ist oft auch keine Spur zu sehen, was ein häufiger Sanierungsgrund ist. Denn das Regenwasser bleibt dann auf dem Balkon stehen und sucht sich andere Wege, häufig genug in die Hausfassade, vor allem an Schwachpunkten wie Balkontürdurchgängen. Auch die Sanierung eines Balkons bewegt sich zwischen 2 000 und 4 000 Euro. Müssen allerdings weitere Bauteile saniert werden wie zum Beispiel das Balkongeländer oder die angrenzenden Balkontüren, wird es natürlich teurer. Allein die Auswechselung eines Geländers kann mit 2 000 bis 4 000 Euro zu Buche schlagen, je nachdem, wie groß es ist und ob man eine Standardform wählt oder ein individuelles Geländer anfertigen lässt und vor allem aus welchem Material man das Geländer haben will (also zum Beispiel aus einfachem, grundiertem Eisen, aus verzinktem Stahl oder aus Edelstahl).

Wenn sich im Bereich des Balkons bereits Folgeschäden bemerkbar gemacht haben, Feuchtigkeit also zum Beispiel schon in die Fassade gedrungen ist, kann es sein, dass Teile der Fassade neu ausgebildet werden müssen. Muss dazu beispielsweise ein Gerüst gestellt und Putz großflächig abgenommen und wieder aufgebracht werden, sollten Sie mit 3 500 bis 5 000 Euro zusätzlich rechnen.

Welche Alternativen gibt es?

Soweit eine Terrasse oder ein Balkon unabhängig vom übrigen Gebäudekörper konstruiert und gebaut ist, können Sie abwägen, ob Sie Terrasse und Balkon tatsächlich sanieren möchten. Beim Balkon kann es auch eine Alternative sein, ihn ersatzlos zu entfernen und vor die Balkontüren bis auf Brüstungshöhe Gitter zu setzen – wie bei sogenannten französischen Fenstern. Das ist aber

Checkblatt

Terrassen- und Balkonsanierung

nur sinnvoll, wenn der Balkon sehr einfach entfernt werden kann, weil er nicht mit dem Haus konstruktiv verbunden ist, was jedoch eher selten der Fall ist.

Auch viele ältere Terrassen sind fest mit dem Gebäude verbunden; häufig hat die Betonunterplatte direkten Kontakt zur Gebäudeaußenwand. Manchmal hat die Terrasse sogar eine Doppelfunktion und bildet zusätzlich die Decke eines Kellerraums. In solchen Fällen ist es sinnvoller, die Terrasse nicht abzureißen, sondern neu aufzubauen. Liegt eine Terrasse separiert vom übrigen Gebäudekörper vor dem Haus, kann man auch sie komplett wegnehmen und durch eine kleinere, preiswertere und ggf. auch pflegeleichtere ersetzen.

Wenn das Geld sehr knapp ist und Terrasse und Balkon in einem kritischen Zustand sind, ohne dass sie jedoch angrenzende Bauteile gefährden, kann man beide durchaus für den Zugang sperren und eine Sanierung verschieben. Gerade dann, wenn man in den Herbst- oder Wintermonaten ein Haus mit maroder Terrasse oder marodem Balkon kauft, ist eine Sanierung ohnehin nicht sinnvoll. Dafür sollte man besser bis zum Frühjahr oder Sommer warten.

Checkblatt

Nachträgliche Erschließungsbeiträge

Was sind nachträgliche Erschließungsbeiträge?

Nachträgliche Erschließungsbeiträge sind Beiträge, die eigentlich bei der Ersterschließung des Hauses hätten gezahlt werden müssen, aber nicht gezahlt wurden, zum Beispiel weil die Kommune die Erschließung nicht gleich, sondern über einen längeren Zeitraum umgesetzt hat und dann mit jeder Maßnahme abrechnet. So kann es sein, dass die Straße vor dem Haus lange in einem unguten Zustand war, vielleicht weil die Kommune noch warten wollte, bis auch eine Zubringerstraße oder ähnliches fertiggestellt wer-

Checkblatt
Nachträgliche Erschließungsbeiträge

den konnte. Es kann seitens einer Kommune durchaus berechtigte Gründe geben, mit einer vollständigen Erschließung zunächst zu warten. Kaufen Sie das Haus dann zum Beispiel zehn Jahre nach Erstellung und sind die Erschließungsbeiträge noch nicht voll abgerechnet, blieben diese an Ihnen, als aktuellem Eigentümer hängen. Solche Gebühren können Sie selbst 20 Jahre nach Erstellung eines Hauses noch treffen. Und es kann sein, dass die Straße vor dem Haus nach 30 Jahren einfach nur erneuert werden muss. Auch dann sind Sie es, der/die zahlt.

Wann kommt es zu nachträglichen Erschließungsbeiträgen?
Die Kommune benötigt die Erschließungsbeiträge um die Infrastruktur rund um das Grundstück bezahlen zu können: zum Beispiel Kanalsystem, Straße, Beschilderung, Straßenbeleuchtung, Gehweg und Gehwegbeleuchtung. Die Kommune kann diese Erschließungsgebühren den Anliegern in Rechnung stellen. Dazu ist sie gesetzlich ermächtigt. Die Erschließung kommt natürlich auch Ihnen zugute. Gerade die Kanal- und Straßenerschließungen sind ja von großem persönlichem Vorteil für Sie.

Nachträgliche Erschließungsbeiträge fordert die Kommune dann, wenn sie nachträglich Ersterschließungsmaßnahmen vornimmt oder Ersterschließungen erneuert.

Wie viel kosten nachträgliche Erschließungsbeiträge?
Erschließungsbeiträge, auch nachträgliche Erschließungsbeiträge, können sehr hoch sein. Sie werden auf unterschiedlicher Basis erhoben. Die Kommunen erlassen diesbezüglich eigene Verteilungsschlüssel. So kann es sein, dass nach Grundstücksgröße oder nach der Lauflänge des Grundstücks an der Straße abgerechnet wird. In letzterem Fall würde etwa ein Eckgrundstück deutlich stärker zur Kasse gebeten als ein schmales Grundstück zwischen zwei anderen. Für die Vollerschließung eines Grundstücks müssen Sie mit um die 15 000 bis 20 000 Euro rechnen. Es kann auch mehr werden – vor allem dann, wenn das Grundstück eine relativ lange

Checkblatt

Nachträgliche Erschließungsbeiträge

Lauflänge zur Straße hat und der Verteilungsschlüssel sich danach richtet (→ **Checkblatt Erschließungsbeiträge** Seite 206).

Welche Alternativen gibt es?

Wenn die Kommune berechtigte Erschließungsbeiträge in Rechnung stellt, gibt es üblicherweise keine Alternativen. Zwar klagen immer wieder Anlieger vor den Verwaltungsgerichten gegen Erschließungsbeiträge, allerdings mit unterschiedlichem Erfolg. Es muss schon ein klarer Verstoß der Kommune gegen geltendes Recht oder eine unverhältnismäßige Benachteiligung eines Anliegers vorliegen, damit eine Klage erfolgreich erscheint. Das muss jedoch im Einzelfall ein Anwalt mit Interessenschwerpunkt auf Bau- und Verwaltungsrecht prüfen.

Gebrauchte Eigentumswohnung

Beim Kauf einer gebrauchten Eigentumswohnung sind zusätzlich die nachfolgenden Checkblätter zu beachten.

Checkblatt

Beschlossene Sanierungen des gemeinschaftlichen Eigentums

Was sind beschlossene Sanierungen des gemeinschaftlichen Eigentums?

Bei Eigentumswohnungen unterscheidet man zwischen dem sogenannten gemeinschaftlichen Eigentum und dem Sondereigentum. Das **Sondereigentum** betrifft bildlich gesprochen alles, was innerhalb ihrer Wohnung liegt: zum Beispiel Ihr Bad, Ihre Küche, Ihre Privaträume. Das **gemeinschaftliche Eigentum** betrifft alle Gebäudeteile, die die Wohnungseigentümergemeinschaft gemeinsam nutzt. Ob Sie Ihre Wohnung innen modernisieren, bleibt im Wesentlichen Ihrer alleinigen Entscheidung überlassen – soweit es bei Oberflächensanierungen bleibt und Sie nicht Estriche oder gar tragende oder leitungsführende Wände entfernen. Ob das Gebäude insgesamt allerdings modernisiert oder saniert wird, ist eine Entscheidung der gesamten Eigentümergemeinschaft. Früher waren kostenträchtige Maßnahmen nur zu erreichen, wenn alle Eigentümer ausnahmslos zugestimmt haben. Heute genügen für viele Modernisierungsmaßnahmen bereits Mehrheitsentscheidungen. Diese Entscheidungen werden auf den Wohnungseigentümerversammlungen beschlossen. Von diesen Versammlungen werden Protokolle angefertigt, meist vom Wohnungseigentumsverwalter. Diese Protokolle erhalten üblicherweise alle Eigentümer in Kopie, sodass auch der bisherige Eigentümer Ihrer Wohnung alle Protokolle haben sollte. Ferner muss der Wohnungseigentumsverwalter eine sogenannte Beschlusssammlung führen. Er muss also alle Beschlüsse, die die Wohnungseigentümergemeinschaft getroffen hat, separat archivieren. Diese Beschlusssammlung können Sie im Zuge eines Wohnungskaufs einsehen und so erkennen, welche

Checkblatt

Beschlossene Sanierungen des gemeinschaftlichen Eigentums

Beschlüsse gefasst wurden. So kann es ja zum Beispiel sein, dass die Wohnungseigentümergemeinschaft kurz vor Ihrem Kauf einer Wohnung einen sehr kostenintensiven Sanierungsbeschluss gefasst hat. Das könnte dazu führen, dass Sie zeitnah nicht nur den Kaufpreis für die Wohnung aufbringen müssten, sondern möglicherweise auch noch einen erheblichen anteiligen Betrag für die Sanierung des Gebäudes. Die Zahlung eines solchen Betrages zu verweigern mit dem Argument, Sie hätten davon nichts gewusst, funktioniert nicht. Die Wohnungseigentümergemeinschaft könnte nötigenfalls auch rechtlich gegen Sie vorgehen.

Wann benötigt man einen Beschluss für Sanierungen des gemeinschaftlichen Eigentums?

Selbst für kleinere Sanierungsmaßnahmen ist nach dem Wohnungseigentumsgesetz eine Zustimmung der Eigentümer notwendig, d. h, man benötigt einen offiziellen Beschluss. Da sich die Wohnungseigentümergemeinschaft üblicherweise nur einmal im Jahr trifft, muss weit im Voraus geplant werden.

Der Beschluss für eine Sanierungsmaßnahme kann freiwilliger Natur sein, etwa weil man das Gebäude auf den neuesten energetischen Stand bringen oder bloß die Fassaden streichen und Balkone ausbessern will. Die Beschlüsse können aber auch darin begründet liegen, dass man zum Beispiel gesetzlichen Verpflichtungen bezüglich der energetischen Anforderungen nachkommen muss. Und schließlich können Verkehrssicherungsmaßnahmen Sanierungen notwendig machen, beispielsweise wenn sich Bauteile des Gebäudes zu lösen drohen und Passanten gefährden oder wenn die Sicherheitstechnik des Aufzugs oder der Brandschutz des Gebäudes nachgebessert werden müssen.

Wie viel kosten Sanierungen des gemeinschaftlichen Eigentums?

Sanierungen des gemeinschaftlichen Eigentums können teuer sein. Alleine der Anstrich einer Fassade, ohne weitere Dämmmaßnahmen oder ähnliches, kann schon mehrere 10 000 Euro kosten,

Checkblatt
Beschlossene Sanierungen des gemeinschaftlichen Eigentums

je nach Größe des Gebäudes. Das liegt ganz einfach daran, dass Gebäude mit gemeinschaftlichem Eigentum immer Mehrfamilienhäuser sind. Haben sie mehr als zehn Wohneinheiten, sind die Kosten meist auch etwas höher. Dann werden sofort aufwändige Maßnahmen wie zum Beispiel umfangreiche Gerüststellungen notwendig. Ferner haben diese Gebäude häufig Sonderanlagen, etwa Aufzüge und/oder Tiefgaragen. Eine komplette Aufzugsanierung mit Wechsel der Aufzugskabine und des Antriebs kann problemlos über 80 000 Euro kosten. Leben in einem solchen Haus zehn Parteien, kann das bedeuten, dass jede Partei nur allein für die Aufzugssanierung über 8 000 Euro berappen muss. Und: Selbst die Bewohner einer Erdgeschosswohnung müssen sich daran beteiligen, auch wenn sie den Aufzug nie benutzen. Solche Fälle sind zwischenzeitlich sogar gerichtlich geklärt worden (⇢ **Checkblatt Aufzugssanierung** Seite 216).

Hat die Wohnungseigentümergemeinschaft eine vollständige energetische Modernisierung beschlossen, mit Heizungstausch, Fenstertausch (⇢ Checkblätter Seite 172 und 168) und Fassadendämmung, gehen solche Maßnahmen in die Hunderttausende. Der einzelne Eigentümer kann dabei mit 20 000 bis 40 000 Euro beteiligt sein.

Welche Alternativen gibt es?
Keine. Wenn ein rechtskräftiger Sanierungsbeschluss (oder auch Modernisierungsbeschluss) der Wohnungseigentümergemeinschaft vorliegt, dann müssen Sie diesen finanziell (als sogenannte Sonderumlage) mittragen. Die einzige Möglichkeit, die Sie haben: vor dem Kauf einer gebrauchten Eigentumswohnung genau hinsehen und insbesondere die Versammlungsprotokolle und die Beschlusssammlung der Wohnungseigentümergemeinschaft, zumindest der letzten fünf Jahre, besser der letzten zehn Jahre, sehr sorgsam durchzulesen, damit Sie wissen, ob und welche Sanierungsmaßnahmen beschlossen wurden und ob dafür eventuell schon Kostenvoranschläge vorliegen.

Checkblatt

Wohngeld und Rücklagenbildung der Wohnungseigentümergemeinschaft (WEG)

Was sind Wohngeld und Rücklagenbildung der WEG?

Neben der Beschlusssammlung der WEG ist für Sie beim Kauf einer gebrauchten Wohnung auch von entscheidender Bedeutung, dass Sie wissen, welche Rücklagen die WEG über die Jahre gebildet hat, zum Beispiel für Modernisierungen. Diese Rücklagen werden gebildet aus Teilen eines sogenannten Wohngeldes, das üblicherweise monatlich an den Wohnungseigentumsverwalter überwiesen wird und der es auf einem separaten Konto anlegen muss. Auch die Höhe dieses monatlichen Wohngeldes müssen Sie kennen, denn es belastet Monat für Monat Ihre regelmäßigen Ausgaben zusätzlich.

Wann benötigt die WEG Wohngeld und Rücklagenbildung?

Die Rücklagenbildung einer WEG benötigt man sowohl für geplante als auch für unvorhergesehene Sanierungsfälle. So kann es zum Beispiel sein, dass der Aufzug plötzlich defekt ist und repariert werden muss. In solchen Fällen zahlt keine Versicherung. Und soweit das zeitlich nicht mehr von der gesetzlichen Gewährleistung gedeckt wird (üblicherweise zwei Jahre, je nach Bauteil maximal fünf Jahre) und soweit auch Garantieleistungen des Herstellers nicht mehr greifen, muss relativ schnell und auf Kosten der WEG gehandelt werden.

Wie viel kosten Wohngeld und Rücklagenbildungen der WEG?

Beiträge zur Rücklagenbildungen werden meist gemeinsam mit dem Wohngeld gezahlt. Sie können damit rechnen, dass – je nach Größe der WEG – etwa um die 200 bis 300 Euro monatlich für Sie anfallen, um Rücklagen der WEG aufzustocken, Nebenkostenvorauszahlungen zu leisten und fortlaufende Dienstleistungen rund um die Immobilie anteilig zu bezahlen (etwa Treppenhausreinigung, Grünanlagenpflege). Diese Kosten müssen Sie unbedingt in Ihre Finanzierungsüberlegungen einbeziehen, denn wenn Sie dieses Geld monatlich nicht zur Verfügung haben, kann es finan-

Checkblatt

Wohngeld und Rücklagenbildung der WEG

ziell eng werden. Das fortlaufende Wohngeld wird in sehr vielen Finanzierungsberechnungen für den Kauf von Eigentumswohnungen ausgeblendet, und das ist sehr gefährlich. Es kann die Finanzierungsüberlegungen ins Wanken bringen.

Noch teurer kann es allerdings werden, wenn die WEG keine ausreichende Rücklagenbildung betrieben hat. Kommt es dann zu überraschend notwendigen und kostenintensiven Modernisierungen, kann es für Sie finanziell schnell sehr eng werden. Fällt der Aufzug aus und muss er komplett erneuert werden, wird es teuer (⇢ Seite 216). Wird das Tiefgaragendach undicht und muss erneuert werden ebenfalls (⇢ Flachdachsanierung Seite 221).

Kostenintensiv für Sie wird es vor allem dann, wenn kaum Rücklagenbildung betrieben wurde, aber größere Sanierungsmaßnahmen bereits beschlossen sind.

Welche Alternativen gibt es?

Keine. Wirkliche Alternativen zum Wohngeld und der Rücklagenbildung gibt es nicht, wenn die WEG das so beschlossen hat. Daher ist es sehr wichtig, vor dem Kauf die Beschlusssammlung mit den Beschlüssen der letzten fünf, besser zehn Jahre ebenso eingesehen zu haben wie die Protokolle der Wohnungseigentümerversammlungen der letzten fünf, besser zehn Jahre. Alles andere hieße sonst, dass Sie die Katze im Sack kaufen – Sie wissen letztlich nicht, welche Folgekosten Ihnen unmittelbar drohen können. Das wäre leichtsinnig und selbst die beste Immobilienfinanzierung würde Ihnen dann nur sehr bedingt weiterhelfen. Sie könnten gezwungen sein, teuer nachzufinanzieren.

Checkblatt

Treppenhausmodernisierung

Was ist eine Treppenhausmodernisierung?

Eine einfache Treppenhausmodernisierung umfasst nach dem allgemeinen Verständnis nur den Anstrich der Treppenhauswände, soweit es sich um ein innenliegendes Treppenhaus handelt. Es kann aber auch sein, dass Treppenbelag und Treppengeländer ausgetauscht werden. Sollen dann noch Treppenhausfenster gewechselt werden, wird aus dem unscheinbaren Begriff Treppenhausmodernisierung rasch ein erheblicher Modernisierungsumfang.

Neben innenliegenden Treppenhäusern gibt es zunehmend außenliegende Treppenhäuser mit „offenen Laubengängen", die zu den Wohnungen führen. Wenn man bei einer solchen Gebäudeanlage von einer Treppenhausmodernisierung spricht, wird es kaum um den Wandanstrich gehen, sondern sehr wahrscheinlich eher um die Modernisierung der Laufflächen und Geländer. Solche Treppenhäuser sind der Witterung sehr stark ausgesetzt, ihre Modernisierung kann sich daher unversehens zu einer kostenintensiven Sanierung entwickeln.

Wann benötigt man eine Treppenhausmodernisierung?

Eine Treppenhausmodernisierung kann notwendig werden, wenn zum Beispiel eine Brandschau gezeigt hat, dass mit Zwangsentlüftung zum Rauchabzug und Feuerlöschern nachgerüstet werden muss. Bei offenen Treppenhäusern mit Laubengängen können Modernisierungen notwendig werden, wenn aufgrund von Witterungseinflüssen bauliche Schäden eingetreten sind, die behoben werden müssen, um Folgeschäden abzuwenden.

Bei alten Holztreppenhäusern wiederum ist es manchmal notwendig, die alte Treppe neu zu schleifen und zu versiegeln, um sie vor Feuchteintrag und Schimmel zu schützen.

Checkblatt
Treppenhausmodernisierung

In den meisten Fällen ist eine Treppenhausmodernisierung von innenliegenden Treppenhäusern aber nur dem Umstand geschuldet, dass die Wände neu gestrichen werden sollen. Eher selten werden Geländer und Treppenbelag getauscht. Solche Maßnahmen betreffen eher außenliegende Treppenhäuser.

Soweit ein Gebäude über keinen Aufzug verfügt und im Treppenhaus Anlagen zur Überbrückung der ersten Treppenläufe angebracht werden sollen (zum Beispiel Hebebühne), etwa weil im Erdgeschoss oder ersten Obergeschoss eine Person mit Bewegungseinschränkungen wohnt, sind die Kosten dafür üblicherweise von dieser Person zu tragen bzw. von allen Personen, die von der Maßnahme profitieren und sie nutzen.

Wie viel kostet eine Treppenhausmodernisierung?

Bei einer Treppenhausmodernisierung kommt es erheblich auf den geplanten Umfang an. Wenn das Treppenhaus nur gestrichen werden soll, kommt man mit einem kleineren Betrag aus, je nach Hausgröße zwischen 3 000 und 8 000 Euro insgesamt. Bei Gebäuden mit mehr als 20 Wohnungen und relativ großem Treppenhaus auch mehr. Wenn allerdings der Treppenbelag und das Treppengeländer noch erneuert werden sollen, sind ganz andere Summen im Spiel. Denn dann müssen der alte Belag und das alte Geländer entfernt und entsorgt werden. Das kann sehr aufwändig sein. Selbst das Verlegen eines neuen Belags (vor allem bei Steinzeugbelägen, zum Beispiel Granit) und das Anbringen eines neuen Geländers sind relativ teuer. Selbst bei einem kleinen Treppenhaus sollte man dafür nicht unter 15 000 Euro rechnen. Bei größeren Treppenhäusern kann das in den Bereich von 30 000 bis 40 000 Euro laufen und bei sehr großen Treppenhäusern (zum Beispiel Gebäude mit mehr als 30 Wohnungen) auch noch mehr.

Sollen dann zum Beispiel noch die Fenster gleich mit gewechselt werden, können sich die Kosten verdoppeln, je nach Fenstergröße und -bedarf im Treppenhaus.

Checkblatt

Treppenhausmodernisierung

Wenn Sie also in einer Beschlusssammlung oder in einem WEG-Protokoll lesen, dass das Treppenhaus modernisiert werden soll, sollten Sie fragen, in welchem Umfang. Denn davon hängt ab, wie viel Sie anteilig zu tragen haben, eher 1 000 Euro bei einem reinen Anstrich des Treppenhauses oder eher 3 000 oder noch mehr Euro, wenn umfassend saniert werden soll.

Welche Alternativen gibt es?

Keine. Wenn ein Beschluss der Wohnungseigentümergemeinschaft rechtskräftig steht, sind Sie diesem unterworfen. Sie können zwar versuchen, mit den anderen Mitgliedern der Wohnungseigentümergemeinschaft ins Gespräch zu kommen und die Maßnahmen noch einmal zu überdenken oder den Umfang zu reduzieren, es dürfte aber fraglich sein, wie viel Erfolg Sie damit haben.

Checkblatt

Aufzugssanierung

Was ist eine Aufzugssanierung?

Unter einer Aufzugssanierung versteht man weder eine übliche Routinekontrolle und Wartung des Aufzugs noch eine außerplanmäßige Reparatur. Eine Aufzugssanierung ist eine geplante, vollständige Generalüberholung des Aufzugs mit dem Ersatz wesentlicher Bestandteile, wie zum Beispiel der Fahrkabine und dem Antrieb. Aufzüge sind relativ komplexe Systeme. Wer sich als Hersteller am Markt durchsetzen will, muss zuverlässige Technik und Qualität bieten, die durch technische Überwachungsbehörden abgenommen werden muss. Aufzugssysteme sind daher relativ langlebig, soweit sie nicht als Außenaufzüge der Witterung ausgesetzt sind. Es gibt 40 Jahre alte Aufzüge, die nach wie vor zuverlässig funktionieren. Man sollte allerdings nach etwa 30 Jahren mit einer Generalüberholung eines Aufzugssystems rechnen, bei der wesentliche Teile ausgetauscht werden.

Checkblatt
Aufzugssanierung

Wann benötigt man eine Aufzugssanierung?

Eine Aufzugssanierung kann unterschiedliche Gründe haben. So kann es zum Beispiel sein, dass man eine alte Aufzugskabine durch eine moderne barrierefreie Kabine ersetzen muss, um den barrierefreien Zugang zu den Wohnungen sicherzustellen. Es kann aber auch sein, dass der Aufzugsantrieb oder andere Bauteile aufgrund von Verschleißerscheinungen aus mehreren Jahrzehnten Betrieb ersetzt werden müssen, um den weiteren dauerhaft zuverlässigen Betrieb sicherzustellen.

Manchmal spielen Komfortaspekte eine Rolle. Moderne Aufzugskabinen mit großen Spiegelflächen und angenehmer Beleuchtung sowie einem ruckfreien Antrieb bieten ganz anderen Komfort als Aufzüge, die bereits mehrere Jahrzehnte alt sind.

Wie viel kostet eine Aufzugssanierung?

Die Kosten für eine Aufzugssanierung hängen im Wesentlichen von der Größe der Anlage und dem Umfang der Sanierung ab. Für eine Wohneinheit mit 12 bis 16 Partien kann eine Aufzugssanierung bereits im hohen fünfstelligen bis hinein in den sechsstelligen Bereich liegen. Pro Einwohner ist das nicht unter 4 000 Euro zu haben, es können aber auch 6 000 oder 7 000 Euro pro Eigentümer werden.

Welche Alternativen gibt es?

Keine. Wenn die Wohnungseigentümergemeinschaft rechtskräftig beschlossen hat, dass eine umfassende Aufzugssanierung erfolgen soll, dann können Sie dies kaum anfechten. Selbst wenn Sie eine Wohnung im Erdgeschoss kaufen und den Aufzug nie benutzen müssen, haben Sie keine Chance der Kostenbeteiligung zu entgehen. Entscheidend ist daher, dass Sie die Beschlusssammlung und die Protokolle der Wohnungseigentümergemeinschaft aus den letzten 5, besser 10 Jahren aufmerksam durchlesen, bevor Sie die Wohnung kaufen. Ist eine Aufzugssanierung geplant, ist es sinnvoll nachzuhaken, in welchem Umfang und ob bereits ein Kos-

Checkblatt
Aufzugssanierung

tenvoranschlag vorliegt. Haben Sie dann überprüft, wie hoch die Rücklagenbildung der Wohnungseigentümergemeinschaft aktuell ist (→ **Checkblatt Wohngeld und Rücklagenbildung der WEG** Seite 212), können Sie abschätzen, was an Kosten auf Sie zukommen kann.

Checkblatt
Tiefgaragensanierung

Was ist eine Tiefgaragensanierung?
Ähnlich wie der Aufzug ist auch die Tiefgarage ein typisches Sonderbauteil von Gebäuden mit Eigentumswohnungen. Tiefgaragen finden sich heute unter vielen Gebäudeanlagen mit Eigentumswohnungen. Selbst relativ kleine Einheiten verfügen heute über solche Bauteile. Das liegt daran, dass gemäß den Landesbauordnungen für jede Wohnung mindestens ein Stellplatz nachgewiesen werden muss. Da aber Grund und Boden teuer ist, verlegt man die Stellplätze unter die Erde bzw. unter das Haus. Das lohnt sich, obwohl Tiefgaragen meist eines der teuersten Gebäudeteile sind. Tiefgaragen sind auch ein Gebäudeteil mit dem Planer und Architekten erst in jüngerer Zeit in großer Breite konfrontiert wurden. Eine Tiefgarage ist zwar rein äußerlich ein eher wenig komplexes Bauteil, ohne allzu großen Ausbauaufwand, aber sie ist ein Bauteil, das extremen Umfeldbedingungen ausgesetzt ist. Tiefgaragen sind in das Erdreich eingegrabene Bauteile, haben also dauerhaften Kontakt mit von außen angreifender Erdfeuchte. Zunehmend sind Tiefgaragen auch von oben begrünt, das heißt selbst ihr Dach ist häufig – zumindest in Teilbereichen – von Erdmaterial bedeckt.

Tiefgaragen werden fast immer aus wasserundurchlässigem Beton gebaut, sogenanntem WU-Beton. Aber auch vor WU-Beton macht der Zahn der Zeit nicht Halt. Trotz aller Vorbeugemaßnahmen kann es mit der Zeit doch zu Feuchtigkeitseintritt kommen. So sind beispielsweise Fugen oder Lüftungsöffnungen Gefahrenpunkte

Checkblatt
Tiefgaragensanierung

für den Feuchteintritt. Tritt dieser vermehrt auf, kann man möglicherweise punktuell nachhelfen, kommt es aber wiederholt zu Problemstellen, auch größeren Problemstellen, beispielsweise im Bereich von Wand- oder Bodenfugen, können umfangreichere Sanierungsmaßnahme notwendig werden. Das gilt auch für die Tiefgaragendecken, insbesondere für begrünte Decken.

Eine solche Sanierung ist praktisch immer mit dem Öffnen der Tiefgarage von innen oder von außen verbunden. Von außen ist das nur möglich, wenn die Garage nicht Wand-an-Wand mit der Nachbarbebauung errichtet wurde. Ist dies der Fall, kann praktisch nur von innen geöffnet werden. Böden können ohnehin nur von innen geöffnet werden. Nur Tiefgaragendecken, die begrünt sind, sind meist auch von oben zugänglich, indem Grünzeug und Erdmaterial abgeschoben und seitlich gelagert werden. Zur Tiefgarage gehört ferner die Tiefgaragenzufahrt. Diese ist allen Witterungseinflüssen voll ausgesetzt. Hier kann es vor allem zu Fahrbahn- und Fugenschäden kommen, aber auch zu stärkerer Grünverfärbung oder zu Vermoosungen.

Neben den Massivbauteilen einer Tiefgarage können auch die Ausbauelemente wie zum Beispiel das Tiefgaragentor, die Schließanlage, die Ampelanlage oder sogenannte Doppelparkeranlagen (⇢ **Checkblatt Tiefgaragenstellplatz bei Neubau-Immobilien** Seite 144) von Sanierungen betroffen sein. Da sie mechanisch und elektrisch betriebene Teile sind, sind sie deutlich anfälliger als die statische Gebäudehülle.

Wann benötigt man eine Tiefgaragensanierung?

Eine Tiefgaragensanierung auf Kosten der Wohnungseigentümergemeinschaft kann notwendig werden, wenn Bauschäden außerhalb der Gewährleistungszeit (also nach über 5 Jahren seit Gebäudeabnahme) auftreten, die geeignet sind, weitere schwere Folgeschäden für die Tiefgarage oder das Gebäude insgesamt zu verursachen. Dann ist es sinnvoll mit einer Sanierung einzugrei-

Checkblatt
Tiefgaragensanierung

fen, bevor noch größere Schäden eintreten. Bei den mechanisch oder elektrisch betriebenen Teilen können aber bereits Funktionsausfälle Sanierungsmaßnahmen notwendig machen.

Wie viel kostet eine Tiefgaragensanierung?

Bei den Kosten einer Tiefgaragensanierung kommt es auf die Art des Eingriffs und den Umfang an. Wenn es sich nur um temporäre, eher oberflächliche Ausbesserungen zum Beispiel von Fugen handelt, kann es sein, dass es bei 3 000 bis 5 000 Euro bleibt. Wenn komplette Wand-, Boden- und Deckensanierung sowie Torsanierungen, Sanierungen der Doppelparkeranlagen und umfassende Oberflächensanierungen (Zufahrtsrampe, Fahrboden, Fugen) anstehen, können es 50 000 Euro und mehr werden.

Welche Alternativen gibt es?

Keine. Wenn die Wohnungseigentümergemeinschaft rechtskräftig die Sanierung der Tiefgarage beschlossen hat, können Sie daran kaum etwas ändern. Entscheidend für Sie vor dem Kauf ist die Frage, in welchem Umfang saniert werden soll und ob schon Kostenvoranschläge vorliegen. Parallel dazu muss die Höhe der Rücklage der Wohnungseigentümergemeinschaft überprüft werden. Wird beides nicht überprüft und fällt dann eine teure Tiefgaragensanierung an, kann Ihre Immobilienfinanzierung so clever sein wie sie will, sie wird Ihnen in dieser Situation wenig helfen. Dann können teure Nachfinanzierungen auf Sie zukommen.

Checkblatt

Flachdachsanierung

Was ist eine Flachdachsanierung?

Auch Flachdächer sind Gebäudeelemente, die vermehrt im Mehrfamilienhausbereich auftauchen. Das Flachdach kam in den Breitengraden nördlich der Alpen viele Jahrhunderte überhaupt nicht vor. Es stammt eher aus der Mittelmeerregion, Nordafrika und Teilen Asiens. Dort hat das Flachdach vielfach auch Zusatzfunktionen als Wohn-, Schlaf- oder Lagerplatz. In Indien zum Beispiel schläft man bis heute auf Flachdächern. Die Idee des Flachdachs wurde populär mit der Kunstschule Bauhaus, ohne dass man über die bauphysikalischen Konsequenzen allzu viel nachdachte. Das zentrale Problem von Flachdächern ist, dass das Wasser nicht natürlich ablaufen kann wenn das Flachdach keine oder keine ausreichende Neigung hat und/oder wenn der Abfluss zugesetzt ist. Das führt dazu, dass Wasser auf dem Dach stehen bleibt und das Dach wirklich 100 % wasserdicht sein muss. Kaum ein Dach in Deutschland ist langfristig 100 % wasserdicht. Auch Ziegeldächer nicht. Sie kompensieren dieses Problem nur ganz einfach mit ihrer Neigung. Sie nutzen die Schwerkraft, um das Wasser abzuleiten, wohingegen sich Flachdächer der Schwerkraft förmlich in den Weg stellen. Stehendes Wasser, das Bauteile über Monate hinweg angreift, bleibt nicht ohne Wirkung. Es reicht, wenn ein einziger Nagel, der vom Zimmermann vergessen wurde, die Dachbahn des Dachdeckers an einem einzigen Punkt durchschnitten hat, um ein erhebliches Folgeproblem auszulösen. Es reicht aber auch, wenn an einer einzigen Stelle zwei Dachbahnen nicht optimal aufeinander geschweißt sind. Über die Jahre können selbst kleine Wassereinlasse zu großen Schäden führen. Diese Schäden müssen dann zunächst gesucht und schließlich saniert werden. Fast immer ist das mit einer Teil- oder Komplettöffnung des Flachdachs verbunden. Das ist meist aufwändig, denn der auf dem Flachdach liegende Kies bzw. die Dachbegrünung kann nicht einfach auf einem Punkt des Daches gelagert werden; das könnte aus statischen Gründen zum Dachdurchbruch führen. Sondern meist muss das gesamte Material sehr aufwändig per Kran nach unten transportiert wer-

Checkblatt

Flachdachsanierung

den, bevor die Sanierungsarbeiten beginnen können. Dazu gehört das Abtragen aller Schichten, also der Kiesoberschicht, ggf. der extensiven oder intensiven Dachbegrünung, der Dachbahnen, ggf. auch Wurzelschutzbahnen, der Dämmlage (bei einem Warmdach), und der Dampfbremse. Ist dies alles geöffnet, kann man mit der eigentlichen Schadensbehebung beginnen.

Wann benötigt man eine Flachdachsanierung?

Schäden an Flachdächern müssen umgehend behoben werden. Eine zeitnahe Flachdachsanierung bei Schäden – auch kleinen Schäden – ist deshalb so wichtig, weil das Dach – neben den Fassaden – das elementar schützende Bauteil eines Gebäudes ist. Wenn das Dach undicht ist, führt das unweigerlich und meist relativ schnell zu Folgeschäden, deren Kosten rasch ein Vielfaches des Ursprungsschadens betragen können. Wenn man sich um Dachschäden nicht sofort kümmert, kann das verheerende Folgen haben. Das Problem bei Flachdächern ist, dass man viele Schäden von unten zunächst gar nicht sieht, sondern sie erst bemerkt, wenn sich Feuchtigkeit bereits durch die Decke des darunterliegenden Raumes gearbeitet hat. Dann allerdings ist es allerhöchste Zeit tätig zu werden.

Eine Flachdachsanierung kann auch notwendig werden, wenn das Flachdach aus energetischen Gründen gedämmt werden soll oder gemäß Energieeinsparverordnung (EnEV) auch muss. Nach wie vor gibt es viele weitgehend ungedämmte Flachdächer in Deutschland. Soll eine Dämmung dann nicht von innen, sondern von außen erfolgen, müssen alle Schichten des bestehenden Daches abgetragen und neu aufgebracht werden.

Wie viel kostet eine Flachdachsanierung?

Die Kosten einer Flachdachsanierung bewegen sich meist im unteren bis mittleren fünfstelligen Bereich, also zwischen 15 000 und 30 000 Euro, je nach Größe des Schadens und des Daches. Bei sehr großen Gebäuden können die Kosten im sechsstelligen Be-

Checkblatt
Flachdachsanierung

reich liegen, auch deshalb, weil dann meist aufwändige Kranstellungen für den Materialab- und -antransport notwendig sind.

Welche Alternativen gibt es?
Wenn die Wohnungseigentümergemeinschaft eine Flachdachsanierung rechtskräftig beschlossen hat, haben Sie kaum Möglichkeiten dagegen etwas zu unternehmen. Auch hier ist es wieder sehr wichtig, dass Sie vor dem Ankauf einer Wohnung die Beschlusssammlung und die Protokolle der Wohnungseigentümerversammlungen aus den letzten 5, besser 10 Jahren aufmerksam durchlesen und einen Einblick zur Höhe der von der Wohnungseigentümergemeinschaft gebildeten Rücklagen erhalten.

Checkblatt

Außenanlagensanierung

Was ist eine Außenanlagensanierung?
Unter einer Außenanlagensanierung versteht man üblicherweise die Sanierung von Grünanlagen, Stellplätzen (Kfz, Mülltonnen, Räder), Spielplätzen und Zuwegen rund um das Haus.

Wann benötigt man eine Außenanlagensanierung?
Eine Sanierung ist eigentlich nur dann notwendig, wenn entweder der Grünbereich einer vollständigen „Wiederbelebung" unterzogen werden muss oder wenn bei baulichen Anlagen Unfallgefahr besteht (zum Beispiel lose Platten auf Wegen, Durchrostungen von Spielgeräten etc.). Eine Außenanlagensanierung kann auch notwendig werden, wenn die Bewohner Barrierefreiheit oder zumindest eine Barrierereduktion des Hausumfeldes wünschen.

Wie viel kostet eine Außenanlagensanierung
Die Kosten einer Außenanlagensanierung richten sich nach dem Umfang. Für eine vollständige „Wiederbelebung" einer Grünanlage eines durchschnittlichen Mehrfamilienhauses sollte man nicht

Checkblatt

Baugenehmigungsgebühren

unter 5 000 Euro für die Gesamtmaßnahme rechnen. Bei größeren Häusern können bis zu 10 000 Euro fällig werden. Eine etwas größere Summe, also etwa zwischen 7 000 und 12 000 Euro kommt hinzu, wenn einzelne Sanierungsmaßnahmen bei Wegen, Spielplätzen oder Stellplätzen notwendig werden. Soll jedoch ein Spielplatz mit allen Spielgeräten vollständig erneuert werden, kostet dies alleine um die 15 000 bis 25 000 Euro. Ähnliches gilt bei der kompletten Erneuerung von Stellplätzen. Handelt es sich um einen größeren Parkplatz, kann dies noch deutlich teurer werden.

Welche Alternativen gibt es?

Eine ernstzunehmende Alternative ist es, diese Arbeiten (ggf. unter fachlicher Anleitung) gemeinsam mit den Mitbewohnern umzusetzen. Dabei lässt sich tatsächlich viel Geld sparen. Vor allem bei den Arbeiten in den Grünanlagen.

Praxisbeispiel 3
Analyse der Kostenfallen beim Kauf eines gebrauchten Hauses

Familie Meier möchte ein gebrauchtes Haus kaufen. Sie hat eine Besichtigung vor Ort durchgeführt und sich den Fragebogen mit den Fragen zu den notwendigen Modernisierungen von der Internetseite der Verbraucherzentrale heruntergeladen und ausgefüllt (⇢ Seite 158). Das Ergebnis ist, dass folgende Dinge am Haus auf alle Fälle zeitnah oder in absehbarer Zeit durchgeführt werden müssen:

- Wandoberflächenerneuerungen
- Bodenbelagserneuerung
- Innentürerneuerung
- Küchenerneuerung
- Badsanierung
- Hauseingangserneuerung
- Terrassen- und Balkonsanierung

Familie Meier sieht dazu die Checkblätter in diesem Ratgeber durch und kommt zu dem Schluss, dass Sie – so wie Sie den gegenwärtigen Zustand des Hauses einschätzt – noch ca. 40 000 Euro zusätzlich wird investieren müssen.

Bei folgenden Dingen wird zusätzlich mittelfristig eine Sanierung notwendig:

- Heizungssanierung
- Wasserleistungssanierung
- Fenster- und Rollladensanierung

Auch hierzu sieht Familie Meier die Checkblätter in diesem Ratgeber durch und kommt zu dem Schluss, dass dafür nochmals 30 000 Euro fällig werden können.

Insgesamt hat Familie Meier damit einen zusätzlichen Finanzierungsbedarf von ca. 70 000 Euro. Das Haus selbst soll 260 000 Euro kosten. Dazu kämen ca. 26 000 Euro übliche

Nebenkosten und nun noch die 70 000 Euro für Sanierungen. Macht alles zusammen satte 356 000 Euro. Das ist viel zu viel und nicht mehr das Schnäppchen, das Familie Meier glaubte entdeckt zu haben.

Familie Meier wird mit dieser Analyse nochmals das Gespräch mit den Vorbesitzern suchen, um den Kaufpreis nach unten zu verhandeln. Sollte das nicht gelingen, müsste Familie Meier den Kauf der Immobilie noch einmal überdenken. Diese hohen zusätzlichen Kosten sprengen eindeutig ihren finanziellen Rahmen und machen den Hauskauf sogar unwirtschaftlich. Familie Meier würde den gezahlten Kaufpreis plus die Kosten der anstehenden Sanierungen bei einem Verkauf nicht wieder einspielen können. Wenn alles gut liefe, könnte sie für dieses Haus saniert vielleicht 320 000 Euro am örtlichen Immobilienmarkt verlangen, aber sicher nicht mehr.

Praxisbeispiel 4
Analyse der Kostenfallen beim Kauf einer gebrauchten Eigentumswohnung

Anne Schneider möchte eine gebrauchte Eigentumswohnung kaufen. Sie hat eine Besichtigung vor Ort durchgeführt. Sie hat sich dazu auch den Fragebogen (⇢ Seite 159) zu notwendigen Modernisierungen auf der Website der Verbraucherzentrale heruntergeladen, ausgedruckt und ausgefüllt. Außerdem hat sie die Beschlusssammlung der Wohnungseigentümergemeinschaft und die Protokolle der Wohnungseigentümerversammlungen der letzten 10 Jahre durchgesehen. Das Ergebnis ist, das folgende Dinge an der Wohnung bzw. am Gebäude in absehbarer Zeit gemacht werden müssen und sogar schon beschlossen sind:

- Sanierung des Tiefgaragendachs
- Treppenhausmodernisierung
- Außenfassaden- und Balkonsanierung

Anne Schneider hat sich daraufhin den aktuellen Stand der Rücklagen der Wohnungseigentümergemeinschaft für Gebäudeinstandhaltungen durch den Wohnungseigentumsverwalter auch schriftlich geben lassen. Sie stellt fest, dass die Rücklagen nicht allzu hoch sind, umgelegt auf jede Partei gerade einmal 3 500 Euro. Angesichts der Kosten, die auf die Wohnungseigentümergemeinschaft zukommen werden, wird das nicht reichen. Der Wohnungseigentumsverwalter hat in seiner Kostenschätzung veranschlagt, dass noch einmal mindestens 11 500 Euro Eigenmittel auf jeden Eigentümer zukommen werden.

Aber auch innerhalb ihrer neuen Wohnung möchte Anne Schneider einige Dinge tun. Mindestens folgendes hat Sie sich vorgenommen:

- Wandoberflächenerneuerungen
- Bodenbelagserneuerung
- Innentürerneuerung
- Badsanierung

Sie stellt dafür nochmals Kosten von ca. 25 000 Euro fest. Anne Schneider beschließt daraufhin, die Badsanierung aufzuschieben und vorerst nur WC-Brille und Deckel sowie zwei Wasserhähne und einen Duschkopf zu tauschen. Für diese Variante rechnet sie mit ca. 12 000 Euro zusätzlicher Kosten, neben dem Kaufpreis der Wohnung und den üblichen Nebenkosten. Dabei hörte sich der Kaufpreis der Wohnung so gut an: 149 000 Euro für zwei Zimmer. Jetzt werden es mit Nebenkosten (10 Prozent), Modernisierungen in der Wohnung (12 000 Euro) und anstehenden Sanierungen des gemeinschaftlichen Eigentums (11 500 Euro) doch fast 190 000 Euro. Das kann Sie sich zwar gerade noch leisten, aber ein neues Bad für noch einmal ca. 12 000 oder gar mehr Euro hätte ihr Budget glatt gesprengt. Ob sie die Wohnung nach dieser Analyse wirklich kaufen will, weiß sie noch nicht. Denn sie will sich sicher sein, dass sie die Wohnung ohne allzu hohe Wertverluste wieder verkaufen kann.

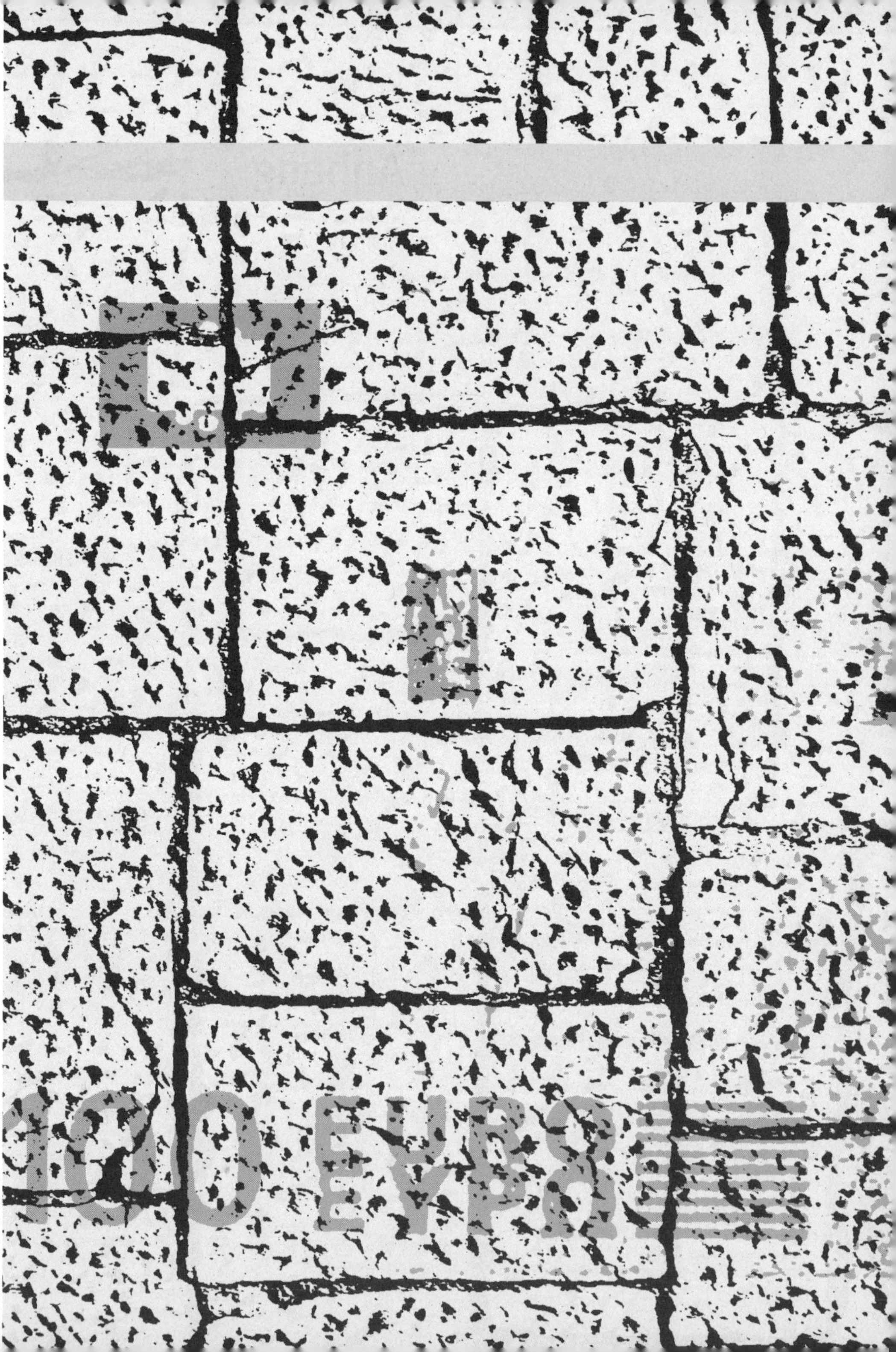
100 EURO
ΕΥΡΩ

Anhang

Weitere Informationen

In diesem Ratgeber finden Sie folgende Fragebögen:

- Fragebogen für den Immobilienanbieter: Leistungsumfang des von Ihnen angebotenen Neubau-Hauses (⇢ Seite 44)
- Fragebogen für den Immobilienanbieter: Leistungsumfang der von Ihnen angebotenen Neubau-Eigentumswohnung (⇢ Seite 47)
- Fragebogen: Besichtigung eines gebrauchten Hauses (⇢ Seite 158)
- Fragebogen: Besichtigung einer gebrauchten Eigentumswohnung (⇢ Seite 159)

Diese Fragebögen können Sie sich bequem sowie kostenfrei aus dem Internet herunterladen, ganz neutral ausdrucken und weiterverwenden:
www.vz-nrw.de/immobilienkostenfallen

Adressen

Verbraucherzentralen

Verbraucherzentrale Baden-Württemberg e. V.
Paulinenstraße 47
70178 Stuttgart
Telefon: 0 711/66 91 10
Fax: 07 11/66 91-50
www.vz-bawue.de

Verbraucherzentrale Bayern e. V.
Mozartstraße 9
80336 München
Telefon: 0 89/5 39 87-0
Fax: 0 89/53 75 53
www.vz-bayern.de

Verbraucherzentrale Berlin e. V.
Hardenbergplatz 2
10623 Berlin
Telefon: 0 30/2 14 85-0
Fax: 0 30/2 11 72 01
www.vz-berlin.de

Verbraucherzentrale Brandenburg e. V.
Templiner Straße 21
14473 Potsdam
Telefon: 03 31/2 98 71-0
Fax: 03 31/2 98 71-77
www.vzb.de

Verbraucherzentrale des Landes Bremen e. V.
Altenweg 4
28195 Bremen
Telefon: 04 21/1 60 77-7
Fax: 04 21/1 60 77 80
www.verbraucherzentrale-bremen.de

Verbraucherzentrale Hamburg e. V.
Kirchenallee 22
20099 Hamburg
Telefon: 0 40/2 48 32-0
Fax: 0 40/2 48 32-290
www.vzhh.de

Verbraucherzentrale Hessen e. V.
Große Friedberger Straße 13–17
60313 Frankfurt/Main
Telefon: 01805/97 20 10 (0,14 €/min., Mobilfunkpreis maximal 0,42 €/min.)
Telefax: 0 69/97 20 10-40
www.verbraucherzentrale-hessen.de

Neue Verbraucherzentrale in Mecklenburg und Vorpommern e. V.
Strandstraße 98
18055 Rostock
Telefon: 03 81/2 08 70 50
Telefax: 03 81/2 08 70 30
www.nvzmv.de

Verbraucherzentrale Niedersachsen e. V.
Herrenstraße 14
30159 Hannover
Telefon: 05 11/ 9 11 96-0
Telefax: 05 11/9 11 96-10
www.vz-niedersachsen.de

Verbraucherzentrale Nordrhein-Westfalen e. V.
Mintropstraße 27
40215 Düsseldorf
Telefon: 02 11/38 09-0
Telefax: 02 11/38 09-172
www.vz-nrw.de

Verbraucherzentrale Rheinland-Pfalz e. V.
Seppel-Glückert-Passage 10
55116 Mainz
Telefon: 0 61 31/28 48-0
Telefax: 0 61 31/28 48-66
www.vz-rlp.de

Verbraucherzentrale Saarland e. V.
Trierer Straße 22
66111 Saarbrücken
Telefon: 06 81/5 88 09-0
Telefax: 06 81/5 88 09-22
www.vz-saar.de

Verbraucherzentrale Sachsen e. V.
Katharinenstraße 17
04109 Leipzig
Telefon: 03 41/69 62 90
Telefax: 03 41/6 89 28 26
www.vzs.de

Verbraucherzentrale Sachsen-Anhalt e. V.
Steinbockgasse 1
06108 Halle
Telefon: 03 45/2 98 03-29
Telefax: 03 45/2 98 03-26
www.vzsa.de

Verbraucherzentrale Schleswig-Holstein e. V.
Andreas-Gayk-Straße 15
24103 Kiel
Telefon: 04 31/5 90 99-0
Telefax: 04 31/5 90 99-77
www.verbraucherzentrale-sh.de

Verbraucherzentrale Thüringen e. V.
Eugen-Richter-Straße 45
99085 Erfurt
Telefon: 03 61/5 55 14-0
Telefax: 03 61/5 55 14-40
www.vzth.de

Verbraucherzentrale Bundesverband e. V.
Markgrafenstraße 66
10969 Berlin
Telefon: 0 30/2 58 00-0
Telefax: 0 30/2 58 00-5 18
www.vzbv.de

Stichwortverzeichnis

Impressum

Herausgeber

Verbraucherzentrale Nordrhein-Westfalen e.V.
Mintropstraße 27, 40215 Düsseldorf
Telefon: 02 11/38 09-555, Telefax: 02 11/38 09-235
ratgeber@vz-nrw.de
www.vz-nrw.de

Mitherausgeber

Verbraucherzentrale Baden-Württemberg e.V.
Verbraucherzentrale Bundesverband e.V. (vzbv)
Verbraucherzentrale Hamburg e.V.
(Adressen ⇢ Seite 230–231)

Text	Dipl.-Ing. Peter Burk Institut Bauen und Wohnen, Freiburg www.institut-bauen-und-wohnen.de
Koordination	Frank Wolsiffer
Lektorat	Heike Plank
Fachliche Betreuung	Thomas Hentschel, Beate Uhr
Gestaltungskonzept, Layout und Produktion	punkt 8, Berlin, www.punkt8-berlin.de
Umschlaggestaltung	Ute Lübbeke, www.LNT-design.de
Korrektorat	Dr. Brigitte Schöning
Druck und Verarbeitung	Aalexx Großburgwedel Gedruckt auf 100 % Recyclingpapier

Einzelbestellung und Vertrieb

Bei allen Verbraucherzentralen, Adressen ⇢ Seite 230–231

Redaktionsschluss: April 2012